2024年北京经济管理职业学院优质教材遴选培育与建设
新编21世纪高等职业教育精品教材·经贸类通用系列

临空经济学导论

主　编　柯丽菲
副主编　王慧敏　祝晓燕　曾宪忠　牛　晶　刘　颖
参　编　邢永革　马　娟

中国人民大学出版社
·北京·

图书在版编目（CIP）数据

临空经济学导论 / 柯丽菲主编. -- 北京：中国人民大学出版社，2025.8. --（新编21世纪高等职业教育精品教材）. -- ISBN 978-7-300-33506-3

Ⅰ. F560

中国国家版本馆CIP数据核字第2025XM5813号

2024年北京经济管理职业学院优质教材遴选培育与建设

新编21世纪高等职业教育精品教材·经贸类通用系列

临空经济学导论

主　编　柯丽菲

副主编　王慧敏　祝晓燕　曾宪忠　牛　晶　刘　颖

参　编　邢永革　马　娟

Linkong Jingjixue Daolun

出版发行	中国人民大学出版社		
社　址	北京中关村大街31号	**邮政编码**	100080
电　话	010－62511242（总编室）		010－62511770（质管部）
	010－82501766（邮购部）		010－62514148（门市部）
	010－62511173（发行公司）		010－62515275（盗版举报）
网　址	http://www.crup.com.cn		
经　销	新华书店		
印　刷	唐山玺诚印务有限公司		
开　本	787 mm×1092 mm　1/16	**版　次**	2025年8月第1版
印　张	16.25	**印　次**	2025年8月第1次印刷
字　数	368 000	**定　价**	48.00元

前　言

尊敬的读者：

当您翻开这本《临空经济学导论》时，您即将开启一段探索航空与经济交织领域的学习旅程。在全球化背景下，航空运输适应了国际贸易的远距离、广范围、强时效性的要求，成为现代经济发展的重要驱动力。依托航空运输获得快速发展的临空经济区的建设有助于提升枢纽城市的国际化水平，吸引更多的国际资本、新技术和人才，加快城市国际化进程。临空经济不仅是连接世界各地的重要纽带，更是推动经济发展的关键力量。因此，了解和掌握临空经济学的知识，对于政策制定者、企业决策者、高校师生而言，都变得日益重要。

本教材旨在提供一个全面且深入的视角，探讨航空业对经济增长的多方面影响，分析临空经济发展的特点，阐述基本的概念、内涵和原理。从基础概念到前沿理论，从案例研究到实践应用，我们试图构建一个系统的框架，帮助读者理解航空产业如何带动临空经济区的形成，临空经济区如何发展成为促进腹地经济和社会发展的重要力量，促进国际经济贸易的流通，以及如何通过技术创新和产业联动效应带动整体经济发展。

本教材还将关注航空公司的经营策略，以及它们如何在竞争激烈的市场中保持竞争力，同时实现可持续发展。重点分析临空经济区的发展模式，包括货运物流、航空城建设、旅游业拓展等方面。此外，我们也将探讨航空业面临的挑战，如环境影响、安全标准、政策法规等，并讨论可能的解决方案。教材还将展望临空经济的未来趋势，这些内容不仅展示了临空经济的最新动态，也为读者提供了思考未来可能变革的途径。

本教材以学习情境和学习任务的形式对知识点进行呈现，在学习任务中包含了丰富的案例、习题和课堂实训内容，可为对航空业及其经济影响感兴趣的人士提供学习参考。无论是学术界的学者、业界的专业人士，还是对航空经济有浓厚兴趣的教师、学生，希望这本书能对您有所助益。

本教材编写分工如下：柯丽菲负责编写前言和学习情境六、七；祝晓燕负责编写学习情境一、四；王慧敏负责编写学习情境二、三；牛晶负责编写学习情境五；曾宪忠负责编写学习情境八。刘颖负责对接企业提供案例、资料和数据等工作。为了突显教材的实用性及校企合作特色，我们邀请了北京大兴国际机场综合保税区投资运营有限公司的邢永革、北京鹏远新和国际物流有限公司的马娟两位企业专家为本教材提供企业实际案例及相关资料。

在编写本书的过程中，我们力求确保信息的准确性和时效性，同时也注重理论与实践的结合。我们鼓励读者批判性地思考，不断探索和发现临空经济学的新领域。由于编写经验和编写水平的限制，书中难免存在错漏，欢迎广大读者提出宝贵的意见和建议。希望本书能够引领您在临空经济学的广阔天地中自由翱翔。祝您学习愉快！

编　者

2025 年 6 月

目　录

学习情境一

认识临空经济学

学习目标

知识目标：

了解经济学的含义和研究对象。

能力目标：

能对经济学总体框架有一个基本认识。

素养目标：

培养在经济学研究中的家国情怀。

情境引入

为什么麦当劳和肯德基是竞争对手却经常一起出现在同一街区？为什么网红奶茶店排长队？为什么爱马仕从不打折？这些疑惑或许都在我们脑海中浮现过，但我们从未认真思考过答案，更没有把这些问题和经济学挂钩。

提示：经济学就是观察和研究经济现象的一门学科。作为竞争对手的两家店出现在相邻的位置，使得任何一方都不会丢失更靠近对方的客户。网红奶茶店采用饥饿营销，通过等待时间提高消费者对商品的心理效用值而牢牢抓住客户。爱马仕作为奢侈品代表，如果打折，自身的品牌价值也将不复存在，体现不了为身份地位买单的商品效用。

学习任务一 经济学的价值

一、经济学的研究对象

物品可分为三类：经济品（economics goods），数量稀缺，需要花费代价取得，价格为正；自由品（free goods），数量丰富，取得不需要花费代价，价格为 0；有害品（harmful goods），数量日增，必须付出代价才能去掉，价格为负。

人类谋生离不开经济品，经济学主要研究经济品。经济学研究人类经济活动的规律，即价值的创造、转化、实现的规律。

二、经济学的主要任务

具体而言，经济学的主要任务是资源的有效配置和充分利用这两大任务。

经济（economy）一词，有不同的解释。例如在中国古代，有经世济民、经邦济世之义；在古希腊，有家产管理之义；现代用于生活中一般指个人生活用度，经济学上指社会物质生产和再生产的活动。

有志于从事经济学研究的学者都要自觉培养勇于担负社会责任与时代使命的家国情怀，自觉养成热爱科学、追求真理的品格。

学习任务二 经济学的主要内容与基本假设

思考：观一叶可否知秋？

案例 1：在电影院看电影，有人被前面的人挡住了视线，如果他站起来的话，他看电影的效果将会改善，因此，站起来就微观而言是合理的。但是，大家如果都站起来的话，那么看电影的效果都不能得到真正改善，站着看和坐着看的效果是一样的，不过是徒增了一份"折腾"的成本而已。这个例子足以说明，在微观上合理的事在宏观上未必合理，在个体上理性的在总体上未必理性。

案例 2：在大城市开车，会经常发现个体最优与集体失败的例子。前边有堵车现象，有的司机看旁边还有一条路，就闯了进去，结果这条路也被堵上了，最后堵得严严实实，连清路的交警车也开不进来。这就是个体最优让集体彻底失败的例子。因此，我们无法从微观现象简单推导出宏观结论，在宏观经济学层面，所谓"观一叶而知秋"的说法是靠不住的。

讨论：对于以上社会现象，你有什么感受？你还能举出生活中哪些个体最优而集体失败的现象？如何才能协调个体与集体间的这种矛盾？

经济学研究的基本问题是资源的配置和利用。因此，当代经济学按其研究对象的不同分为微观经济学和宏观经济学两大部分。

一、微观经济学

（一）微观经济学的含义

微观经济学的研究对象是单个经济单位的经济行为，主要包括居民户、厂商。

微观经济学解决的问题是资源配置（resource allocation）。

微观经济学的中心理论是价格理论，即市场运作有一只看不见的手（invisible hand）。

微观经济学的研究方法是个量分析，研究经济变量的单项数值如何决定。

（二）微观经济学的基本假设

1. 理性经济人假设

理性经济人（economic man）假设是指经济人的本性都是利己的，行为都是合乎理性的，力图以最小的代价去获得最大的利益。

讨论：你觉得理性经济人假设符合现实吗？

案例：思考以下理性经济人的问题——个人会不会选择购买劣质高价土豆？

例如，考察消费者购买土豆的消费行为时，我们根据理性经济人假设——消费者大体上都喜欢优质、低价的产品，但有时候可能由于卖土豆的是位可怜的老太太，有人购买她的劣质高价土豆，但这类决策不是消费者的主要决策行为，所以没有必要对此加以考虑。

如何理解理性经济人假设？理性经济人是价格形成的内因，体现了市场有效：个体通过价格展现了自身的选择——高质量商品体现高价格，低质量商品体现低价格。

2. 完全信息

完全信息是指经济主体（消费者和生产者）都对有关的经济情况具有完全充分的信息。

思考：生活中有哪些不符合完全信息假设的现象？

与完全信息相反的是信息不对称。信息不对称指交易中的各人拥有的信息不同。一些人拥有其他人无法拥有的信息，由此造成信息的不对称。

在市场经济活动中，各类人员对有关信息的了解是有差异的；掌握信息比较充分的人员，往往处于比较有利的地位，而信息贫乏的人员，则处于比较不利的地位。不对称信息可能导致逆向选择（adverse selection）。

生活中的信息不对称事例：股市、信贷等行业由信息不对称造成的影响非常大。信息的不对称、不完全会导致市场失灵的结果，如逆向选择、道德风险。

逆向选择指在买卖双方信息不对称的情况下，差的商品总是将好的商品驱逐出市场。当交易中的一方对交易可能出现的风险状态比另一方知道更多时，便会产生逆向选择问题。

案例：有些用人单位不欢迎应届大学毕业生，既因为应届生缺乏工作经验，也因为现在人才市场上新供应的一部分大学毕业生的“质量”参差不齐，使得人才供求市场上的信息不对称问题更加严重。由此产生的逆向选择和道德风险使得某些用人单位干脆拒绝整个应届毕业生群体。避免信息不对称启示：展示优秀的证据，传递优秀信息，传递完全信息。

讨论：还有哪些逆向选择的例子？比如二手车市场、保险市场。

3. 市场出清

市场出清即市场供求相等，或者说产品既无过剩，又非不足。例如，原声吉他市场的供给与需求：市场在 3 000 元的水平出清；在 4 500 元的水平下，会有 400 把吉他过剩；在 2 000 元的水平下，会短缺 400 把吉他。如图 1－1 所示：

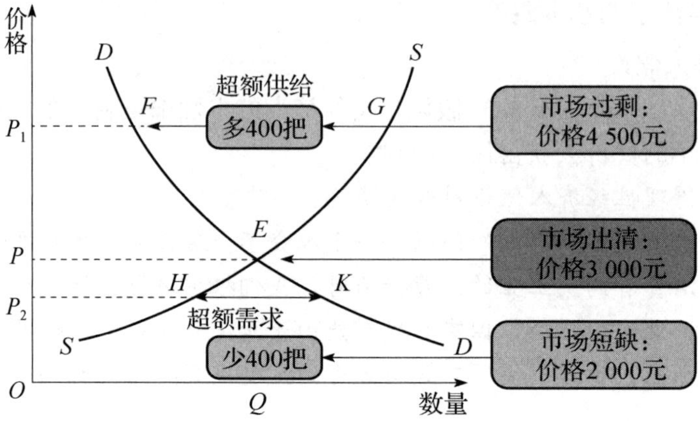

图 1-1　均衡价格的形成

如何理解市场出清假设？市场出清意味着市场有效：资源充分利用，需求和供给相等，得到稳定的价格。市场过剩或短缺意味着市场上的商品价格不稳定。

总结来说，理性经济人是市场有效的第一个假设条件：个体通过价格展现了自身的选择——高质量商品体现高价格，低质量商品体现低价格。完全信息是市场有效的第二个假设条件：高质量商品体现高价格，低质量商品体现低价格。市场出清是市场有效的第三个假设条件：资源充分利用，需求和供给相等，得到稳定的价格。这三个假设分别构成了市场均衡价格形成的理性经济人内因、完全信息外因和市场出清过程。

这样的市场机制也是亚当·斯密提出的“看不见的手”。这种学说是建立在“自由市场、自由经营、自由竞争、自动调节、自动均衡”五大原则基础上的。其核心是“自动均衡”理论，认为在自由竞争的条件下，经济都能通过价格机制自动达到均衡；商品的价格波动能使商品供求均衡；资本的价格——利率的变动能使储蓄与投资趋于均衡；劳动力的价格——工资的涨跌能使劳工市场供求平衡，实现充分就业。

（三）微观经济学的基本内容

微观经济学的基本内容有：均衡价格理论、消费者行为理论、生产理论、分配理论、一般均衡理论与福利经济学、市场失灵与微观经济政策。

二、宏观经济学

（一）宏观经济学的含义

宏观经济学的研究对象是整个经济，解决的问题是资源利用，中心理论是国民收入决定理论，研究方法是总量分析，总量指能反映整个经济运行情况的经济变量。

宏观经济学所涉及的总量主要有：国民生产总值、总投资、总消费、价格水平、增长率、利率、国际收支、汇率、货币供应量、货币需求量等。

总量分析的含义是分析这些总量的决定、变动及相互关系，并通过这些分析说明经济的运行状况，决定经济政策。

（二）宏观经济学的基本假设

宏观经济学的基本假设有以下两点：

（1）市场机制是不完善的。

（2）政府有能力调节经济，纠正市场机制的缺点。

1929—1933年资本主义大萧条的背景下，产生了凯恩斯主义的经济学思想，对自由市场经济产生的经济危机进行了深入剖析和解释。

思考： 1. 1929—1933年资本主义大萧条期间自由市场是否达到了总供给和总需求的供需均衡，也就是实现市场出清？2. 市场机制为什么没达到均衡而失效了？

亚当·斯密的自由市场思想与凯恩斯主义的对比如图1-2所示。

亚当·斯密——看不见的手

- 一切人为的干预，特别是政府干预都是多余的，什么也不管的政府是最会管理的政府，应该信守自由竞争、自动调节、自由放任的经济原则，政府对经济的干预只会破坏这种自动调节机制，反而会引起经济的动荡或失衡。

凯恩斯——一只有形的手

- 生产和就业的水平决定于总需求的水平。
- 总需求是整个经济系统里对商品和服务的需求的总量。
- 在微观经济理论中，价格、工资和利息率的自动调整会自动地使总需求趋向于充分就业的水平。
- 凯恩斯指出当时生产和就业情况迅速恶化的现实，指出理论说得再好，事实上这个自动调节机制没有起作用。
- 问题的关键在于“需求不足”是否存在。

图1-2　亚当·斯密的自由市场思想与凯恩斯主义的对比

凯恩斯认为：1929—1933年资本主义大萧条的根本原因在于有效需求不足，单靠市场力量无法形成足够的需求。因此需要政府采取以减税、增加公共支出为主的扩张性的财政政策来创造出有效需求以刺激经济增长，摆脱经济危机，通过政策机制来减少市场自动调节所需的过长时间带来的阵痛。

总之，宏观经济学的前提是：政府应该调节经济，政府可以调节经济。

讨论： 你了解我国哪些国家宏观调控政策？比如2008年国家出台了哪些宏观调控政策作用于总需求拉动经济？

（三）宏观经济学的基本内容

宏观经济学的基本内容主要有五个方面：

（1）国民收入决定理论，由总供给和总需求决定经济周期。

（2）失业与通货膨胀理论，失业和通货膨胀是总需求的重要因素。

（3）经济周期与经济增长理论，研究总供给的发展，最终是为了实现经济稳定增长。

（4）开放经济理论，国际市场在宏观经济中体现着重要性。

（5）宏观经济政策，研究国家政策宏观调控具备的理论基础。

三、微观经济学与宏观经济学的关系

微观经济学与宏观经济学是相互补充、互为前提的。经济学的目的是要实现社会经济福利的最大化。因此，既要对有限的资源实现最优配置，又要对资源进行充分利用。而资源的最优配置是微观经济学所要研究的主要问题，资源的充分利用则是宏观经济学所要研究的问题，两者是相互补充的。比如，宏观经济学在研究经济总量的决定与周期波动时必须考察消费者和厂商的行为选择，而微观经济学在研究有限资源的有效配置时必须把经济达到充分就业水平作为研究的前提。

学习任务三 经济学思维方式

一、“经济人”的理性

“理性”就是指个人的主观意愿是最大限度地为自己谋取福利，应该懂得如何为自己谋福利，使得成本小于收益。这里有一个帕累托改进的概念，即在处理事情的时候在不使一方利益减少的情况下，另一方的利益有所增加。

“经济人”的理性就是指像经济人一样思考，为自己获取最大的利益。

二、边际考虑

边际考虑是指只考虑最后一个或者新增加的一个所引起的变化，从而判断事情的整体性质。边际分析法是经济学的基本研究方法之一。

（一）边际分析的特点

第一，边际分析是一种数量分析，尤其是变量分析，研究的是数量的变动及其相互关系。边际分析法研究微增量的变化及变量之间的关系，可使经济理论精细地分析各种经济变量之间的关系及其变化过程，定量分析更严密。

第二，边际分析是最优分析。边际分析实质上是研究函数在边际点上的极值。

第三，边际分析是现状分析。对新出现的情况进行分析，即属于现状分析。这显然不同于总量分析和平均分析，它们实际上是过去分析。

（二）边际分析的意义

第一，边际分析使西方经济学研究重心发生转变。由原来带有一定“社会性、历史性”的政治经济学转为纯粹研究如何将有限稀缺资源分配给无限而又有竞争性的用途上，以有效利用。

第二，边际分析开创了经济学“数量化”的时代。

第三，边际分析导致了微观经济学的形成。强调主观心理评价，导致了以“个量分析”为特征的微观经济学的诞生。

第四，边际分析奠定了最优化理论的基础。推出最优资源配置、最优收入分配、最大经济效率及整个社会达到最优的一系列条件和标准。

第五，边际分析使实证经济学得到重大发展。

三、机会成本考虑

一般人头脑里的成本概念是会计成本，也就是做账用的。但是经济学家说的成本却很不一样，即“机会成本”。机会成本是指一种资源被用于某一特定用途以后所放弃的在其他各种可能用途中所能获得的最大利益。

会计成本的特点：第一，会计成本是直接的成本，即实际发生的成本，跟生产和消费直接相关；第二，会计成本是已经发生的成本。

机会成本是无论会计成本是否发生，只要存在选择行为，就一定会产生的成本。

四、用经济学原理解释为什么会有低折扣的飞机票

思考：航空机票旺季价格为何高于淡季价格？从供大于求或供小于求角度分析最终达成的均衡价格是高还是低。

航空机票旺季价格均衡分析，如图 1－3 所示。旺季需求曲线由 D 向右移动到 $D_{旺季}$，与原供给曲线 S 形成新的市场出清价格 2 000 元。淡季需求曲线由 D 向左移动至 $D_{淡季}$，与原供给曲线 S 形成新的市场出清价格 500 元。

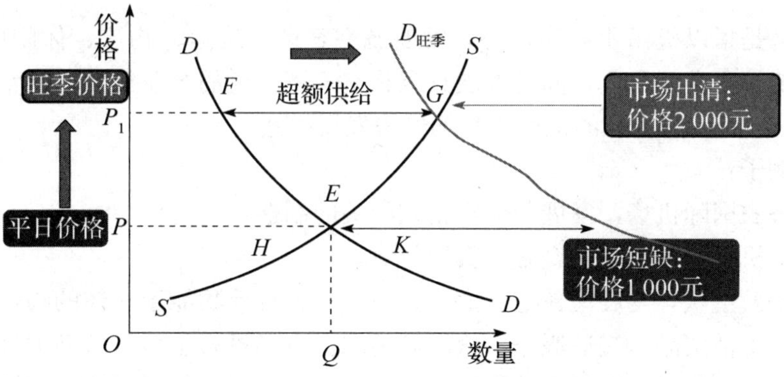

均衡价格的形成

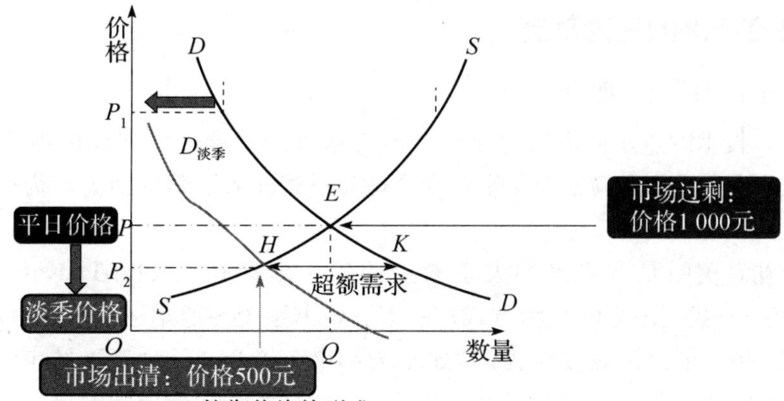

均衡价格的形成

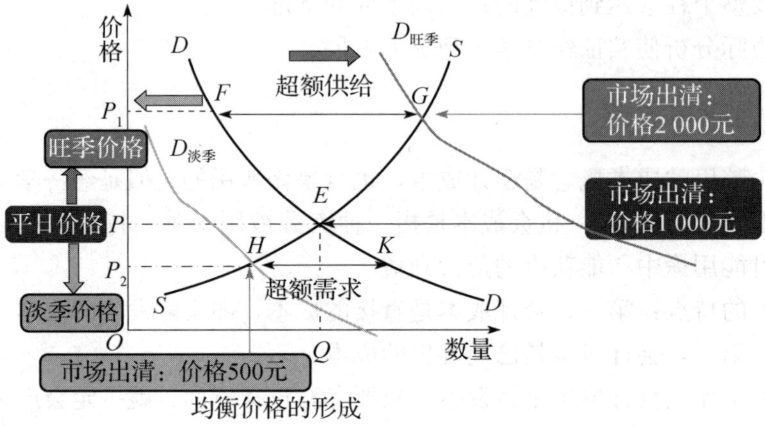

图 1-3　航空机票旺季价格均衡分析

学习任务四　临空经济的内涵及模式

一、临空经济的内涵

临空经济是指以机场业务为核心，发展航空客运、货运、物流、休闲度假、购物、商务旅游等传统空港区产业，同时发展具有临空经济特色的产业集群（通常在以机场为中心，以 10～15km 为半径的范围内）的经济发展模式。

举几个例子：

爱尔兰香农国际机场，发展与航空密切相关的制造业；

法兰克福机场，着重发展金融、会展行业；

仁川机场航空城，发展集住宅、商业、休闲、教育等功能于一体的临空经济区。

机场带来了消费品、交通服务、旅游等需求。机场投入土地、劳动力和资金为生产提供必要的要素，同时政府制定政策引导相关产业的发展，体现了宏观调控的手段。

二、临空经济的理论基础

(一)“航空大都市”理论

21 世纪，技术的进步使得航空业有了突飞猛进的发展，大规模的航空客货运输使得世界各地经济联系愈发频繁而紧密，为全球化进程注入了新的活力，为全球竞争提供了新的机遇。

2011 年初，美国北卡罗来纳大学教授约翰·卡萨达（John D. Kasarda）出版了《航空大都市——我们未来的生活方式》一书。该书系统性地阐述了他的“航空大都市”理论和规划设想。卡萨达教授认为，“航空大都市”将会是一种新型城市，机场是这种城市的发展基础和引擎，航空大都市指的是在枢纽机场周围形成的城市。当机场可以打破其边界限制，与机场范围以外的地方进行连接时，机场便开始向外扩散。机场与城市连接得越紧密、越协调，它就越向航空大都市的方向发展，直到机场与城市彼此融合，互为一体。①

在随后的10年中，他的设想受到了国内外城市管理者、建设者和学者的广泛关注。这说明他的观点触碰了这一时期城市建设者们的痛点，为他们提供了一种富有吸引力的解决方案。

在这10年中，卡萨达教授的“航空大都市”理论被我国很多城市尤其是拥有大型机场的城市所重视，并被广泛地应用和试验于机场周边地区的规划之中，这些规划被国内学者命名为“临空经济区规划”。

2015年6月24日，为了更有序地推进临空经济区的规划和建设，国家发展和改革委员会、中国民用航空局联合印发了《关于临空经济示范区建设发展的指导意见》，从国家层面规范和支持了临空经济区的规划和建设。

（二）中国临空经济发展模式的理论演进

任何理论都要与客观实际相结合，根据实际情况的变化而迭代。与其他国外理论“中国化”的过程相似，“航空大都市”理论被引入中国后，也经历了与中国开放发展的实际进程相结合的发展和演化，我们将其总结划分为“速度经济”“系统思维”“区域协同”的三个阶段的模式演进过程。

1. 第一阶段：基于“速度经济”的“圈层结构”模式

在2000—2010年的十年，我们将该阶段的主流发展理念总结为基于“速度经济”的“圈层结构”模式。

约翰·卡萨达在1992年提出“第五波理论”，在2000年提出“空港都市区”（aerotropolis）的概念，并于2011年出版了新书《航空大都市——我们未来的生活方式》，这标志着卡萨达教授临空经济理论体系的初步构建完成。

刘武君（1998）通过总结国外发展较好的临空经济区，将其在功能上划分为核心区、中心城区，以及一般城区。②

曹允春等（2006）指出随着经济发展模式的变化和航空运输业的发展，企业对产业链供应链的时间价值的重视度愈发强烈，以节约产品的全生命周期时间为目标的全新商业模式不断涌现，时间价值成为影响企业的成本与收益的重要因素。企业的区位决策目标指向机场——这个现代快速交通运输的大门，这使得企业的区位偏好发生改变。由此决定了中国临空经济发展呈现出以机场为核心、以交通运输的时效性为依据、以圈层分布为空间结构的特点。③

刘雪妮等（2007）从产业集群的角度对临空经济由低阶段发展到高阶段的动力机制进行研究，认为临空产业自身的特点、航空物流枢纽的货物集散能力、机场与产业集群

---

① 约翰·卡萨达. 航空大都市：我们未来的生活方式. 曹允春，沈丹阳，译，郑州：河南科学技术出版社，2013：160.

② 刘武君. 国外机场地区综合开发研究. 国外城市规划，1998（1）.

③ 曹允春，杨震，白杨敏. 提高临空经济区核心竞争力研究. 经济纵横，2006（5）.

的良性互动及地方政府的大力支持和积极推动是临空产业发展的重要动力。①

曹允春（2009）指出推进临空经济演进的动力包括基础性动力、内生性动力和外源性动力，并提出了三种动力在不同发展阶段的差异性，以及这些差异所带来的路径选择的不同。②

吴静（2010）从航空运输与临空经济的关系入手，深入剖析了航空运输与临空经济主导产业发展之间的关系，将航空运输、临空工业主导产业、区域技术创新环境和区域经济环境四个子系统集合构成航空运输与临空工业主导产业系统动力学模型，论证得出航空运输与临空工业主导产业之间的良性互动关系，其中，临空工业主导产业发展的动力源自机场的服务能力和服务效率，反过来，以高新技术为特色的临空工业主导产业可为航空运输带来大量稳定货源，引发客货运输量的增长。③

2. 第二阶段：基于“系统思维”的“港产城一体化”模式

在2010—2020年的十年，我们将该阶段的主流发展理念总结为基于“系统思维”的“港产城一体化”模式。

李守旭等人（2014）提出了“精益航城”的概念，认为在航空城规划中不仅应充分利用机场的速度经济，还应在物流、生态、建设和理念四方面体现航空城的高效率和高效益，认为临空经济区应该遵循独立机场区-机场产业化区-空港都市区-航空市镇群四区协同、融合发展的规划理念。④

曹允春等（2016）基于系统分析视角，提出临空经济区系统由空港、产业、空港新城三个子系统（airport-industry-city系统）构成（以下简称AIC系统）。AIC系统是指特定空港区域的空港运营、产业发展与空港新城相容的一系列活动。⑤

荀春兵等（2018）认为在“新经济浪潮”下，新兴产业的组织模式有可能从集群经济走向枢纽经济，新的经济地理结构正从“中心-腹地”结构向“枢纽-网络”结构升级。⑥

3. 第三阶段：基于“区域协同”的“效能航空城”模式

开始于2020年的新发展阶段和全球竞争时代，我们将该阶段的发展理念定义为基于“区域协同”的“效能航空城”模式。

面向未来新发展格局，全球分工协作更加密切，经济要素流动更加频繁，未来全球经济发展更加依赖航空运输的通达性、时效性和便捷性。如何打通双循环关键节点，实现全球要素高效流动？如何利用高质量的要素循环，推进区域产业高水平发展，推动经济实现高效益与创新发展？如何发挥临空经济极核和辐射效应，推进深层次开放发展，打造区域经济发展新引擎？这些问题成为双循环发展格局下临空经济区规划需要回答的核心问题。

---

① 刘雪妮，宁宣熙，张冬青. 临空经济与供应链的相互作用研究. 科技进步与对策，2007（12）.

② 曹允春. 临空经济演进的动力机制分析. 经济问题探索，2009（5）.

③ 吴静. 航空运输与临空产业的关系研究：以长沙为例. 长沙：中南大学，2011.

④ 胡赵征，李守旭. 临空经济区空间发展模式及趋势展望. 规划师，2014（11）.

⑤ 曹允春，何仕奇，赵冰. 临空经济区“港-产-城”一体化发展研究. 区域经济评论，2016（4）.

⑥ 荀春兵，杜锐，叶炜，等. 成都天府国际空港新城发展战略选择. 区域经济评论，2018（6）.

通过对国内外临空经济区发展经验和理论的深入研究，结合中航规划院在临空经济区规划实践中的经验总结，明确在加快构建以国内大循环为主体、国内国际双循环相互促进的新发展格局之下，临空经济区被赋予崭新的发展使命。

我们需要将研究的重心，从重视“港、产、城”的互动逻辑和空间格局的研究之上，向“机场、区域和城市”三者的协同融合与互动发展这一临空经济理论的深水区进军。

第一，需要思考如何解决机场与周边区域在运营管理上的割裂问题，最大限度、最高效率地利用好国际航空枢纽这个“空中桥梁”，撬动区域经济产业的升级。

第二，机场为区域带来了全新的交通运输方式，使得这一机场所在的城市或城市群获得了航空所带来的速度优势、连接优势和流量优势。需要重点思考这三种优势如何与城市的市场需求和资源条件相结合，以及这种结合在满足航空运输的经济效益合理性的基础上，还需要满足何种条件。

第三，在全球化发展浪潮下，机场在现代城市的交通、贸易、交往和产业等方面所发挥的作用越来越大，如何寻找机场周边区域与城市之间耦合关系，使该区域发展有机嵌入城市经济，让城市中的企业、产品、各种要素深入国际供应链体系中去，同时深入带动该区域和城市协同跃迁发展，是新时代下中国临空经济区规划需要深入思考的问题。

因此，尝试从理论创新的视角，对新发展格局下临空经济区的发展进行理论更新迭代，提升认知，提出面向未来的临空经济发展中国模式——“效能航空城”。

（三）效能航空城的理论体系构建

1. 概念解析

效，指效率、便利性，反映了临空经济时效性、速度经济的内涵，在空间逻辑上，反映了人、货、航等要素流量的空间效率，进出港便利的重要性。

能，指能量、磁极，反映了临空经济对区域经济的扩散带动作用，体现了临空经济的广泛带动性、包容性，尤其体现空间上从点到面的对区域空间一体化的整合和辐射效应。

效能航空城，依托航空港枢纽速度经济、流量经济、网络经济优势，将集聚区域高端人口和产业的主导力量，通过机场、区域和城市三者一体化进程的不断推进，促进空港枢纽辐射和集聚效应不断放大，促进空港枢纽与所在区域、城市优势资源要素自由流动、深度融合、协同发展，促进航空城从临空效率性向枢纽效能性转变。效率、效益和效应“三效”协同构成效能航空城理论的核心内涵。①

2. 研究对象

效能航空城的研究对象，是从区域经济的角度来划分的航空城中三个区域要素——空港区域、临空经济区和所在城市三者之间的关系问题。

其中空港区域指机场红线内的区域，该区域由机场公司管理；临空经济区指机场周

① 郭琪，张琳琳，郭璟珅．效能航空城：面向全球竞争的中国临空经济发展新模式．北京：航空工业出版社，2021：35.

边一定范围和规模的区域，该区域边界根据具体情况划定，一般由所在城市的临空经济区管委会管理；所在城市指空港服务的地级市或者多个城市组成的城市群，该区域由城市政府管理。

3. 逻辑关系

三者的逻辑关系，可以梳理为空港与临空经济区、空港与城市、临空经济区与城市三者之间的协同互动关系。

（1）效率——“港区融合”。

空港与周边区域的融合发展是临空经济发展的基础前提。新时代发展主题之下，机场的定位、功能、用途、吞吐量、设施水平、预期能级直接决定了空港区域的发展方向。空港能够有效引发和带动大量开放要素集聚，围绕空港形成带动区域发展的磁极，给空港区域发展注入强劲动力。空港作为临空经济区的核心引擎，需要与其周边空港区域的城市空间产生密切而频繁的联系，这样才能产生强大的协同和融合效应，从而带动区域发展。

（2）效益——“港城互动”。

空港与城市之间的互动关系，即空港所引发的航空运输，必须产生足够规模的合理的经济效益。空港作为城市中的交通基础设施，必须服务于所在的城市，而服务的基本手段，是利用空港作为交通基础设施的航空运输业，以及由此引发的上下游配套产业。

（3）效应——“区域协同”。

临空经济区是所在城市不可分割的有机组成部分。一方面，在政策、一体化等因素的促进作用下，临空经济区能够为城市发展注入新的增长因素，提高城市经济活力和协同水平，成为城市经济、产业、人口、交通发展的价值高地。另一方面，所在城市以其多样的服务品质、市场需求和禀赋资源，赋能临空经济区，与该区域一起，形成区域协同的发展格局。

三、临空经济的发展模式

（一）效率：港区融合——机场红线内外的互联融合效率

“效率”反映了空港与临空经济区之间的核心关系，机场红线内外区域的高效率无边界融合，要求空港与周边区域空间产生密切而频繁的联系，这样才能产生强大的协同和互动效应，从而促进空港和区域一体化、高质量发展。

1. “效率”的内涵

第一是反映在空间维度上的“近距离”，两个区域应该最大限度地靠近并联通，使双方可以在物理空间上快速联通。

第二是反映在时间维度上的“快速度”，两个区域之间的联系应该在通过边界的过程中最大限度地减少通过时间，使双方可以在机场红线内外快速切换。

第三是反映在市场维度上的“共利益”，这是解决港区融合问题的主要矛盾和根本问题。机场红线作为事权分割线，不应成为空港效益扩散、空陆一体化发展的障碍。事权分割导致的观点分歧，背后是双方利益诉求的不同。

2. 影响效率的核心要素

机场红线内外管理主体不同，职责和发展诉求存在差别，导致机场与临空经济区互动程度不高，无法形成最优的协同效应、获得最优的收益。红线内外管理主体的矛盾是影响港区融合效率的主要矛盾。

举例来说，绝大多数大型枢纽机场的总体规划范围，几乎占领了所有能够与机场产生高效联动的土地资源，导致这部分土地资源无法被属地政府有效地赋予价值。现实中，属地政府往往非常重视机场周边土地的使用，希望借助机场的存在，为周边土地的价值最大化贡献其力量，进而享受临空指向性产业发展所带来的红利。但现实情况是，最有价值的土地都为机场所有，导致属地政府无法分享临近机场所带来的土地价值提升，同时还要承受机场存在带来的噪声、限高等负面影响。这大大挫伤了属地政府与机场携手共赢，共享临空经济红利的积极性。这种情况的根本原因就是机场主体与属地政府的利益诉求不一。

3. 解决问题的关键手段

应通过市场化和属地化相结合的手段，创新性地进行体制机制的设计，统一机场和地方这两个管理主体的利益诉求，减小利益分歧，形成双方合作共赢的体制和市场环境。

一方面，通过体制机制的设计，使机场主体有意愿超越机场管理者的局限，积极联合属地政府，以区域开发者和运营者的身份，主动谋划而非被动参与临空经济区的投资规划建设和运营。

另一方面，临空经济区作为地方政府管理主体，应当建立充分、持续和有效的两方沟通机制，并在制定区域发展政策过程中，找到机场价值最大化的关键因素，使双方在区域发展和空港建设的利益一致性上达成共识，找到合作共赢的关键渠道。

通过上述两个主体的密切合作，使双方在资金技术、人员管理和战略上深度融合，形成长效、健康、持续性的对话协同机制，打破空港红线内外的“无形之墙”，减少因空港红线内外管理权属不同导致的政令不一、协调缺位和发展不均衡等问题，解决空港与区域的高质量协同发展问题。

典型案例见后文中的荷兰阿姆斯特丹史基浦空港。

（二）效益：港城互动——航空运输的经济互动效益

“效益”反映了空港与城市之间的供求关系，空港的供给与城市的需求之间，能否产生合理的经济效益关系，是航空运输与城市经济互动融合的根本前提。

1. “效益”的内涵

一方面，空港所提供的航空运输服务，提升了所在城市的对外交通水平、连接效率和交往能力。航空运输服务本身是一种提供产品和服务的经济行为，这种经济行为需要满足市场经济的客观规律，即航空运输能否在取得经济效益的基础上满足所在城市的市场需求——旅客或者商品从全球范围哪一个地区、以何种方式运送到该城市或者从该城市出发，能够产生合理的经济效益，并将这种经济效益嵌入城市产业体系之中，丰富和优化城市产业经济格局，激发城市经济活力，促进城市发展。

另一方面，城市对空港所提供的交通运输服务的需求，以及由此引发的上下游产业需求，是空港存续并发展的基础前提。该需求与所在城市的规模等级、资源禀赋、区位条件、市场需求、机遇条件和政府作为等方面密切相关。

2. 影响“效益”的核心要素

影响“效益”的核心要素体系，符合波特的钻石模型的理论框架，同样包括生产要素，需求条件，企业战略、结构与同业竞争，相关产业四个要素，机会和政府两个变量。

生产要素：主要包括两大要素，一是城市要素，如规模等级、资源禀赋、区位条件和交通条件；二是空港要素，如机场规模等级、区位条件、交通条件和空域资源。

需求条件：主要指城市对航空运输的市场需求，包括客运需求和货运需求，以及由此引发的上下游产业需求。

企业战略、结构与同业竞争：主要指参与航空运输的企业的商业模式和战略选择。

相关产业：指航空运输业的支持性产业和相关产业。

机会：指某一时期的重大相关因素或者条件的改变，给企业带来的机遇和风险，机遇和风险往往是并存的。

政府：主要指政府角色。政府的角色主要是为企业提供所需的资源，创造产业发展的环境。

3. 解决问题的关键手段

以波特钻石模型的体系构架为基础，通过体系化的设计和谋划，创造性地赋予六大要素以重点和次序，构建一套层层递进的组织手段，实现航空运输与城市需求之间的经济互动效应。

一是寻找市场需求：首先需要分析城市腹地航空运输的潜在需求和潜在产品，找到航空运输的供需关系。

二是挖掘生产要素：以市场需求为依据，深度分析城市禀赋要素和机场条件要素，如何满足航空运输的供需关系。

三是对接企业需求：企业是市场的主体，是产业发展的载体，是整个体系的关键要素。体系中的其他五个要素，都需要服务于企业的战略选择和商业模式。

四是配置相关产业：企业要想获得持久的竞争优势，需要产业集群的支持，而集群的发展需要支持性产业和相关产业对核心产业的支持。

五是抢抓机会条件：对企业来说，机会是可遇不可求的，并且稍纵即逝。只有对体系发展的优劣势和需求有清醒的判断，才能更好地发现机遇、规避风险和利用机遇。

六是发挥政府作用：政府需要扮演好自己的角色，这样才能成为扩大体系的力量。政府应投入到企业无法发挥作用的领域，如制定规划、投资建设基础设施、宣传和推介、颁布适宜的法律和政策、提供公共管理和服务等。

典型案例见后文中的萨拉戈萨新兴物流集群。

（三）效应：区域协同——临空经济区与城市的互促协同效应

1. “效应”的内涵

临空经济区的发展与城市经济发展表现为一种相互促进、相互制约的协同关系。城市核心区和临空经济区之间通过轨道交通、快速路等交通走廊形成紧密联系，促进港城之间要素的自由高效流动，双方关系愈发紧密而频繁，推进区域一体化进程。这一进程中，临空经济区与城市产业经济产生了积极的互动效应和深远的化学反应，这使得临空经济区与中心城区逐步耦合、嵌套、共生发展，形成了临空经济区与所在城市之间的协同互促、网络共生效应。

2. 影响“效应”的核心要素

一是以空港为核心的临空经济区的极核效应与辐射效应，即临空经济区作为区域发展的增长极，对城市要素流动的极化和扩散作用。

随着航空运输的兴起，临空指向型产业在向空港地区转移的过程中，也会沿交通走廊向城市的主要方向扩散，并形成若干相对独立的城市功能组团，围绕空港沿交通干线形成走廊式、圈层扩散的网络形态，构成了商业购物、总部办公、高新技术园区、休闲观光、高端居住等功能沿着交通走廊向中心城区方向扩散的空间形态。

随着城市的发展和空港能级的提升，临空经济区作为城市中的一个组团，产业生产要素规模不断扩大，区域分工合作愈发紧密，产业协作融合更加普遍，新兴经济业态不断涌现，产业发展的知识和技术密集特征突出，逐渐在技术、人才创新、资本等方面形成独特优势，产业发展不断趋于高端化和创新化，临空经济区发展逐步成熟，对城市的整体发展带动效益显现。

二是中心城市作为临空经济区的母城，为临空经济区提供腹地支撑和发展环境。何为城市？在中文中，它是“城”与“市”的结合。《说文解字》曰，“城”以盛民也，“市”买卖所之也。城市，即人流、物流的聚集地。

临空经济区的发展依托于空港所在的城市腹地经济的发展水平。不同的城市经济形态、规模和发展水平，对临空经济区的定位产生了极大的影响和促进作用，中心城市的服务带动、市场需求、资源禀赋、对外联系、政策偏好等特质，促使临空经济区在发展定位、口岸设置、产业选择、政策争取、运营管理、形象打造等方面采取因城而异、因地制宜的管理举措和发展路径。

3. 解决问题的关键手段

应通过对城市区位条件、资源禀赋、城市规划、城市性质的深入研究，结合对机场总体规划的研判，分析城市和机场这两个核心影响要素之间的辩证关系，将城市这一“母体”对航空产业和临空经济的根本需求和核心影响作为研究的重点，前瞻性地制定临空经济区发展战略和路径，寻找临空经济区与中心城区之间的耦合、嵌套和共生关系，打造“航空产业＋城市经济”的特色产业体系，使航空产业与城市经济融合互动发展。

第一，研究城市产业结构对临空经济区产业结构和发展方向的影响和支撑。随着供给侧结构性改革不断深入，城市产业结构不断升级，产业类型向高技术、高质量环节拓展，人工智能、5G、云计算、芯片、生命科学等一批未来引领产业将逐步成为城市经济发展重点，城市产业的发展情况会影响和支撑临空经济区的产业结构和发展定位。临空经济区的产业结构必须在城市产业发展的总体框架下进行定位，因地制宜，发展城市具有比较优势的临空产业。

第二，研究城市空间拓展对临空经济区空间生长和布局演变的影响。城市经济的规模水平和要素供给一定程度上决定了临空经济区的发展空间。当城市经济扩张到一定规模后，城市的集聚不经济效应会大于集聚经济效应，交通住房拥挤、生态环境恶化、土地和劳动力价格大幅上涨等现象都可能出现，一些产业和城市功能活动会不断向外推，并带动其他相关活动逐渐向外移动，从而引起城市外部形态的变动和扩展。临空经济区一般位于城市的远郊，环境要优于市区，并且周边有大量可合理规划的土地，加上受城市与机场经济发展轴线的影响，城市空间具有向机场方向扩张的趋势。因此，城市经济发展需要扩张空间，会导致临空经济区布局和范围发生变化，从而影响临空经济区的空间演变规律、发展功能定位以及发展前景。

第三，研究城市经济的开放属性如何为临空经济区参与全球合作提供条件。在我国全面对外开放的大环境下，城市经济的开放程度逐步提升，城市市场与国际市场的交流合作日益加深，从而带来大量全球化的人流、物流、资金流和信息流，带动机场业和航空运输业的发展，也为临空经济区发展开放经济、参与全球经济合作与交流提供了条件。

第四，研究城市群、都市圈一体化发展对临空经济区融入区域经济的促进作用。随着我国城市群战略布局和城镇化进程的加快，城市一体化程度也在不断深入，枢纽机场的运输服务范围将不再局限于城市内，作为城市的对外交往门户，机场的服务半径向城市群进行延展，临空经济区与周边城市的经济联系和人才流动显著增强，技术和文化交流频率增多，机场与地面交通、市政等基础设施互联互通增强，推进公共服务均等化，促进环境共同治理。

第五，研究因城而异地进行体制机制创新为临空经济区发展提供定制化的政策保障。现阶段我国城市经济产业体系逐渐迈向经济高质量发展阶段，城市高质量发展将对临空经济区产生反馈效应，通过优化透明高效的营商环境、制度创新激发市场活力，促进临空经济区在更高层次实现质与量的跃升。城市根据自身禀赋特色设立自由贸易试验区、综合保税区等开放平台，制定和实施符合国际惯例的法规制度、优惠的产业发展政策，能为人流、物流和资金融通提供最大的方便，为临空经济区的快速发展提供保证。

典型案例见后文的曼谷那空-素万纳普航空大都市规划。

学习任务五 临空经济发展概述

一、国外临空经济的发展概况

（一）荷兰阿姆斯特丹史基浦空港

1. 案例背景

荷兰阿姆斯特丹史基浦空港的实践是空港与周边区域经济和城市经济融合共生的杰

出典范，它凭借着国家战略支撑和机场、城市、社会投资者等多主体的联合开发，将临空经济发展成了荷兰重要的区域经济支撑，也将机场周边地区发展成了一个临空经济区，成为城市的重要经济增长极。

荷兰政府在1988年制定的《国家规划与发展报告（第4版）》中，将史基浦机场定位于国家发展的中心，将临空经济作为经济发展新的动力，出台相关政策特别扶持史基浦机场和荷兰皇家航空公司的发展。①

1987年，荷兰政府、史基浦机场共同出资成立史基浦区域开发公司SADC，其中政府占主导地位，该开发公司主要负责基础设施建设、园区规划管理、招商引资、土地出让、写字楼建设租赁等业务，并对机场附近的仓库和办公区进行开发。荷兰政府规划建设了多条高速公路，并在机场附近建设了高铁车站，从而将其打造成集铁路、航空和高速公路于一体的综合交通枢纽，物流、IT等临空产业开始聚集，形成物流园区。

1994年，荷兰政府、机场开发企业以及相关协作组织共同组建了阿姆斯特丹机场利农经济区管理委员会，拥有有效的利益协调职权，为解决和避免各主体的利益冲突提供了良好的机制。

1998年，史基浦机场集团设立史基浦不动产公司SRE公司，专门负责史基浦机场及周边区域产业的规划与遴选。同年，在阿姆斯特丹城与机场连接线上开始建设高端商务区Zuidas商务区。此阶段，机场客货运量规模快速扩张，周边的办公、商业设施也逐步完善，通过基础设施的修建、园区的规划、总部经济的引进，史基浦机场逐步成为“欧洲商业界的神经中枢”。此阶段产业从制造业到现代服务业集聚，航空物流、航空维修、总部经济、高科技研发等服务业比重日益上升。荷兰阿姆斯特丹机场区域组织（AAA）会为进驻企业提供物业等优质服务。

2003年，荷兰政府开始执行严格的项目入驻标准，离机场越近的位置，入驻要求越严格。荷兰阿姆斯特丹机场区域组织负责史基浦航空城项目的筛选，通过审查拟落户企业的实际情况，根据其具体需求推荐合理的落户区域，将详细情况上报阿姆斯特丹市政厅批准。如政府批准入驻，将由史基浦区域开发公司SADC和史基浦不动产公司SRE开发建设企业办公设施。此外，荷兰阿姆斯特丹机场区域组织还负责区域范围内的营销、宣传以及对外活动等。

荷兰政府十分重视航空城的规划布局，根据与航空运输的功能联系，史基浦机场周边区域分布有机场核心区、航空产业区、工商业园区、休闲娱乐区以及住宅区。此阶段产业从制造业到现代服务业集聚，对周边地区的辐射也会逐步从机场所在地区延伸至交通沿线地区，对区域经济的贡献明显增强。史基浦机场航空城沿城市中心方向打造Zuidas商务区带动区域经济增长，沿鹿特丹港口方向打造物流高科技走廊。

2. 开发建设和运营管理模式

史基浦地区的开发建设和运营管理主体包括以下几个。

一是史基浦集团，该集团由四家主体持股，分别是荷兰政府、阿姆斯特丹政府、法

① 施蔷生. 国际临空经济（产业）园区发展模式比较. 上海房地，2010（7）.

国巴黎机场 ADP 集团、鹿特丹市政府。

二是史基浦集团下设的全资子公司史基浦不动产公司，负责史基浦机场的规划与建设，负责紧邻机场周边土地的商业地产投资、开发、销售、租赁和管理。

三是史基浦地区开发公司，由史基浦集团、阿姆斯特丹政府、哈勒梅尔米尔市政府、北荷兰省政府四家主体共同出资设立史基浦地区开发公司，拥有机场紧邻地区之外相邻地区的土地，负责该区域基础设施和配套设施建设和维护，园区投资、建设、招商、销售和运营，兼具商业和社会两方面职责。

四是阿姆斯特丹机场区域组织，该组织是由阿姆斯特丹政府与哈勒梅尔米尔市政府合作，联合社会投资主体组建的非营利组织，该组织不拥有土地，主要负责史基浦区域的品牌营销和推广，以扩大区域影响力，吸引更多的企业入驻区域。

史基浦地区通过上述主体的分工合作，构成了以机场为核心的多主体参与、多方共赢的土地开发模式。根据荷兰商业地产数据，史基浦机场周边有 2 500 多家国际企业入驻，2020 年该地区的办公租金均价为每年每平方米 85～355 欧元、工业用地租金每年每平方米 60～110 欧元，与阿姆斯特丹城市中心区具有同样高价值区位，远高于阿姆斯特丹其他地区的每年每平方米 75～195 欧元、40～55 欧元，成为阿姆斯特丹地区经济活力突出、土地价值高涨的地区之一。

（二）萨拉戈萨新兴物流集群

1. 案例背景

西班牙的萨拉戈萨市（Zaragoza）是一个名不见经传的欧洲小城市，人口不到 80 万，仅为马德里或巴塞罗那的 1/6，它既不以制造成衣而闻名，也不以渔业发达而著称，它西北方向 200 多千米是大西洋，东南方向 200 多千米是地中海。

为什么萨拉戈萨会成为欧洲重要的新兴物流集群？可以用钻石模型加以分析，如图 1－4 所示。

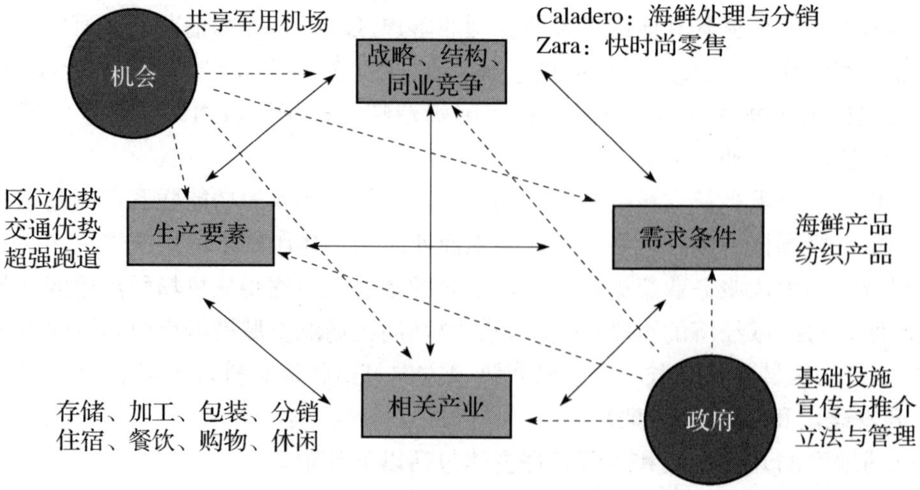

图 1－4　萨拉戈萨物流集群：航空运输的合理经济学效益模型

2. 机会

萨拉戈萨机场拥有欧洲最长的机场跑道，该机场修建于 20 世纪 50 年代，用于容纳冷战时期的重型军用飞机，如满载炸弹的 B－52 战略轰炸机。因此，该机场超长、超强的跑道给满载的大型货机提供了一个完美的起降点。机遇来自 20 世纪 90 年代，军用机场开放为军民合用机场，之后该机场的货运能力得到明显释放和提升。2000 年萨拉戈萨机场在西班牙机场中货运量排名第 18 位，只占全国空运量的 0.6%，到 2009 年，萨拉戈萨的机场货运量排名西班牙第三，已占到西班牙全国空运量的 6.5%。①

3. 生产要素

一是优良的区位条件。萨拉戈萨位于西班牙东北部，是西班牙第五大城市。以萨拉戈萨为中心 300 千米半径内，坐落着马德里、巴塞罗那、瓦伦西亚、毕尔巴鄂等城市，区域内人口达 2 000 多万，超过西班牙人口总数的 50%。同时，萨拉戈萨与西班牙的两岸（大西洋和地中海）等距，与巴黎、罗马、慕尼黑、苏黎世等欧洲商业贸易中心相距均不超过 1 000 千米。

萨拉戈萨市政府在阿拉贡及西班牙政府支持下，自 2002 年开始实施以开发物流园区、培育物流业集群为核心的发展战略。经过十多年的努力，已经形成以 PLAZA 物流园为核心，以萨拉戈萨铁路多式联运中心、萨拉戈萨海运内陆港站及萨拉戈萨机场等专业化运输枢纽为支撑的大型物流集群，成为萨拉戈萨市乃至阿拉贡省经济发展的新支柱。

二是发达的综合交通体系。

陆运交通发达：萨拉戈萨不仅具有密集的公路网络，高速公路 3 小时可覆盖西班牙全境，而且还是西班牙铁路网络中最为繁忙的货运枢纽和高速客运站点，高速铁路可以在 2 小时内通达西班牙 15 个大城市。

建有通海内港：建有内陆港，与西班牙主要海港都建立了良好的合作关系并提供海铁联运服务，极大地提升了其面向全球的运输能力。

具有最强跑道：拥有欧洲最长的机场跑道。

4. 需求条件

一是快节奏的时尚界需要以速度取胜。面向欧洲年轻时尚消费者的时尚服装业，需要尽可能地缩短从设计到销售的整个环节，将产品以最快的速度送到消费者眼前。

二是西班牙人对新鲜海鱼的巨大消费需求。按照人均消费量来计算，西班牙是世界上仅次于日本的第二大鱼类消费国，并且西班牙人对鱼的种类和新鲜度非常挑剔，他们最喜爱两种出产于非洲西海岸的白质鳕鱼和竹荚鱼，世界上只有为数不多的几个地方出产这些海洋鱼类。即使是最好的制冷技术，也必须保证这些鱼在两三天内“游入”消费者的厨房，以确保这些海味的新鲜度。

5. 企业战略

一是 Zara 的快时尚零售模式。Zara 作为服装快时尚界的明星企业，需要以最快的速度发现潮流，快速敲定设计，快速制成成衣，并快速把它们送到欧洲各大城市的

---

① 尤西．大物流时代：物流集群如何推动经济增长．岑雪品，王微，译．北京：航空工业出版社，2021：25．

商店里。Zara 每年设计和投入市场的新款服装有 12 000 多种，每种商品从设计、试做、生产到店面销售，平均只花 3 周时间，最快的只用 1 周，销售周期仅为 3 周左右。

Zara 全球物流配送中心临近机场，每周为全球 2 000 多个门店配货和补货。欧洲各门店主要通过公路和铁路运输，24 小时内送达；欧洲以外的地区则主要依靠空运，48 小时可以送达。因此，尽管 Zara 在欧洲加工服装的成本比在中国等国高出数倍，但由于其依托萨拉戈萨集群所具有的运输等综合优势，形成了高效率的物流供应链体系，极大地弥补了其制造成本的劣势，使其能够迅速有效地占领全球女装市场领先地位。

二是 Caladero 的海鲜处理与分销模式。理论上，使用直飞航班可以把非洲海鲜在 8 小时之内运到西班牙马德里机场，在头尾两端各加上装载和包装的几个小时时间，非洲的渔获可以在一天之内“越入”欧洲消费者的菜篮子里。但实际上，非洲西海岸的渔获，是在南非的约翰内斯堡机场集拼，运往萨拉戈萨，再由萨拉戈萨运往马德里等城市。出现这种运输模式的原因有如下几个方面：

（1）集中运输降低成本。使用大型货机（波音 747）将非洲多个渔港的渔获集中运输，可以有效降低每千克货物的飞行成本。

（2）弥合渔获的天然波动性。使用特种卡车将非洲多个港口的渔获集中到约翰内斯堡机场，数量的集中可弱化每条渔船捕获量的日常波动性。

（3）满足最大运力学原理。一架波音 747－8F 飞机最大可以装载 140 吨货物，或者 858 立方米。这两个需求应该最大限度地协调，即轻重货统筹。渔获主人需要和 Zara 商谈合作，Zara 需要从非洲进口马海毛，蓬松的织物、毛线与较重的冰、鱼形成完美的轻重货组合。

（4）最佳目的地。马德里一个大城市没有把握消费掉整机的海鲜，因此，飞机需要选择一个距离适当的中间地带，在拆分后通过地面交通摆渡到四个城市。

（5）提供增值环节。在距离跑道很近的位置，修建加工配送中心，渔获到达后，迅速进入加工环节，加工成鱼柳、鱼片、鱼肉馅、鱼串、鲜虾鸡尾酒、西班牙海鲜饭等海鲜食品。

（6）廉价且规模化的土地资源。因为机场远离大城市，所以具备成本相对较低的较大规模的土地资源，用于物流设施建设，可以大幅度降低成本。

6. 相关产业

包括两类产业。一是相关产业，如渔获产品和纺织产品的存储、加工、包装、分销等上下游配套产业；二是支持性产业，如为园区工作者和来访者提供的住宿、餐饮、购物、休闲等配套服务产业。

7. 政府作用

（1）园区采用政府主导、市场化运营的模式。省市政府联合发起，引入银行资金，合作成立平台公司，全面负责物流园的开发、管理、运行和推广。总经理由阿拉贡省省长直接任命，总经理自主招聘部门经理，部门经理再聘请其他管理人员。在运营方面，园区土地采取出售方式，土地收益被用于改善基础设施和园区运营。

（2）各级政府共同投资支持基础设施建设。由省、市政府共同投资启动建设，总投入约 3 亿欧元。用于土地购置、园区开发和基础设施建设，省市投资占比近 70%。另外，铁路设施改造和多式联运场站建设投资 2.28 亿欧元，全部由西班牙国家铁路预算支持建设。

（3）通过立法和政策相结合支持集群发展。市政府精心设计了历史上第一个区划法——《物流中心法》，对土地的使用进行了有利于物流集群发展的规定，并批准设立了一家公共公司，负责监督该法律的实施，为园区企业提供一视同仁、公平透明的营商环境。

（4）与研究机构合作提升物流创新支撑能力。针对物流集群发展对多样化人力资源、知识创新、共性技术等方面的需要，不仅引入了物流培训和职业教育机构，还资助美国麻省理工学院、萨拉戈萨大学合作建立 ZLC 物流研究中心，专门培养物流专业研究生、企业中高级管理人员开展集群物流解决方案研究等，有效地提升了物流集群的人力资源水平和物流创新能力。

（三）曼谷那空-素万纳普航空大都市规划

1. 案例背景

素万纳普机场于 2006 年建成运营后的十多年里，以旅游业和航空业两大要素为依托，国际医疗旅游业蓬勃发展，将曼谷打造成了“世界手术室”。

一方面，旅游业是泰国的优势产业，航空技术的进步强化了这个优势。该国被人们称为“微笑之国”，服务人员迷人的微笑和良好的教养，以及低于市场价的人力资源，使得 20 世纪 60 年代以来一直被世界游客誉为旅游的胜地。此后的 40 年里，游客数量增长了将近 40 倍，这个奇迹般的增长主要归功于波音 747 强大的载客量。该机型的载客量、速度和航程，使得以旅游包机为特色的大规模国际旅游成为常态，泰国由此形成了国际旅游中心的地位。①

另一方面，素万纳普机场投入运营后，航空运输业飞速发展，空中连通性持续增强。虽然泰国政府航空大都市的建设规划没有实现，但政府在 2002 年加快了正在进行中的素万纳普机场建设进度，将其列为政府项目的重中之重。在随后的 4 年里，机场建设顺利开展，并于 2006 年通航运营，且发展势头良好。素万纳普国际机场提供的通达、便捷、高品质的国际航线网络，以及与之相配套的地面交通设施和配套服务设施，是泰国曼谷临空经济发展的必要前提条件。

2. “医疗旅游”模式

在泰国曼谷，临空经济的成功是通过市场化的手段实现的。依托发达的旅游业和持续增强的航空运输网络，通过在医疗领域进行市场化创新的手段，找到了“医疗旅游”的商业模式，实现了临空经济与所在国家、城市经济互促协同的良性发展模式。“医疗旅游”模式的核心要素在于，依托旅游业和航空业两个优势，市场主体通过对国际医疗市场的深刻洞察，赋予其医疗产品如下三个方面的要素，实现了全球医疗领域竞争的比

---

① 约翰·卡萨达．航空大都市：我们未来的生活方式．曹允春，沈丹阳，译．郑州：河南科学技术出版社，2013：267.

较优势，从而将泰国曼谷打造成国际医疗旅游的目的地。

第一，国际领先的医疗设施和医疗技术。包括先进的数字化医疗系统，采用国产的全数字化系统取代了纸质医疗记录；这里很多医生都是在美国培训、获得相关机构认证的顶尖医生，他们被高额的薪资待遇和充足的临床机会吸引到这里，能够采用先进的医疗技术进行高水平的临床治疗。

第二，超过五星级酒店的配套服务水平。这里有通晓多国语言的护士，为不同语言的患者提供照护；医院的餐厅由曼谷最好的厨师来提供可口的餐食；医院里甚至设有旅行社，代办签证延期手续，应对需要多住一段时间的患者。

第三，更低的综合费用。综合费用可以大致分为医疗费用和交通费用两大部分。以美国患者为例，在曼谷接受一次冠状动脉搭桥手术的医疗费用是 15 500 美元。交通费用主要是往返两地的机票 2 000 美元。对比来看，在自己国家（美国）做同样的手术花费五六万美元，在泰国曼谷的费用就微不足道了。

二、国内临空经济的发展概况

（一）首都国际机场临空经济区

被誉为“第一国门”的北京首都国际机场，航线网辐射全球。而在机场周围更辐射出 115.7 平方千米土地，孕育滋养着 1.2 万家企业的“临空经济带”。

作为我国临空经济的起源地，2022 年 2 月，北京临空经济核心区和北京天竺综合保税区整合成立北京首都国际机场临空经济区，形成临空经济区、综合保税区、自贸试验区“三区”统一，全域经济发展“一盘棋”。整合组建以来，固定资产投资、进出口总值双双同增超五成。开放型经济区树立开放型经济旗帜。

1. 400 余家企业撑起航空枢纽

该区域聚集中航集团、空中客车（中国）总部、首都机场集团等 400 余家航空企业，是全国航空服务企业集聚数量最多的区域。航材共享促航空高质量发展。区域内高端临空产业进一步聚集，“港产城融合、保税非保税功能协同、高端临空产业聚集”的发展格局逐渐形成。

以前接的国际航空公司维修单，修完后还需要“物理出关”：专用定制气垫运输车辆陆运往返香港，运输时间长、费用还高。现在天竺综保区即可报关，单台发动机运输周期从 15 个工作日缩短至 5 个工作日。航空服务产业强链补链、降本增效，不断优化临空上下游企业发展壮大所必需的要素和环境，推动航空服务业持续繁荣发展。

2. 三重政策助推高质量发展

2020 年，首都国际机场临空经济区被纳入北京自贸试验区国际商务服务片区，“服务业扩大开放、自贸试验区、综合保税区”三重开放政策叠加，成为带动高质量发展的重要引擎。首都国际机场临空经济区获批北京首个国家进口贸易促进创新示范区，获批全国首家空港型平行车进口口岸，打通北京至欧洲货运新通道。首都国际机场临空经济区以抓好‘硬环境’建设、提升‘软环境’水平的‘两个环境’为抓手，不断迭代升级服务举措，着力构建高效便捷的开放生态。

3. 外资共享发展机遇

新国展地区将建设成为商务会展与临空经济、国际消费相互促进、协同发展的北京国际会展商务区。2022 年 9 月，英国罗尔斯-罗伊斯公司与国航宣布成立合资公司——北京航空发动机维修有限公司（BAESL），公司落户首都国际机场临空经济区，新公司预计 2026 年正式营运。博世工业 4.0 创新中心、宝洁技术有限公司等外资公司入驻首都国际机场临空经济区。

（二）郑州临空经济区

郑州航空港按照“建设大枢纽、发展大物流、培育大产业、塑造大都市”总体发展思路，攻坚克难，实现了从“机场小镇”到“航空新城”的跃升，成为河南高水平开放的核心增长极。

1. 搭建起河南与世界互联互通的“空中丝绸之路”

十年来，郑州航空港初步建成“连通境内外、辐射东中西的物流通道枢纽”，郑州新郑国际机场进入“双跑道＋双候机楼＋多货站”发展新阶段，客货运保障能力分别提升至 4 000 万人次、110 万吨。郑州—卢森堡“空中丝绸之路”获评“全球服务实践案例”，河南—柬埔寨—东盟“空中丝绸之路”建设加快推进。

2. 形成“3＋N”产业体系，电子信息产业营业收入超过 5 000 亿元

“3”指三大千亿级产业集群，即以富士康为头雁的智能终端产业集群，以兴港新能源为龙头的新能源产业集群，以超聚变为核心的服务器产业集群。“N”指生物医药、半导体、智能装备、新型显示、航空制造及服务、新基建、航空物流、跨境电商等多个百亿级产业集群。截至 2022 年底，该区“四上”企业达到 600 家，完成营业收入 7 755 亿元。特别是电子信息产业营业收入超过 5 000 亿元，成为郑州“一号产业”，在全省占比 80％；相关配套辐射至济源、鹤壁、焦作、周口、开封等河南大部分城市。

3. 构建起内陆地区功能最全、效率最高的“1＋1＋7”开放平台体系

第一个“1”即郑州机场一类航空口岸，2022 年国际地区货邮吞吐量 52.2 万吨。第二个“1”即郑州新郑综合保税区，2022 年完成进出口总额 4 700 亿元，约是 2011 年封关运行之年的 100 倍，年均增长 51.6％，进出口总额在全国综合保税区排第二位，在全省占比 55％。“7”即肉类、活牛、水果、冰鲜水产品、食用水生动物、邮件、药品等 7 个功能性口岸。

（三）上海虹桥临空经济区

上海虹桥临空经济园区规划总面积为 5.14 平方千米，毗邻虹桥国际机场。园区坚持高起点的“园林式、高科技、总部型”的发展目标，历时十五年来汲取海内外现代商务园区的精华，凭借特有的虹桥涉外商务区的区位优势、世界最大的虹桥综合交通枢纽的交通优势、一流的服务与支持创新的环境优势、集聚众多著名企业总部的产业优势，已经成为上海发展现代服务业黄金走廊的西部核心，成为连接整个泛长三角地区、长江流域地区一个最具活力和辐射力的现代服务业集聚区。

历时20多年的发展，园区已初步形成高端企业总部、信息服务业、现代物流业三大产业集聚，集聚了联合利华、德国博世、美国伊顿等一批国内外知名企业总部，集聚了爱立信、史泰博、携程网等知名信息服务业企业，集聚了联邦快递、扬子江快运、劲达国际等知名现代物流企业。园区已入驻企业达1 800多家，其中总部型企业300多家，世界500强企业10家。

本章练习

一、单选题

1. 不对称信息可能导致（　　）。

A. 正向选择　　B. 逆向选择　　C. 正确选择　　D. 错误选择

2. 作为经济学的一个分支，微观经济学主要研究（　　）。

A. 国际贸易　　B. 经济增长

C. 通货膨胀　　D. 家庭和企业的经济行为

3. 宏观经济学的核心理论是（　　）。

A. 国民收入决定理论　　B. 失业与通货膨胀理论

C. 经济增长理论　　D. 开放经济理论

4. 经济学中的个体理性假设认为，每个人都追求（　　）。

A. 个人利益最大化　　B. 个人收入最大化

C. 个人名誉的最大化　　D. 个人效用的最大化

5. 研究单个经济单位经济行为的经济学称为（　　）。

A. 宏观经济学　　B. 微观经济学

C. 规范经济学　　D. 实证经济学

6. 经济学可定义为（　　）。

A. 政府对市场制度的干预　　B. 消费者如何获取收入

C. 资源的配置和利用　　D. 企业取得利润的活动

7. 经济学研究的出发点包括（　　）。

A. 资源的稀缺　　B. 欲望的无限性

C. 为谁生产　　D. 以上都是

8. 资源的稀缺性是指（　　）。

A. 资源的数量较少

B. 获得一定量资源所必须耗费的成本相当高

C. 相对于人类无限的欲望来说，再多的资源也显不足

D. 资源的价格很高

9. 机会成本是（　　）。

A. 会计成本

B. 沉没成本

C. 前提是资源的稀缺

D. 一种资源被用于某一特定用途以后所放弃的在其他各种可能用途中所能获得的最大利益

10. 经济学研究的基本问题包括（　　）。

A. 生产什么　　B. 如何生产　　C. 为谁生产　　D. 以上都是

二、多选题

1. 宏观经济学的基本假设有哪些？（　　）

A. 市场机制是不完善的

B. 政府有能力调节经济，纠正市场机制的缺点

C. 理性经济人

D. 完全信息

2. 凯恩斯主义认为（　　）。

A. 减少市场自动调节所需的过长时间带来的阵痛

B. 单靠市场力量无法形成足够的需求

C. 需要政府采取以减税、增加公共支出为主的扩张性的财政政策来创造出有效需求

D. 政府应该调节经济，政府可以调节经济

3. 微观经济学的基本假设有哪些？（　　）

A. 理性经济人假设　　B. 完全信息

C. 市场出清　　D. 边际效用

三、判断题

1. 理性经济人假设会导致人们用高价购买质量一般的土豆。（　　）

2. 劣币驱逐良币指在买卖双方信息不对称的情况下，差的商品总是将好的商品驱逐出市场。（　　）

3. 完全信息，是指市场参与者拥有的对于某种经济环境状态的全部知识。（　　）

4. 信息不对称指交易中的各人拥有的信息不同。一些人拥有其他人无法拥有的信息，由此造成信息的不对称。（　　）

5. 宏观经济学的前提是：政府应该调节经济，政府可以调节经济。（　　）

6. 宏观经济学中“看得见的手”是指政府主动调节总需求，避免因总供给调整不及时造成的经济周期波动。（　　）

四、简答题

1. 什么是边际考虑？

2. 什么是机会成本？

课堂实训

[实训名称] 如何安排大学生活

[实训目的] 在课堂讨论中，采用头脑风暴的方式，在老师的指导下学会运用经济学中的机会成本的概念来分析自己的大学生活，并做好规划，确保顺利完成学业。

[实训内容] 学生分组，讨论问题：

1. 我上大学的机会成本是什么？
2. 既然我选择来上大学，我要怎么做好规划？

学习情境二

临空产业市场概述

学习目标

知识目标：

- 理解需求和供给两个概念。
- 熟悉需求表、需求曲线和需求定理。
- 理解影响需求的因素和需求函数，能够区分需求量的变动和需求的变动。
- 熟悉供给表、供给曲线和供给定理。
- 理解影响供给的因素和供给函数，能够区分供给量的变动和供给的变动。
- 理解均衡价格理论，掌握均衡分析方法。
- 理解价格弹性概念。
- 了解临空产业体系和临空产业发展模式。
- 了解临空经济区在不同发展阶段所采取的产业发展策略。

能力目标：

- 能正确运用供求理论解释和判断航空运输供给和需求情况。
- 能熟练运用供求和价格理论解释和分析航空公司机票定价策略。
- 能客观分析我国各个临空经济示范区的主导产业分布及发展模式选择。
- 能客观分析我国临空经济示范区的产业发展策略的实际效果。

素养目标：

- 增强在新时期对新知识、新技能的应变能力和创新能力，全面辩证地看待我国当前的宏观经济形势。
- 增强对国内外临空经济区发展现状和趋势的分析、判断、决策能力。

情境引入

每年的春节假期返程高峰，返程航空机票价格都会大幅度上涨。2024 年 8 天的超长春节假期，不少旅客选择中长途旅游路线，其中三亚就是较火爆的旅游目的地之一。而假期结束，返程航班需求大增，三亚返程多地的机票价格升至万元左右。而且不仅仅是三亚出发的航班，海口或博鳌出发的航班，机票价格也是万元左右。而多地前往三亚的航班票价已呈现“大跳水”趋势，武汉前往三亚的中转航班低至 400 多元，上海飞往三亚的直飞航班甚至仅需 149 元。

思考：春节假期结束时机票价格飙升的原因是什么？

提示：感知供求变化对价格的决定作用。

学习任务一 市场供需变化规律

一、市场概述

供给与需求双方的交易需要市场作为平台。市场是供给与需求双方交易的总和。市场的形式多种多样，大多数情况下市场没有组织形式，但也有个别市场有较为健全的组织形式。

例如，服装市场是没有组织形式的市场。服装的售卖者在不同的地方提供样式、材质、做工有一定差异的服装，并标记出价格。每个购买者都有权选择任何一个售卖者，以双方可以接受的价格购买自己心仪的服装。每个售卖者都清楚，自己的服装与其他商家的服装如果没有太大的差异，就不可能比其他商家的价格高出很多。

证券市场的组织形式比较健全。股票的买卖双方在特定的地点和时间进行交易，当然也有大量的场外交易。各类金融中介机构为双方的交易提供金融服务。大宗商品的市场组织形式也比较健全，如粮食、花卉、钢铁、铁矿石和石油等。

供给与需求决定了商品的产量和价格水平，是使市场机制有效运行的关键。价格的正常波动，即价格机制在资源配置中起决定性的作用。

二、需求理论

（一）需求的含义

经济学所指的需求（demand）是指在一定时期内，在其他条件不变的情况下，在各种可能的价格水平下人们愿意而且有能力购买的该商品的数量。

即问即答

如何正确理解需求的定义？

理解需求的内涵，需要注意三个方面：

1. 定义中要求除了价格和消费者的购买量以外，其他条件保持不变。也就是说，影响需求的其他因素不发生变化，只考虑需求的数量和价格之间的变动关系。

2. 消费者对一种商品的需求并不是指一次市场购买量，而是对应一系列可能的价格和可能的购买数量。

3. 就一个特定的时期而言，在其他条件不变的情况下，消费者对某种商品的需求必须具备两个条件：购买欲望和购买能力。如果消费者对某种商品只有购买欲望而没有购买能力，就不能算作需求。需求必须是指既有购买欲望又有购买能力的有效需求。比如，对于一个普通大学生而言，拥有一辆跑车只是一个梦想。当他说“如果我有一辆跑车该多好”时，这并不意味着他对这辆车有了需求。

此外，需求还可以分为个人需求和市场需求。个人需求是指单个消费者或家庭对某种商品的需求。把对一种商品（即该商品市场）所有的个人需求加总，即把与每一可能的价格相对应的每个人的需求量相加，便得到该商品的市场需求。两者之间的关系是：个人需求是构成市场需求的基础，市场需求是所有个人需求的总和。

（二）需求表、需求曲线和需求定理

需求表（demand schedule）是一种表示某种商品的各种价格与其相对应的该商品需求数量之间关系的数字序列表。需求表可以直观地表明价格与需求量之间一一对应的关系。表 2-1 是某商品的需求表。

表 2-1　某商品的需求表

价格-需求量组合	价格/元	需求量/单位
A	1	600
B	2	500
C	3	400
D	4	300
E	5	200
F	6	100

从表 2-1 中可以清楚地看到商品价格与需求量之间的关系。比如，当商品价格为 1 元时，商品的需求量为 600 单位；当价格上涨为 2 元时，需求量为 500 单位；当价格进一步上涨为 3 元时，需求量下降为更少的 400 单位；等等。

商品的需求曲线是根据需求表中商品的不同价格-需求量的组合在平面坐标上所绘制的一条曲线。这种表示需求量和商品价格关系的曲线称为需求曲线（demand curve）。图 2-1 所示的是根据表 2-1 所绘制的一条需求曲线。

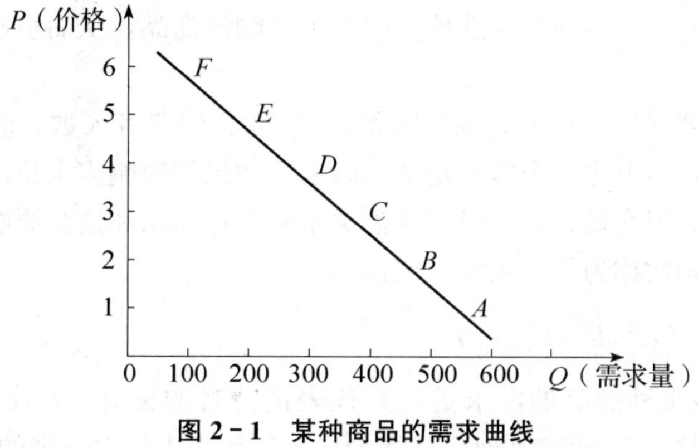

图 2-1　某种商品的需求曲线

在图 2-1 中可以明显看到，需求曲线是向右下方倾斜的，即它的斜率是负值。这说明在影响需求的其他因素既定的条件下，商品的需求量与其价格之间存在反向的依存关系，即商品价格上涨，需求量减少；商品价格下降，需求量增加。这就是需求定理（law of demand）。需求定理给出了消费者对商品需求的基本特征，但这并不意味着所有消费者的行为都严格符合这一规则。

（三）影响需求的其他因素和需求函数

在上述关于需求的定义中，一个隐含的假定是“其他条件不变”，即消费者根据商品的价格决定需求量，其他因素不影响消费者愿意并且能够购买的商品数量。但事实上，除了价格以外，其他许多因素都会对消费者的需求量产生影响。以一种消费品的需求为例，其影响因素主要有以下几种：

1. 消费者的偏好（taste）

消费者的偏好对需求的影响是显而易见的。例如，爱喝咖啡的人对咖啡有较大的需求，而不爱喝咖啡的人，只有较小的需求甚至完全没有需求。一个消费者对某种商品的偏好增加后，即使价格不变，需求量也会增加。

2. 消费者的收入（income）

收入对需求的影响根据商品的不同特性而有所不同。对大部分正常商品（normal goods）而言，消费者的收入越高，对它们的需求量就越大，反之则越小。而对另一种劣等商品（inferior goods）而言，消费者的收入越高，对它们的需求反而下降。一些较低档的商品如化纤服装、劣质烟酒等，在城镇居民收入有较大提高时其需求就会下降。

3. 其他商品的价格

这也要区分两种情况：第一，其他商品和被考察的商品是互替商品，如猪肉和牛肉，当猪肉的价格上升时，牛肉的需求就会增加；而猪肉的价格下降，牛肉的需求就会减少。第二，其他商品和被考察的商品是互补商品，像汽车和汽油，当汽油价格提高时，就会引起汽油的需求减少，并引起汽车需求减少。

4. 人们对未来的预期（expectation）

如果人们估计某些影响需求的因素将发生变化就会及时调整消费，从而影响现期的需求。例如，当人们预计某商品要涨价，就会去抢购该商品，从而引起对该商品的需求增加。

其他如规章制度（如禁止公共场所吸烟）、气候、消费者人数、时间等因素也可能会影响商品的需求，但上述几个因素是基本因素。如果把影响需求量的所有因素作为自变量，把需求量作为因变量，则可以用函数关系来表达需求和这些影响需求的因素之间的依存关系，这种函数称为需求函数，记作：

$$Q_d = f(T, I, P, P_i, E, \ldots)$$

其中，Q_d 代表某种商品的需求量，T 代表消费者的偏好，I 代表消费者的收入，P 代表该商品的价格，P_i 代表其他商品的价格，E 代表人们对未来的预期等。

假定影响需求的其他因素不变，只单独研究某种商品的需求量与其价格之间的关系，需求函数可记作：

$$Q_d = f(P)$$

例如，假定某一商品具体的需求函数是：$Q_d = 1\,000 - 0.5P$，或写成：$P = 2\,000 - 2Q_d$。根据这一需求函数画成的需求曲线就是一条直线。直线型需求曲线即线性需求函数的一般形式可写成：

$$P = a - bQ_d$$

其中，$-b$ 是需求曲线的斜率。

（四）需求量的变动和需求的变动

需求量的变动和需求的变动都是需求数量的变动。它们的区别在于引起这两种变动的因素是不同的，而且这两种变动在几何图形中的表示也是不同的。需求量的变动是指在其他条件不变时，由于商品的价格变动引起的该商品的需求数量的变动。在几何图形中，需求量的变动表现为商品的价格-需求量组合点沿着同一条既定的需求曲线移动。例如，在图 2-1 中，当商品的价格发生变化即由 2 元上升为 5 元，它所引起的商品的需求量由 500 单位逐渐减少为 200 单位时，商品的价格-需求量组合由 B 点沿着既定的需求曲线，经过 C、D 点，运动到 E 点。需要指出的是，这种变动虽然表示需求数量的变化，但是并不表示整个需求情况的变化，因为这些变动的点都在同一条需求曲线上。

需求的变动是指在某种商品价格不变的条件下，由于其他因素变动所引起的该商品的需求数量的变动。这里的其他因素变动是指消费者收入水平变动、相关商品的价格发生变动、消费者的偏好和消费者对商品的预期变化等。在几何图形中，需求的变动表现为需求曲线的位置发生移动，如图 2-2 所示。

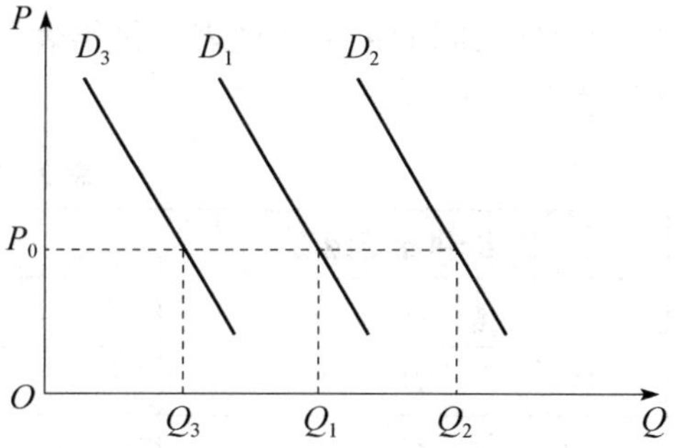

图 2-2　需求的变动和需求曲线的变动

图 2-2 中原有的需求曲线为 D_1。在商品价格不变的前提下，如果其他因素变化，如消费者收入增加，使得需求增加，则需求曲线向右平移，如由图中的 D_1 曲线向右平移到 D_2 曲线的位置。如果其他因素的变化，如消费者收入减少，使得需求减少，则需求曲线向左平移，如由图中的 D_1 曲线向左平移到 D_3 曲线的位置。由需求变动所引起的这种需求曲线位置的移动，表示在每一个既定的价格水平上，需求数量与收入呈同方向变动。例如，在既定的价格水平 P_0，原来的需求数量为 Q_1，需求增加后的需求量为 Q_2，需求减少后的需求量为 Q_3。而且，这种在原有价格水平上所发生的需求增加量 Q_1Q_2，和需求减少量 Q_3Q_1 都是由其他因素的变动引起的。由此可见，需求的变动所引起的需求曲线位置的移动表示整个需求情况的变化。

三、供给理论

（一）供给的含义

一种商品的供给来源于厂商。厂商对一种商品的供给（supply），是指在其他条件不变的情况下，某一特定时期内厂商在各种价格水平下愿意而且能够提供出售的该商品的数量。对于某一特定的价格，厂商愿意并且能够提供的商品的数量称为该价格下的供给量。

即问即答

如何正确理解供给的定义？

与需求的概念相似，在理解供给的定义中，需要注意以下方面：

1. 除了商品本身的价格外，影响供给量的其他因素保持不变。

2. 定义中涉及的供给量是厂商在特定的价格下愿意供给而且具备供给能力的数量。因此，供给也是在其他条件不变的情况下，对应于一系列可能的价格，厂商按自身的意愿和供给能力所制订的一个计划。

供给可分为个别供给和市场供给。个别供给是指单个厂商对某种商品的供给。市场供给是指该商品市场上所有个别供给的总和，即与每一可能的售价相对应的每个厂商供给量的总和。

（二）供给表、供给曲线和供给定理

供给表（supply schedule）是一种表示某种商品的各种价格与其相对应的该商品的供给数量之间的数字序列表。供给表可以直观地表明价格与供给量之间一一对应的关系（见表 2-2）。

表 2-2　某商品的供给表

价格-供给量组合	价格/元	供给量/单位
A	1	0
B	2	200
C	3	400
D	4	600
E	5	800
F	6	1 000

表 2-2 清楚地表明了某商品价格和供给量之间的关系。比如，当价格为 6 元时，商品的供给量为 1 000 单位；当价格下降为 4 元时，商品的供给量为 600 单位；当价格进一步下降为 2 元时，商品的供给量减少为 200 单位。

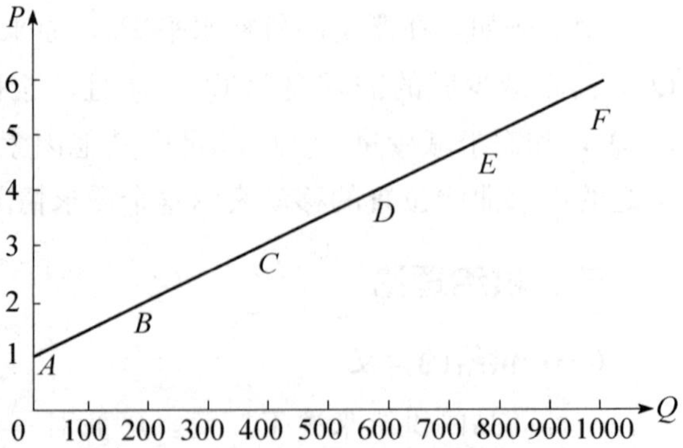

图 2-3　某商品的供给曲线

商品的供给曲线是根据供给表中的商品的价格-供给量组合在平面上所绘制的一条曲线。这种表示商品供给量与价格关系的曲线，称为供给曲线（supply curve）。图 2-3 是根据表 2-2 所绘制的一条供给曲线。在图 2-3 中，横轴

表示商品的供给量，纵轴表示商品的价格，根据表 2－2 把价格-供给量组合 A、B、C、D、E、F 各点标注在坐标系中，然后依次连接这些点，便得到供给曲线。

从图 2－3 中可以看到，供给曲线是向右上方倾斜的，即它的斜率为正值。这说明在影响供给的其他因素既定的条件下，商品的供给量与其价格之间存在着正向的依存关系，即商品的价格上涨，供给量增加；商品价格下降，供给量减少。这就是供给定理（law of supply）。

（三）影响供给的因素和供给函数

影响供给的因素主要有以下几种：

1. 商品本身的价格

由于厂商的目标是追求利润极大化，在其他条件既定的条件下如果某种商品价格上升，厂商就会投入更多的生产资源用于该商品的生产，从而使其供给量增加；反之，厂商就会将生产资源转用于其他相对价格较高的商品的生产，从而使其供给量减少。

2. 生产技术和管理水平

生产技术和管理水平的提高，可以降低生产成本，即使在同一价格水平上，也会提供更多的产品，供给量增加。

3. 生产要素的价格

生产要素价格的变化直接影响商品的生产成本。在其他条件不变的情况下，生产要素价格上升，厂商的利润减少，供给就会减少；反之，供给增加。

4. 其他商品的价格

如果商品间的相对价格发生了变化，将使资源重新配置，从而影响商品的供给。

5. 生产者对未来的预期

如果生产者预期某种商品的价格将上涨，就会囤积居奇，待价而沽，从而使该商品的短期供给减少；反之，如果预期价格将下跌，则会大量抛售，使短期供给增加。

另外，其他如气候、厂商数量、时间等因素也可能会影响供给。如果把影响供给量的所有因素作为自变量，把供给量作为因变量，则可以用函数关系来表达商品供给量和这些影响供给量的因素之间的依存关系，这种函数称为供给函数（supply function），记作：

$$Q_s=f(P, P_i, P_j, a, E, \ldots)$$

其中，Q_s 代表某种商品的供给量，P 代表商品本身的价格，P_i 代表其他商品的价格，P_j 代表生产要素的价格，a 代表生产技术和管理水平，E 代表人们对未来的预期等。在经济学中，价格是影响供给量的主要因素。假定影响供给的其他因素不变，只研究某商品的供给与其价格之间的关系，则供给函数可记作：

$$Q_s=f(P)$$

例如，假定某一具体的供给函数是：$Q=-500+0.02P$，或写成：$P=25\,000+50Q$，根据该供给函数画成的供给曲线是一条直线。线性供给函数的一般形式可写成：

$$P=a+bQ$$

其中，b 是供给曲线的斜率。

（四）供给量的变动和供给的变动

供给量的变动是指在其他条件不变时，由某种商品的价格变动所引起的该商品供给数量的变动。在几何图形中，这种变动表现为商品的价格-供给数量组合点沿着一条既定的供给曲线的运动。

供给的变动是指在某商品价格不变的情况下，由于其他因素变动所引起的该商品的供给数量的变动。这里的其他因素变动可以指生产成本的变动、生产技术水平的变动、相关商品价格的变动和生产者对未来的预期的变化等。在几何图形中，供给的变化表现为供给曲线的位置发生移动。

图 2－3 表示的是供给量的变动：随着价格的上升所引起的供给数量的逐步增加，A 点沿着同一条供给曲线逐步运动到 F 点。

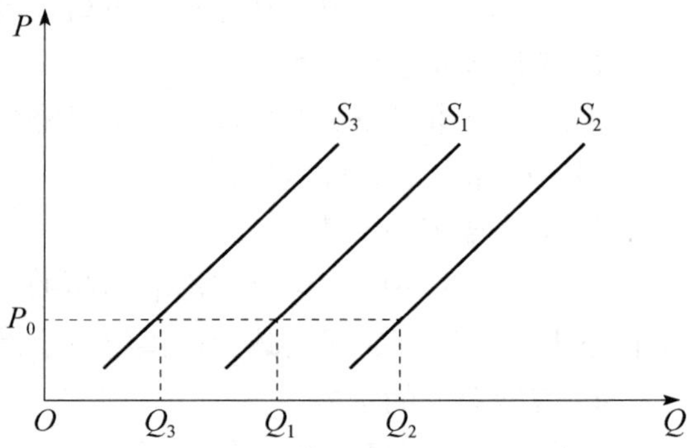

图 2－4　供给的变动和供给曲线的变动

图 2－4 表示的是供给的变动。在图 2－4 中，原有的供给曲线为 S_1，在除商品价格以外的因素变动的影响下，供给数量增加则使供给曲线由 S_1 曲线向右平移到 S_2 曲线的位置；供给数量减少，则引起供给曲线由 S_1 曲线向左平移到 S_3 曲线的位置。由供给数量的变化所引起的供给曲线位置的移动，表示在每一个既定的价格水平上供给数量都增加或者都减少了。例如，既定的价格水平为 P_0，供给增加使供给量由 Q_1 上升到 Q_2；相反，供给减少使供给量由 Q_1 下降到 Q_3。这种在原有价格水平上所发生的供给增加量 Q_1Q_2 和减少量 Q_3Q_1 都是由其他因素的变化所带来的。由此可见，供给的变动所引起的供给曲线位置的移动表示整个供给情况的变化。

学习任务二　价格机制

一、均衡价格的含义

需求说明了某一商品在每一价格水平下的需求量，而供给说明了某一商品在每一价格水平下的供给量，要说明该商品价格的决定，就必须将需求和供给结合起来考察。在竞争性的商品市场上，对于某种商品的任一价格，其相应的需求量和供给量不一定相等，但在该商品各种可能的价格中，必定有一价格能使需求量和供给量相等，从而使该商品市场达到一种均衡状态。因此，均衡价格（equilibrium price）是指消费者对某种商品的需求量等于生产者所提供的该商品的供给量时的市场价格。均衡价格是由需求和供给两种力量共同决定的。在均衡价格下的交易量称为均衡交易量或均衡产量。市场需

求曲线 D 和市场供给曲线 S 的结合如图 2－5 所示。

市场需求曲线和市场供给曲线相交于一点 E，该点就是市场的均衡点。均衡点对应的价格 P_E，就是均衡价格；所对应的数量 Q_E，就是均衡数量，同时既是需求量，又是供给量。

均衡价格的形成，或者说某一商品市场达到均衡的过程如图 2－6 所示。如果市场价格 P_1 高于均衡价格 P_E，则供给量 G 大于需求量 F，市场上出现超额供给，超额供给使市场价格趋于下降；反之，如果市场价格 P_2 低于均衡价格 P_E，则供给量 H 小于需求量 K，市场上出现超额需求，超额需求使市场价格趋于上升直至均衡价格。因此，市场竞争使市场稳定于均衡价格。

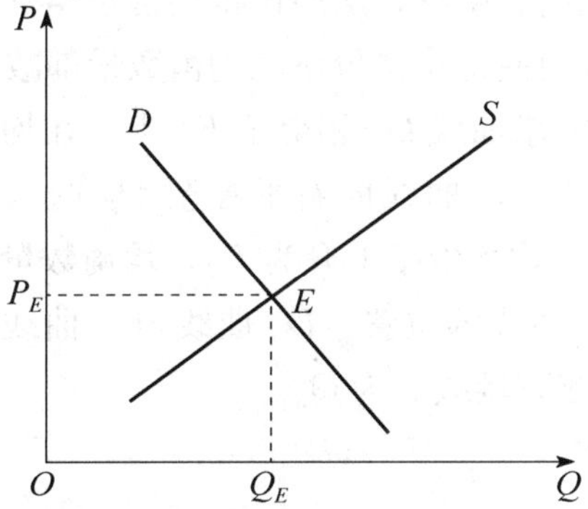

图 2－5　均衡价格和均衡数量

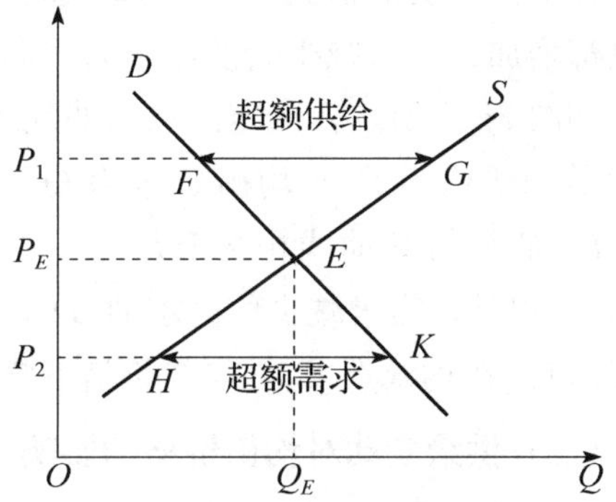

图 2－6　均衡价格的形成

商品的均衡价格表现为商品市场上需求和供给这两种相反的力量共同作用的结果，它是在市场的供求力量的自发调节下形成的。当市场价格偏离均衡价格时，市场上会出现需求量和供给量不相等的非均衡状态。一般来说，在市场机制的作用下，这种供求不相等的非均衡状态会逐步消失，实际的市场价格会自动恢复到均衡价格水平。

可以用表 2－3 来说明均衡价格的形成。当市场的实际价格高于均衡价格为 6 元时，商品的需求量为 100 单位，供给量为 1 000 单位。这种供给量大于需求量的商品过剩或超额供给的市场状况，一方面会使需求者压低价格来购买商品，另一方面又会使供给者减少商品的供给量。这样，该商品的价格必然下降，一直下降到均衡价格 3 元的水平。与此同时，随着价格由 6 元下降为 3 元，商品的需求量逐步地由 100 单位增加为 400 单位，商品的供给量逐步地由 1 000 单位减少为 400 单位，从而实现供求量相等的均衡数量 400 单位。相反，当市场的实际价格低于均衡价格为 2 元时，商品的需求量为 500 单位，供给量为 200 单位。面对这种需求量大于供给量的商品短缺或超额需求的市场状况，一方面，迫使需求者提高价格来得到他所要购买的商品量，另一方面又使供给者增加商品的供给量。这样，该商品的价格必然上升，一直上升到均衡价格 3 元的水平。在价格由 2 元上升为 3 元的过程中，商品的需求量逐步地由 500 单位减少为 400 单位，商品的供给量逐步地由 200 单位增加为 400 单位，最后达到供求量相等的均衡数量 400 单位。由此可见，当市场上的实际价格偏离均衡价格时，市场上总存在着变化的力量，最终达到市场的均衡或市场出清。

表 2-3 某商品均衡价格的决定

价格/元	6	5	4	3	2	1
需求量/单位数	100	200	300	400	500	600
供给量/单位数	1 000	800	600	400	200	0

二、均衡价格的变动

需求的变动和供给的变动对均衡价格和均衡数量又有什么样的影响呢?

(一) 需求变动对均衡价格的影响

在供给不变的情况下，需求增加会使需求曲线向右平移，从而使得均衡价格和均衡数量都增加；需求减少会使需求曲线向左平移，从而使得均衡价格和均衡数量都减少。

如图 2-7 所示，既定的供给曲线 S 和最初的需求曲线 D_1 相交于 E_1 点。在均衡点 E_1，均衡价格为 P_1，均衡数量为 Q_1。需求增加使需求曲线向右平移至 D_2 曲线的位置，D_2 曲线与 S 曲线相交于 E_2 点。在均衡点 E_2，均衡价格上升为 P_2，均衡数量增加为 Q_2。相反，需求减少使需求曲线向左平移至 D_3 曲线的位置。D_3 曲线与 S 曲线相交于 E_3 点。在均衡点 E_3，均衡价格下降为 P_3，均衡数量减少为 Q_3。

(二) 供给变动对均衡价格的影响

在需求不变的情况下，供给增加会使供给曲线向右平移，从而使得均衡价格下降，均衡数量增加；供给减少会使供给曲线向左平移，从而使得均衡价格上升，均衡数量减少。

如图 2-8 所示，既定的需求曲线 D 和最初的供给曲线 S_1 相交于 E_1 点。在均衡点 E_1，均衡价格和均衡数量分别为 P_1 和 Q_1。供给增加使供给曲线向右平移至 S_2 曲线的位置，并与 D 曲线相交于 E_2 点。在均衡点 E_2，均衡价格下降为 P_2，均衡数量增加为 Q_2。相反，供给减少使供给曲线向左平移至 S_3 曲线的位置，且与 D 曲线相交于 E_3 点。在均衡点 E_3，均衡价格上升为 P_3，均衡数量减少为 Q_3。

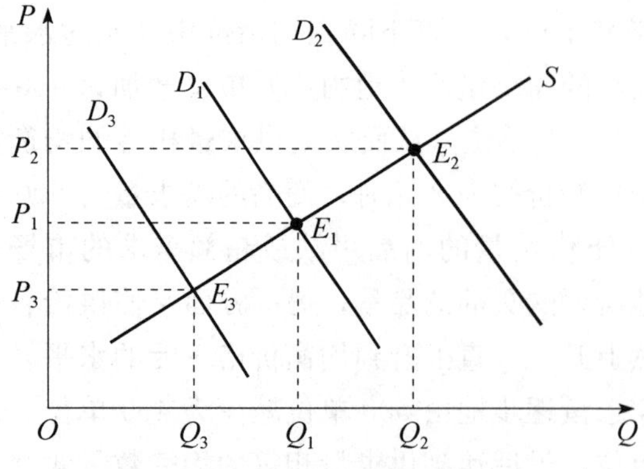

图 2-7 需求的变动对均衡的影响

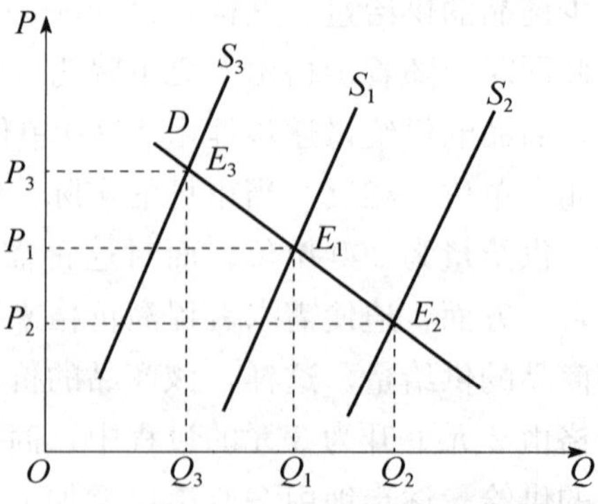

图 2-8 供给的变动对均衡的影响

综上所述，可以得到供求定理：在其他条件不变的情况下，需求变动分别引起均衡价格和均衡数量的同方向变动；供给变动引起均衡价格的反方向变动，引起均衡数量的同方向变动。

（三）需求和供给同时变动对均衡价格的影响

如果需求和供给同时发生变动，则商品的均衡价格和均衡数量的变化是难以确定的，这要结合需求和供给变化的具体情况来确定。以图 2－9 为例进行分析。假定消费者收入水平上升引起的需求增加，使得需求曲线由 D_1 向右平移至 D_2；同时厂商的技术进步引起供给增加，使得供给曲线由 S_1 向右平移至 S_2。比较 S_1 曲线分别与 D_1 曲线和 D_2 曲线的交点 E_1 和 E_2。可见，收入水平上升引起的需求增加，使得均衡价格上升。再比较 D_1 曲线分别与 S_1 曲线和 S_2 曲线的交点 E_1 和 E_3。可见，技术进步引起的供给增加，又使均衡价格下降。最后，这两种因素同时作用下的均衡价格，将取决于需求和供给各自增长的幅度。由 D_2 曲线和 S_2 曲线的交点 E_4 可得：由于需求增加的幅度大于供给增加的幅度，所以，最终的均衡价格是上升了。

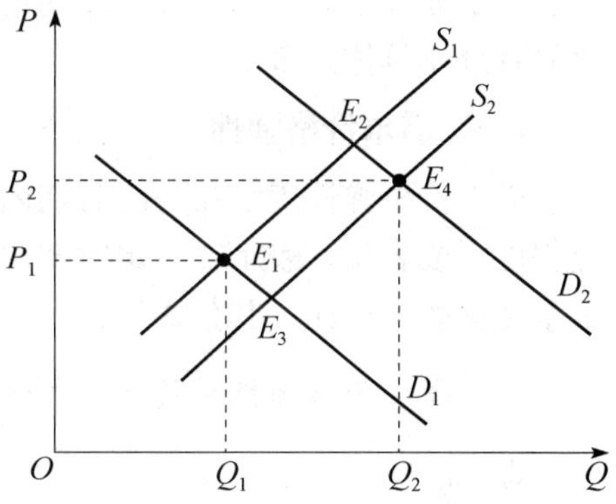

图 2－9　需求和供给同时增加对均衡的影响

综上，我们可以得出如下结论：

（1）需求和供给共同决定产品价格，即均衡价格，也就是需求量等于供给量时的价格。

（2）产品价格又影响和决定着需求和供给的数量。当产品价格上升时，供给增加而需求减少，于是市场上出现供过于求；当产品价格下降时，供给减少而需求增加，于是市场上出现供不应求。

（3）均衡价格和均衡数量与需求呈同方向变动。即需求增加，则均衡价格提高，均衡数量增加；需求减少，则均衡价格降低，均衡数量减少。

（4）均衡价格与供给呈反方向变动，而均衡数量与供给呈同方向变动。即供给增加，均衡价格降低，而均衡数量增加；供给减少，则均衡价格提高，而均衡数量减少。

（5）需求与供给同时增加或同时减少，会引起均衡数量同方向变动，而这时均衡价格有提高、降低或不变三种情况。

三、价格对供需变化的作用机制

在实际的经济生活中，我们经常会注意到这样一些现象：有的厂商提高自己的产品价格，能使自己的销售收入得到提高，而有的厂商提高自己的产品价格，反而使自己的销售收入降低了；有的厂商降价促销增加了销售收入，而有的厂商降价促销却造成销售收入降低。如何解释这些现象呢？这便涉及商品的需求价格弹性的大小和厂商的销售收入两者之间的相互关系。

我们知道，厂商的销售收入等于商品的价格乘以商品的销售量。在此假定厂商的商品销售量等于市场上对其商品的需求量。这样，厂商的销售收入就又可以表示为商品的价格乘以商品的需求量，即厂商销售收入＝$P \cdot Q$，其中，P 表示商品的价格，Q 表示商品的销售量即需求量。那么，当商品价格 P 下降时，厂商的销售收入是增加还是减少，就取决于商品销售量 Q 的变动对于该商品价格 P 变动的反应程度。因此，经济学中引入了弹性来表示当一种商品的价格上升或下降 1%时，相应的需求量和供给量的变化的百分比具体是多少。

（一）需求价格弹性

需求价格弹性表示在一定时期内一种商品的需求量变动对于该商品的价格变动的反应程度。或者说，表示在一定时期内当一种商品的价格变化 1%时所引起的该商品的需求量变化的百分比。其公式为：

需求价格弹性系数＝需求量变动率/价格变动率

即

$$E_d = -\frac{\Delta Q/Q}{\Delta P/P}$$

其中：E_d 代表需求价格弹性系数，Q 表示需求量，ΔQ 是需求量的变化量，P 表示价格，ΔP 是价格的变化量。

这里需要指出的是，在通常情况下，由于商品的需求量和价格是呈反方向变动的，$\Delta Q/\Delta P$ 为负值，所以，为了便于比较，就在公式中加一个负号，以使需求价格弹性系数 E_d 取正值。

在商品价格变化 1%的前提下，需求量的变动率可能大于 1%，这时有 $E_d>1$；需求量的变动率也可能小于 1%，这时有 $E_d<1$；需求量的变动率也可能恰好等于 1%，这时有 $E_d=1$。进一步讲，由于 $E_d>1$ 表示需求量的变动率大于价格的变动率，即需求量对于价格变动的反应是比较敏感的，所以，$E_d>1$ 被称为富有弹性。由于 $E_d<1$ 表示需求量的变动率小于价格的变动率，即需求量对于价格变动的反应欠敏感，所以，$E_d<1$ 被称为缺乏弹性。$E_d=1$ 是一种巧合的情况，它表示需求量和价格的变动率刚好相等，$E_d=1$ 被称为单一弹性或单位弹性。

商品的需求价格弹性和提供该商品的厂商的销售收入存在着密切的关系。这种关系可归纳为以下三种情况。

1. $E_d>1$ 的富有弹性的商品

对于富有弹性的商品，降低价格会增加厂商的销售收入，相反，提高价格会减少厂商的销售收入，即厂商的销售收入与商品的价格呈反方向变动。这是因为，当 $E_d>1$ 时，厂商降价所引起的需求量的增加率大于价格的下降率。这意味着价格下降所造成的销售收入的减少量必定小于需求量增加所带来的销售收入的增加量。降价最终带来的销售收入 $P \cdot Q$ 值是增加的。相反，在厂商提价时，最终带来的销售收入 $P \cdot Q$ 值是减少的。

举例说明一下这种情况。假设某商品的 $E_d=2$。开始时，商品的价格为 10 元，需求量是 100。厂商的销售收入＝10 元×100＝1 000 元。当商品的价格上升 1%，即价格为 10.10 元时，由于 $E_d=2$，相应的需求量的下降率为 2%，即需求量下降为 98，厂商的销售收入=10.10 元×98=989.80 元。显然，厂商提价后的销售收入反而下降了。

2. $E_d<1$ 的缺乏弹性的商品

对于缺乏弹性的商品，降低价格会使厂商的销售收入减少，相反，提高价格会使厂商的销售收入增加，即销售收入与商品的价格呈同方向变动。其原因在于：$E_d<1$ 时，厂商降价所引起的需求量的增加率小于价格的下降率。这意味着需求量增加所带来的销售收入的增加量并不能全部抵消价格下降所造成的销售收入的减少量。所以，降价最终使销售收入 $P \cdot Q$ 值减少。相反，在厂商提价时，最终带来的销售收入 $P \cdot Q$ 值是增加的。

3. $E_d=1$ 的单位弹性的商品

降低价格或提高价格对厂商的销售收入都没有影响。这是因为，当 $E_d=1$ 时，厂商变动价格所引起的需求量的变动率和价格的变动率是相等的。这样一来，由价格变动所造成的销售收入的增加量或减少量刚好等于由需求量变动所带来的销售收入的减少量或增加量，所以，无论厂商是降价还是提价，销售收入值 $P \cdot Q$ 都是固定不变的。

与以上三种情况相对应，在西方经济学中，也可以根据商品的价格变化所引起的厂商的销售收入的变化，来判断商品的需求价格弹性的大小。如果某商品价格变化引起厂商销售收入反方向的变化，则该商品是富有弹性的。如果某商品价格变化引起厂商销售收入同方向的变化，则该商品是缺乏弹性的。如果厂商的销售收入不随商品价格的变化而变化，则该商品是单位弹性的。

因为厂商的销售收入就等于消费者的购买支出，所以，以上关于需求的价格弹性和厂商的销售收入之间关系的分析和结论，对于需求价格弹性和消费者的购买支出之间的关系同样适用。

即问即答

盐这种商品如果价格降低，厂商的销售收入会如何变化？

厂商的销售收入会下降，因为盐是缺乏弹性的商品，价格降低，但需求量的增加率小于价格下降率，这意味着需求量增加所带来的销售收入的增加量并不能全部抵消价格下降所造成的销售收入的减少量。所以，降价最终使厂商销售收入下降。

（二）影响需求价格弹性的因素

影响需求价格弹性的因素有很多，主要有以下几个：

1. 商品的可替代性

一般来说，一种商品的可替代品越多，相近程度越高，则该商品的需求价格弹性往往就越大；相反，该商品的需求价格弹性往往就越小。例如，在苹果市场，当国光苹果的价格上升时，消费者就会减少对国光苹果的需求量，增加对相近的替代品如阿克苏苹果的购买量。这样，国光苹果的需求弹性就比较大。又如，对于食盐来说，没有很好的可替代品，所以，食盐价格的变化所引起的需求量的变化几乎等于零，它的需求价格弹性是极小的。

2. 商品用途的广泛性

一般来说，一种商品的用途越是广泛，它的需求价格弹性就可能越大；相反，用途越是狭窄，它的需求价格弹性就可能越小。这是因为，如果一种商品具有多种用途，当它的价格较高时，消费者只购买较少的数量用于最重要的用途上。当它的价格逐步下降时，消费者的购买量就会逐渐增加，将商品越来越多地用于其他的各种用途上。

3. 商品对消费者生活的重要程度

一般来说，生活必需品的需求价格弹性较小，非必需品的需求价格弹性较大。例如，馒头的需求价格弹性是较小的，电影票的需求价格弹性是较大的。

4. 商品的消费支出在消费者预算总支出中所占的比重

消费者在某商品上的消费支出在预算总支出中所占的比重越大，该商品的需求价格弹性可能越大；反之，则越小。例如，盐、铅笔、肥皂等商品的需求价格弹性就是比较小的。因为消费者每月在这些商品上的支出是很少的，往往不太重视这类商品价格的变化。

需要指出的是，一种商品需求价格弹性的大小是各种影响因素综合作用的结果，所以，要根据具体情况进行全面的分析。

（三）供给价格弹性

供给价格弹性通常简称为供给弹性。供给价格弹性表示一定时期内一种商品的供给量的变动对于该商品的价格变动的反应程度。或者说，表示一定时期内当一种商品的价格变化1%时供给量变化的百分比。它是商品的供给量变动率与价格变动率之比。

假定供给函数为$Q=f(P)$，以Es表示供给价格弹性系数，其公式为：

$$E_s=\frac{\Delta Q/Q}{\Delta P/P}$$

通常情况下，商品的供给量和商品的价格是呈同方向变动的，供给量的变化量和价格的变化量的符号是相同的。所以，作为计算结果的E_s为正值。

$E_s>1$，称为供给富有弹性，指的是供给量变动的百分比大于价格变动的百分比。对于一些生产周期较短的商品，如面包等食品，供给是富有弹性的。

$0<E_s<1$，称为供给缺乏弹性，即供给量变动的百分比小于价格变动的百分比。对于一些生产周期比较长的商品，如农产品、重工业品等，供给一般是缺乏弹性的。

$E_s=1$，称为供给单位弹性，即供给量变动的百分比正好等于价格变动的百分比。这只是一种偶然情况。

（四）影响供给价格弹性的因素

1. 时间因素

在影响供给价格弹性的众多因素中，时间是一个很重要的因素。当商品的价格发生变化时，厂商对产量的调整需要一定的时间。在短期内，厂商若要根据商品的涨价及时地增加产量，或者根据商品的降价及时地缩减产量，都存在不同程度的困难，相应地，供给弹性是比较小的。但是，在长期内，生产规模的扩大与缩小，甚至转产，都是可以实现的，供给量可以对价格变动作出较充分的反应，供给价格弹性也就比较大了。

2. 生产成本

在其他条件不变时，生产成本随产量变化而变化的情况也是影响供给价格弹性的重要因素。如果产量增加只引起边际成本轻微提高，则意味着厂商的供给曲线比较平坦，供给价格弹性可能是比较大的；相反，如果产量增加引起边际成本提高较大，则意味着厂商的供给曲线比较陡峭，供给价格弹性可能是比较小的。

3. 产品的生产周期

就产品的生产周期来说，在一定时期内，对于生产周期较短的产品，厂商可以根据市场价格的变化较及时地调整产量，供给价格弹性相应就比较大；相反，生产周期较长的产品的供给价格弹性就往往比较小。

四、航空机票定价

（一）航空机票定价（运价）的概念

航空机票定价就是指在给定的始发地—目的地市场，综合考虑构成产品的各类服务及其使用限制条件，为一系列机票相关产品制定价格水平的过程。

（二）航空机票定价的特点

（1）灵活性。航空机票的价格可以根据市场变化进行调整。

（2）可伸缩性。不同种类的服务可以添加或重新定义。

（3）可变动性。费用和服务可以根据旅客数量、季节及市场发展情况来调整。

（4）对竞争的适应性。定价能够迅速反映市场状况，因此可以使航空公司在竞争中有效提高竞争力。

（5）可改变界限性。定价折扣允许航空公司弹性地在航线之间调整价格，以抵消特定市场的波动。

（三）航空机票定价的种类

机票定价一般分为常规定价和动态定价。常规定价是指市场运力投放和市场需求稳定状态下的定价，一般分为淡季定价、旺季定价和平季定价；而动态定价是指在航线销售的过程中，因为外部市场需求的变化而调整销售价格的定价。

1. 常规定价

常规定价也是基础定价，一般是指航班的起始舱定价，根据市场需求和航班收益的情况，可分为淡季定价、旺季定价和平季定价。

（1）淡季定价。

淡季一般是指市场需求较少的时间段，销售价格也相对较低。如国内航线的 3 月、6 月、9 月和 12 月。3 月是春运刚过的月份，大部分地区天气还未回暖，6 月通常是考试月，9 月暑假刚结束，12 月则天气较冷，这些月份，对于偏旅游性质的航线而言，市场需求会大幅度减少，但航班又不能随意减少或停飞，大多数航空公司针对价格敏感的乘客，推出一些特价机票刺激市场，拉动需求。

（2）旺季定价。

机票需求旺季一般包括寒暑假、春运和一些法定节假日，通常航空公司需要依靠旺季盈利填补淡季的亏损；大多数商旅航线是否赚钱就看旺季的收益情况。

1）法定节假日的航线定价。

目前中国的法定节假日有元旦、清明节、劳动节，端午节、中秋节、国庆节和春节等，每个节日的假期天数也不同，因此假日效应也有差别。目前，只有国庆节和春节可以达到 7～8 天的长假，其他节假日一般只有 3～5 天。3～5 天的小长假对短途旅游航线影响比较大，而 7～8 天的大长假则对国内长途、东南亚、东北亚、澳大利亚和欧美等地的长途旅行需求影响大一些。

2）寒暑假的航线定价。

随着家庭收入水平的提高，越来越多的家庭会在寒暑假安排家庭旅行或孩子的研学旅行，因此在寒暑假，航空运输市场需求相对比较旺盛。国内的航线一般参照航线所在地区的大、中、小学放假的日期来设定机票价格。国内的寒假一般是在 1 月中下旬到 2 月中旬，暑假一般在 7 月初至 8 月底；地区或国际航线要参照当地的放假日期。

3）春运航线定价。

春运的时间段一般参照中国农历日期，春节假期及前后 7 天一般是需求的高峰期，此期间的探亲、访友、旅游等活动的需求会比其他时期高很多，因此机票价格也是全年票价最高的阶段，有的热门航线出现“一票难求”的现象。

（3）平季定价。

平季通常是处于淡季转旺季，或旺季转淡季的过渡阶段，市场需求不淡不旺；机票定价一般处于航班客座成本线边缘地带。4 月、5 月、10 月和 11 月（法定节假日除外）一般为平季。

平季定价又进一步区分为平日班和周末班票价。偏旅游性质的航线周四、周五的晚班和周六早班，以及周日的晚班和周一早班的回程票价相对高一些；商务航线周一、周二的白班，以及周四、周五的下午班的需求会相对高一些，票价也会相应提高。

2. 动态定价

在航班实际销售中，很多航班并没有按照设定的流量在销售，出现了过快或过慢的现象，那么就需要航线收益管理人员通过动态定价来修正常规定价与实际市场需求之间的偏差，确保航班正常销售，以求航班收入达到最大化。以下几种情况需要进行动态定价干预：

（1）航线加密定价。

航线的加密意味着市场运力投放增加，会带来较大的市场竞争，可能出现供大于求的情况，此时需要放低收益预期；在旺季航线加密，或换大机型的情况比较普遍。当客运需求不足时，需要下调定价，确保销售量正常。

（2）航线减密定价。

航线减密一般出现在民航换季或是淡季需求较低的阶段。当市场需求急剧下降，机票价格过低时，航空公司一般会考虑减少班次或撤出该航线市场；而当航班运力减少后，航线收益管理人员可根据市场需求的情况，适当提高售价，避免错失收益提升的机会。

（3）特殊情况定价。

航班起飞临近时段是航班特殊情况的高发阶段，比如其他航空公司的航班因为前面航班的航路天气恶化、机组超时、飞机机械故障等原因导致的航班延误或取消，会给竞争航空公司带来临近高价的销售机会，此时可适当提高售价，获得一些高质量的刚需乘客。

3. 其他定价

其他定价涵盖了新开航线、独飞航线和经停航线的定价，具体如下：

（1）新开航线定价。

新开航线是一些历史上没有飞行记录、自己航空公司找不到数据依据的航线，所以，定价前要先具体了解外航是否有共飞航班，航班密度、航班时间波和价格水平。新开航线起初进入市场，客源基础一般相对比较弱，所以，都是先与竞争航空公司保持一定的价差，突出价格优势，吸引客源；经过一定的市场培育期，待市场客源稳定后，开始慢慢尝试提价，跟竞争航空公司缩小价差，甚至定价反超竞争航空公司。

（2）独飞航线定价。

国内一些三、四线的城市存在少量的独飞航线。定价前需要了解各航点的其他交通运输工具的班次、票价情况，比如高铁的价格情况；如果没有高铁，可参照火车卧铺的价格情况，同时也要了解当地的收入和消费水平。

（3）经停航线定价。

经停航线是指航班从 A 城市飞往 C 城市，中间需要经过 B 城市的航线。如上海飞乌鲁木齐，中间经停西安。理想的定价是 2 个短航段之和等于或大于长航段定价，均衡的拆分较为理想，但在实际经营中发现，由于各地需求和市场价格存在差异，短航段的市场价格可能高于长航段的售价，此时拆分的航段越多，航班总体收入可能会越高；因此经停航班的拆分数量需以具体市场情况而定，以航班收入最大化为根本目标。

五、航空机票定价的策略

（一）差别定价策略

差别定价策略是指对同一航班上提供几乎同质服务的客运舱位在向不同的乘客销售时实行不同的销售价格或收费标准，以实现航班收益的最大化。民航机票定价中，差别定价普遍存在，且被广泛运用。

1. 同一航班、不同购买数量的差价定价

同一航班，不同人数的机票购买价格存在差异。民航机票销售中，10 人以上的人数购买，一般可以按团队价格销售机票；20～30 人的团队，航空公司一般会定一个相对优惠的团队均价；而 30 人以上的大团队，机票的价格可能要高于 30 人以下的团队；50 人以上的特大团，机票价格则会更高。

2. 同一航班、同一等级、不同购买时间的差别定价

航空公司为了减少航班的空位风险，鼓励价格敏感的乘客早买机票，往往远期投放低价、高限制的机票，吸引乘客，一般提前的时间越久，机票价格越便宜，越是临近起飞时间的机票价格越贵。

3. 同一天、相同目的地、不同起飞时间的航班的差别定价

对于一些高密度航线，不同的时间点，同样目的地的航班也存在较大的价格差异。一般"红眼航班"的机票价格相对较低，而"黄金时段"的机票价格则相对贵一些。差别价格区分了对时间敏感和对价格敏感的乘客，有效地体现了航班时刻资源的价值。

4. 同一航班、不同舱位的差别定价

一般传统航空公司的机票分为经济舱、商务舱和头等舱，虽然起始的地点相同，但客舱内的服务和环境却有一定的差异，因此机票的售价也有差别，机舱环境和服务越好的舱位，机票价格越高。

（二）动态定价策略

许多航空公司采用实时销售和动态定价策略，根据航班的需求和供给变化调整票价。当某个航班的座位未能如预期地销售出去，航空公司可能会通过降低价格来刺激销售，以确保航班的满座率，因此，就会出现一些特价机票。特价票的出现恰恰反映了市场供求状况对机票价格的决定性影响。

（三）竞争定价策略

竞争定价策略是指航空公司在制定机票价格时，考虑到竞争对手的价格，以此为依据制定自己的价格策略。这种策略通常用于市场上存在激烈竞争的情况下，目的是在竞争中取得优势，提高市场份额。

一线城市的一些高密度航线竞争程度很高，航空公司基本无法控制本公司机票在市场上的售价，机票价格主要是由市场上的供求关系所决定，航空公司只能被动地接受。在完全竞争的市场条件下，跟竞争航班保持适当的价差，适当掌握降价幅度，让航班流量和进度平稳即可。如果降价太多，虽然能排挤竞争者，但也容易使企业亏损，降价太少，又不足以击败竞争对手，扩大本身的销售。通常是，需求价格弹性大的舱位降价幅度大，需求价格弹性小的舱位降价幅度小。

学习任务三 航空运输需求与供给

一、航空运输需求

（一）航空旅客运输需求

1. 航空旅客运输需求的特性

航空旅客运输需求是指空间位移服务的消费者在一定时期内和在一定的价格水平下愿意并能够购买的航空运输服务的数量。航空旅客运输需求与其他商品的需求相比有共同性，也有其特殊性。一般来说，航空旅客运输需求具有以下几种特性：

（1）引申性需求。

所谓引申性需求是指大部分旅客对航空运输的需求是为了完成某些目的而进行航空飞行，并非纯粹为了飞行而搭乘飞机。通常根据旅客搭乘目的不同，可将航空旅行分为商务旅行与休闲旅行两种。商务旅客主要包括因从事商务活动而乘机的政府机关人员和公司员工。休闲旅客包括外出旅游度假和探亲访友的旅客。还有的旅客乘机的目的可能是寻找工作或求学等。在实际的旅客分类中，要注意有的旅客乘机的目的可能并不单一，而是上述目的的综合。

（2）需求多变性。

旅客对于航空运输的需求，随着时间与季节不同而有很大的差异。对商务旅客而言，其在时间的需求上有较大的变动性，通常对当日最早与最晚的班机需求较高，以衔接公务、商务处理的时间，但商务旅客在季节需求上无明显的差异；相反，休闲旅客在季节需求上有较大的差异，但在时间需求上则无明显差异。另外，在一天中的某些时刻或一周中的某些日期会出现需求的高峰与低谷，在一年中的某些月份也会出现淡季或旺季。此外，对同一航线而言，随着时间或季节的不同，客运需求亦会出现方向性的差异，这种现象尤以农历春节前后和十一黄金周前后最为显著。由于航空运输需求具有多变性，航空公司在运营上更显得困难，需考虑以哪一种旅客的需求为主和高峰需求的满足，但是满足高峰时刻的需求，会使民航业者做过度的设备投资，以至于造成在高峰时间以外的大部分时间内，设施、设备和人力资源等的利用率过低。

（3）需求不确定性。

航空运输业为旅客提供预先订座的服务，但旅客可能因临时状况改变而取消班机搭乘，或者旅客进行了重复订座，或者一些没有事先订座的旅客会直接赶到机场要求乘机，从而造成航空运输需求的高度不确定性。为此，航空公司通常采取超订的方式，也就是接受旅客的预订座位数超过飞机实际所能提供的座位数，以减少需求不确定性所带来的损失。航空公司旅客超订是航空公司收益管理的重要优化手段之一，是航空公司减少座位虚耗、提高客座利用率的有效手段。

（4）多重的需求价格弹性。

需求价格弹性指的是机票价格改变时，旅客对航空运输需求的改变程度。由于旅客本身的特性不同，其对航空运输的需求价格弹性各有差异，具体说明如下：商务旅客考虑的是飞机的快速所带来的时间的经济效益，因此不太在乎机票价格的高低，需求价格弹性也较低；而休闲旅客主要考虑的是旅行的预算而非时间的经济效益，因此休闲旅客的需求价格弹性较高。

（5）需求与旅程距离存在正相关的关系。

航空运输需求的大小与旅程距离的长短存在正相关的关系。旅程距离越长，飞机较其他运输工具的优越特性就越显著，其他运输工具自然就较难与之竞争，因此旅客对航空运输的需求就越大；反之，旅程距离愈短，其他运输工具如铁路和公路对航空运输的替代性就会相对提高，从而造成旅客对航空运输需求的减少。

（6）需求控制的有限性。

航空公司通过管理并不能完全控制影响需求的相关要素。不可控制的要素包括人们的收入水平、国家的总体经济状况、人口数量及结构、旅游业的发展情况、经济体制和经济政策、替代品的服务和价格、突发事件等。这些因素对航空运输需求的影响很大。

（7）总需求与市场份额的双重性。

有些因素会吸引人们出行时选择航空运输方式，另一些因素会吸引人们选择不同的航空公司。例如飞行速度的快速提高、航班的舒适性以及人们收入的普遍提高会对航空运输需求产生很大的促进作用。而优质的服务包括机上供应的餐点、饮料等会对旅客选择航空公司产生影响，但是，很少有旅客会仅仅为了享受机上的餐饮而去乘坐飞机。航空公司提高服务质量，是想从与之竞争的航空公司手中争夺更多的客源，从而占有更多的市场份额。

航班时刻安排也会产生两个方面的影响：一是特殊的航班时刻安排可能导致人们选择乘坐飞机而不是选择其他运输方式，从而增加了航空运输市场的总需求；二是很多的航班时刻安排则是为了与其他航空公司争夺旅客，满足旅客对航空运输时间的要求，即旅客本来就是选择航空运输方式，但通过对航班时刻进行比较来选择航空公司。

许多航空公司的宣传都力图反映出高质量产品（服务）的内容来促进航空运输需求的增加。但是，一家航空公司进行这样的广告宣传所产生的市场效果，可能会由多家航空公司共同分享，即产生了正的外部性。

2. 航空旅客运输需求的影响因素

有些因素不仅影响国际航空旅客运输的需求，而且影响国内航空旅客运输的需求，而有些因素则仅仅影响国际航空旅客运输的需求或者国内航空旅客运输的需求，在此，我们将影响国际航空旅客运输需求和国内航空旅客运输需求的主要因素放在一起进行分析。

（1）政治形势。

航空旅客运输是国际关系的晴雨表，若两国（或地区）关系密切，贸易发达，政治、文化等交往频繁，航空旅客运输需求将趋于繁荣，反之则航空旅客运输需求较小。特别值得注意的是，航空运输始终被纳入两国（或地区）双边或多边协议的总体框架之内，关于两国（或地区）通航地点、航权和班次数量的谈判与两国（或地区）间的政治关系有着千丝万缕的关系，并直接影响到航空旅客运输需求总量的变化。

（2）经济发展的速度和水平。

经济发展的速度和水平是影响航空旅客运输需求的首要因素，对商务和休闲两类旅客都有影响。因为，经济发展速度和水平影响到企业商业活动的活跃程度，从而影响到商务旅客出行的频率；同时，还影响到国民的收入水平和生活方式，进而影响到对旅行的需求。

（3）人均可支配收入。

在航空旅客运输需求中，除了生产性和工作性运输需求外，一个很大的部分就是生活性运输需求，如探亲、访友、旅游、看病和外出休养等所产生的运输需求。这些需求受到人们收入水平的制约，会随着人们收入水平的提高而增加。近年来，我国航空旅客运输量大幅稳定增长，其中人均可支配收入的大幅度提高起了很重要的作用。

（4）人口数量及结构。

人口数量变化必然会引起航空旅客运输需求的变化。从一般意义上讲，人口密集的国家或地区，航空旅客运输需求就高；人口稀疏的国家或地区，航空旅客运输需求就低。人口数量增加时，航空旅客运输需求就相应增加。同时，人口结构对航空旅客运输需求也产生影响。人口的结构指人口的就业情况、从事的行业分布情况、年龄构成等，这些因素和居民收入往往直接相关，对于一个地区的空运自费市场起很大的影响，并且影响作用比人口数量变化的影响更加突出。因此，分析不同人口在总人口中所占的比重及其变化，对分析航空旅客运输需求来说有极为重要的意义。

（5）旅游业发展情况。

航空旅游市场是航空旅客运输市场的重要组成部分，旅游业的快速发展为航空运输业提供了丰富的客源，促使了旅游航线、旅游机场的产生，并进一步促进了航空运输业的发展。对我国这样一个旅游资源丰富的国家而言，更要把航空旅游市场作为航空旅客运输市场的重要组成部分进行调查和分析。

（6）航空运价水平的高低。

运价在影响航空旅客运输需求方面的作用是显而易见的。对生产性旅客来说，机票费用是计入企业的生产成本中的，对企业的经济活动效果直接产生影响；对消费性旅客来说，运价水平高低直接影响他们的生活开支，如果在运输需求满足方面的开支过大，在收入既定时，必然会影响他们在其他生活需求方面的满足。因此，在运价提高时，旅客运输需求自然会减少；相反，运价降低时，旅客运输需求会有一定的提高。另外，运价水平对个别运输企业的市场占有率来说，影响作用是很大的。

（7）替代品。

对于航空运输业来说，铁路等替代品的价格和速度的变化对其有一定的影响。尤其是高速铁路的开通对航空运输业提出了挑战。从长远看，1 000 千米距离之内的客运，应以铁路、公路为主；1 000～2 500 千米的距离，高速铁路和航空运输相互竞争；2 500 千米以上的距离空运有明显优势。但在各个领域中仍然存在着对市场的争夺。

此外，经济全球化进程、民用航空系统的发展状况和国家政策等都会对航空旅客运输需求产生影响。一个国家的对外开放程度的提高会直接导致本国与相关国家之间的政治、经济、文化交往的增多，从而为航空旅客运输带来大量的客源。

（二）航空货物运输需求

1. 航空货物运输需求的特性

一般说来，航空货物运输需求具有以下几个特性：

（1）多重的需求价格弹性。

在航空货物运输市场中，根据货主对运输时效的要求进行细分，可以将所有的运输需求分为三类：紧急运输需求、高时效运输需求和一般时效运输需求，各种运输需求与运价之间的曲线即需求曲线如图 2－10、图 2－11 和图 2－12 所示，图中 P 代表运价，Q 代表需求。

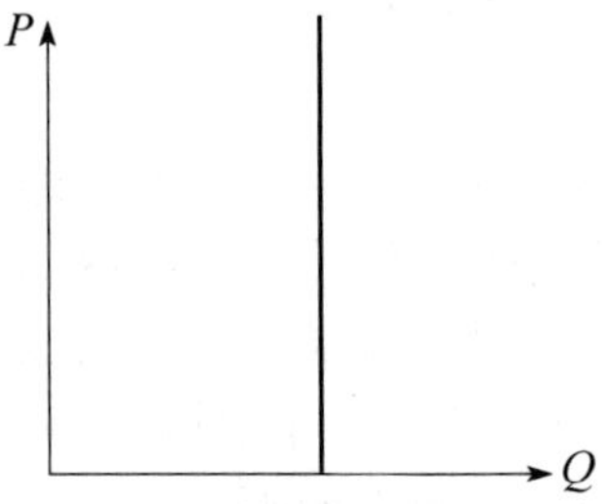

图 2－10　紧急运输货物的需求曲线

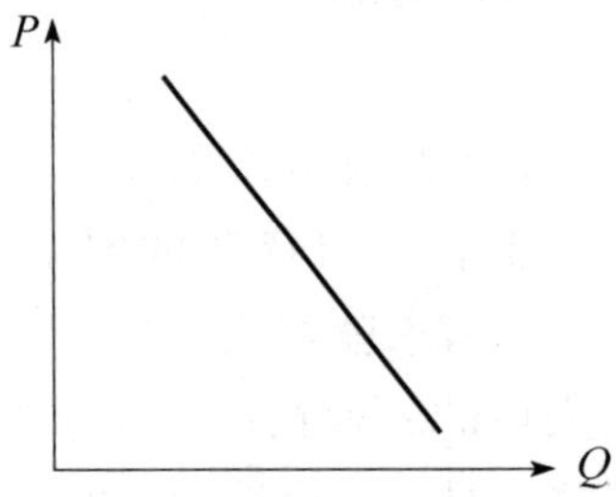

图 2－11　高时效运输货物的需求曲线

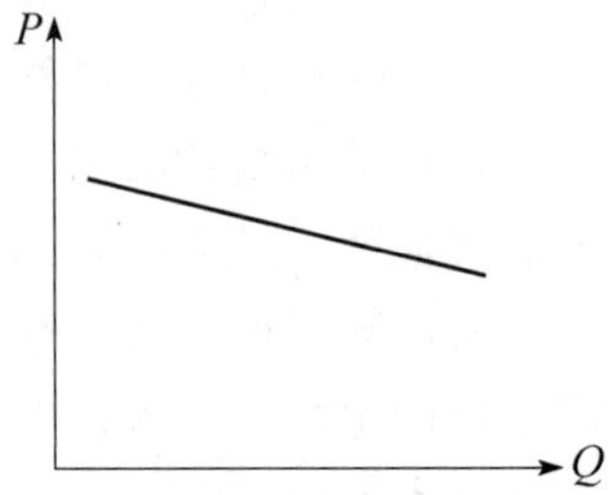

图 2－12　一般时效运输货物的需求曲线

紧急运输需求的对象往往是顾客所急需的用于生产经营或其他方面的货物，因为顾客顾及的是运输时效而非价格，在这个细分市场上，需求的价格弹性几乎等于 0，即无论运价如何改变，其对空运的需求都是固定不变的，所以需求曲线上是一条垂直于横轴的直线。

高时效运输需求的对象基本上是一些易腐的鲜活类货物或一些流行款式的服装等，这一类货物的货主往往看重空运带来的价值足以弥补运费上的支出，这个市场上虽然有其他运输方式的竞争，但空运仍占有绝对优势地位。因此，其需求价格弹性较低，需求曲线比较陡峭。

一般时效运输需求的对象则是普通货物，由于高额的运价，大部分普通货物不会选择航空运输方式，但是随着航空运力的不断增加以致出现运力过剩，市场竞争不断加剧，航空运输业利润水平下降，迫使航空公司越来越重视普通货物的运输，在此类市场上，需求价格弹性比较大，需求曲线比较平缓。

（2）方向性。

需求的方向性体现在从始发地到目的地的去程和从目的地返回始发地的返程的货物的空运需求是有差异的。造成这种差异的主要原因有两点：航空货运与客运不同，旅客出行到达目的地之后一般会回到始发地，而货物运输一般是单向的，即到达目的地之后不再返回；航线端点上两地的经济发展水平不同，导致两地的航空货物运输需求产生差异。这使得企业在经营某条航线时，必须考虑航线上各点城市的经济状况，制定差异化的营销策略，以保证企业运力资源不被浪费。

（3）时间特性。

航空货物运输需求的时间特性即航空货物运输的周期性和季节性，是航空货运需求的一个重要特征。航空货运的周期性虽然没有客运那么明显，但还是有规律可循的，如某地土特产丰收的季节可能就是该地区航空货运的高峰期。此外，在客运淡季，航空公司为保证盈利可能会通过增加配载和降低价格等方式刺激货运需求，来提高货运上的收益，这也使得某段时间的需求呈现一定周期性。另外，在特定的季节，通过空运的货物的品种也呈现一定规律，如鲜活类货物在不同的季节就有变化。

2. 航空货物运输需求的影响因素

（1）经济发展的速度和水平。

在影响航空货运需求的诸多因素中，经济发展的速度和水平无疑是决定性的。自从改革开放以来，我国航空货运的持续发展就是依靠和伴随着我国经济的发展而实现的。

（2）对外经济贸易。

航空货运是国际贸易的副产品，而国际贸易又受到全球经济增长情况的制约。全球航空货运周转量与全球GDP的相关系数高达0.98，全球航空货运周转量与全球商品出口额的相关系数高达0.97，航空货运与对外贸易、世界经济具有强关联性。[①]

（3）高新技术产业的发展。

高新技术产品附加值高，对运输成本的消化能力强，随着我国经济结构调整取得进展，高新技术产品和高附加值产品进一步增多，从而扩大了我国航空运输的货源。从长期的趋势看，航空货运在高新技术产品市场中将会占有越来越多的市场份额。

（4）技术环境。

新兴技术的应用，如人工智能、物联网、无人机和区块链等，正在改变着航空物流的运营模式和业务流程，强有力地刺激了经济社会对航空货运的需求。例如，物联网技术的发展，使得航空物流企业可以实现对货物的位置和状态进行实时监控和追踪，从而提高货物的安全性和管理效率。此外，物联网还可以帮助企业实现供应链的可视化管理，优化物流运输的路径和时间，降低运输成本。

（5）竞争环境。

市场竞争无处不在，航空货运业的竞争来自两个部分：一部分来自行业外部，即空运与其他运输方式的竞争；另一部分则是行业内部的竞争，即同业者之间的竞争。

1）与其他运输方式的竞争。

尽管航空货运速度快、安全系数高，但缺点也十分明显。首先，由于经营成本高，航空货运的运价远远高于其他运输方式；其次，由于航空货运主要由客机腹舱运力完成，其发展规模有限；再次，机场一般距离市区较远，这使得货物上机前的陆运距离较大，增加了运输时间，而运输业是替代性很强的行业，火车的不断提速以及高速公路网络的逐渐完善，使航空货运的速度优势在不断减弱，特别是在中长途运输中，铁路货运的优势日渐增强；最后，由于航空货运整体过程中必须经过一定距离的陆上运输，这也降低了货物的安全系数。这些因素都可能使航空货运的竞争优势有所降低，减弱经济社会对航空货运的需求。

2）行业内部的竞争。

大型航空公司一般都是跨地区经营，在机场发达的城市往往会有多家航空公司驻扎，在经营的航线上也势必有重复，随着空运市场规模的不断扩大，航空公司之间的竞争也越来越激烈，为了占取更多的市场份额，各大航空公司纷纷在价格及服务上实行差异化经营。在经济发达地区，各航空公司的市场争夺非常激烈。

---

① 尤怀墨．航空物流发展规律．国际航空运输公众号，2022－12－05.

（6）现代物流业的发展。

现代物流业的发展给航空货运业带来了很大的发展机遇。航空货运的快捷、方便、安全以及门到门的服务延伸，和其他运输方式的衔接条件，正好适应了现代物流服务的要求。发展现代航空物流业应加强与其他交通运输业的联系，共同研究建立健全畅通、安全、便捷的现代综合运输体系，在综合运输体系中航空与铁路、水运、公路不仅是竞争关系，更重要的是协作、联运的关系，通过联合协作，可以发挥各自优势；优化资源配置，提高综合运输效率；降低社会运输综合成本，提高满足社会各方面多层次、多样化的需求，促进交通运输和整个物流的长远发展。

此外，国际国内环境等也会影响航空货物运输的需求。

拓展阅读

航空货运行业的发展阶段

我国航空货运行业起步时间相对较晚，行业发展潜力巨大。自 2002 年以来我国航空货运行业的发展大致经历了专业化分工、快运化融合和垂直化整合三个阶段。第一阶段，2002—2007 年的专业化分工发展阶段。以 2002 年中航集团、东航集团和南航集团分别实施的重组为标志，航空公司推进“客货并举”战略，纷纷成立专业化的货运公司或货运部，开展航空货运与航空快递服务，同时空中服务与地面服务相结合，推动物流环节专业化发展。第二阶段，2007—2012 年的快运化融合阶段。2006 年以前，中国航空货运的货物以普货运输为主，此后，航空快件逐步成为航空货运总量增长的主要驱动力，航空快递的快速发展促进了传统的航空货运更加注重效率提升，航空货运行业呈现货运管理精细化、关注服务时效性与地空资源整合的服务链延伸等特征。第三阶段，2012 年开始的垂直化整合阶段。随着跨境电商等新业态的快速发展，航空货运服务开始关注用户体验零售化、时效标准化与竞争性、便捷化与贸易便利化等服务要素，并针对不同运输品类提供定制化的航空货运服务产品。“十四五”期间，我国航空货运行业的发展重点是从传统航空货运向现代航空物流转型，在提升市场主体竞争力、优化设施布局、提升治理体系和治理能力现代化水平、增强内生动力等方面取得突破。

资料来源：2023 年中国航空货运行业分析. https://www.gonyn.com/industry/1388924.html.

二、航空运输供给

航空运输供给是指航空运输企业在某一时刻，在各种可能的运价水平上，愿意并能够提供的运输产品的数量。航空运输供给包括航班运力和航线网络布局两方面内容。航班运力一般用来表示运输供给的能力大小，通常用航班可以服务的吨公里数来表示。旅客运输的航班运力乘以平均客座率就是市场上的航空旅客运输需求，因此，航空公司运力的提供一般是根据预测的市场需求和期望的客座率进行规划的。而货物运输由于一定程度上依赖客机腹舱进行，运力供给上受到一定限制。航线网络布局用来表示航空运输的供给分布情况。航线网络不仅能够表示基础设施的分布状况，还从一定程度上反映出需求的分布情况。旅客运输的航线网络布局和货物运输的航线网络布局存在很大的差异。旅客运输网络多中转，采用枢纽结构，集中地方需求发挥规模经济性；而货物运输追求快速和安全，要求少中转或直达，一般采用点对点式。

（一）航空运输供给的特点

1. 不可存储性

航空运输提供的产品是旅客或货物的空间位移，具有无形性，生产与消费同时进行，因此具有不可存储的特点。由于运输需求的波动性，一定时期内相对稳定的运输能力难以与运输需求实现完美的匹配，再加上航空运输供给的这一特点，给运输企业均衡生产和服务质量控制带来了很大困难。

2. 供给的整体性和稳定性

运输供给的整体性是指运输基础设施与运载设备、运载工具的能力相互匹配，运输线路、机场、港口、车站等基础设施的建设必须统一规划、相互配套，共同形成生产能力，形成不可分割的整体。如果设计和规划时没有整体观念，就会造成在一些区域或线路上的能力紧张，成为运输供给的“瓶颈”，从而影响整个网络的供给能力。航空运输是一个双向的运输供给，尽管需求在方向上存在着差异，有的甚至截然不同，但是出于飞机过夜、维修等多方面原因，航空运输的供给是双向均衡的，一条航线的两个方向的运输是一个整体。另外，需求在时间上也存在着较明显的波动性，但是航空运输的供给（定期航班）是根据航班计划进行安排的，即使在特定时期会临时增加或减少运力，但在各航季内，运力的供给具有相对稳定性。

3. 部分可替代性

运输供给是由多种运输方式和多家运输企业的生产能力共同构成的。由于每种方式都可以实现旅客或货物的空间位移，各种运输方式之间存在一定的可替代性，尤其是同一方向、具有相似运输质量的方式之间，同时，由于运输产品在时间、运输方向、运输距离等特征上存在差异，旅客、货主对运输产品服务的经济性、便捷性、速度等质量的要求不同，不同运输方式间或同一运输方式中不同运输企业间运输产品的替代性受到限制，这种限制又使得不同运输方式间或同一运输方式中具有差别的运输服务都可能在某一领域的运输供给上形成一定程度的垄断，因此，运输供给的替代性和不可替代性是同时存在的，运输市场的供给之间既存在竞争也存在垄断。

4. 供给的外部性

如果某人或企业从事经济活动时给其他个体或社会带来了危害或利益，而它们并未因此支付相应的成本或得到相应的报酬，经济学将这种现象称为存在外部性。航空运输无疑会带来很大的外部性，既有正外部性——临空经济的拉动等，又有负外部性——环境污染和交通问题等。

5. 运输供求的平衡难以控制

由于航空运输需求具有很强的波动性，在一定时期内相对稳定的运输生产能力很难与运输需求完全匹配，导致运输供给与需求的不均衡，相应地造成航空运输企业均衡生产和服务质量控制的困难。

航空运输需求的季节性不平衡，导致运输供给在时间上出现高峰与低谷性变化，因此造成运输供给量在时间分布上的不平衡。

航空运输需求在空间上存在方向性（来回程运输需求的不均衡性），造成运输供给和需求的不匹配，因而形成了运输企业生产的时空差异性。航空运输企业为了实现供需的时空结合，经常要付出空载行驶的代价，导致运力浪费。

（二）航空运输供给的影响因素

影响航空运输供给的因素大致有以下几个方面：

1. 经济发展水平

经济发展水平是总体上影响运输供给的决定性因素，国家或地区的经济状况是运输供给发展的基本条件。经济发展使运输需求增加的同时，也会增大对运输供给的投入。所以，经济发达国家或地区，一般运输基础设施比较完善，运输网络密度较大，配套水平较高，运输供给能力较强；经济比较落后的地区，运输供给能力也较低。

2. 运价

运价是影响航空运输供给的最重要因素。在其他因素不变的情况下，商品的供给量与商品的价格呈同增同减的变动关系。如果航空运输服务价格上升，航空运输企业能够获得更多的利润，就会增加运力投入，增加航空运输服务的供给；反之，如果航空运输服务价格下降，航空公司的利润减少，就会减少运力投入，减少航空运输服务的供给。但是由于航空运输业的价格受到管制（虽然已有放松管制的趋势），航空运输供给弹性比较复杂。

3. 生产技术

生产技术状况能够影响航空运输服务量增加的规模和速度，对于航空运输供给量的影响是巨大的。与此同时，生产技术的提高还能够保证航空运输处于安全运输的环境。效率更高、油耗更低的机型投入运输，会使航空公司的航空运输成本降低，航空公司就会在一定价格水平上提供更多的航空运输服务，例如，B747 和 A380 的问世使得单个航班服务的旅客数增多。生产技术的不断提高使得超远距离飞行的客机投入运营，如 B777－200LR 和 A340－500 实现了新加坡—洛杉矶和纽约—迪拜等超长航线的直达航班服务。

4. 生产要素的价格（即运输成本）

航空运输成本也显然是影响运输供给的一个重要因素，因为航空运输成本会直接影响航空运输价格和航空公司的收益。一般而言，生产要素包括劳动、土地和资本三大基本要素。生产要素的价格发生变化，航空运输服务的供给量也会发生变化。假定其他条件不变，生产要素价格上涨，航空运输企业的利润减少，这些企业就会减少航空运输服务的供给量。航空运输服务的供给量与生产要素的价格之间存在负相关关系。例如，美国早期的航空快线公司在其经营的航空快线上曾保证无论客人多少都会按照航班计划提供航班飞行，并且保证如果航班满座，则马上临时增加一个航班，以保证未登机的旅客迅速出行。但是近年来由于飞机、员工工资、航空燃油和航空器材等生产要素价格上涨，这些公司仅按照航班计划飞行，不再提供额外的航班来满足额外增加的旅客需求，因为现在保留备份飞机对航空公司来说代价太高昂。

5. 竞争因素

竞争因素是影响航空供给的又一重要因素，航空公司为争夺市场份额而彼此竞争无疑会对供给产生影响。航空运输市场上有多个生产厂商，航空运输市场供给是所有厂商的供给数量的总和，如果一些厂商由于种种竞争而削减航班、改换小机型运营甚至退出航空运输业，最终都会导致航空运输供给量的减少。

另外，随着高铁网络的不断完善、安全性能的不断提高和稳固，航空运输产业受到了巨大的冲击，最直接的影响就是迫使航空公司减少航班甚至放弃航线的运营。

6. 运输政策

运输政策是影响航空运输供给的重要因素。运输政策是国家发展运输的准则，是经济政策的组成部分。运输政策通常规定了运输业发展的方式、速度、规模、结构等，对一个国家运输业的发展产生重大影响。

除上述主要因素外，安全、环保等因素也能影响航空运输的供给。

拓展阅读

"一带一路"航线的开拓

2013 年 9 月和 10 月，国家主席习近平先后在哈萨克斯坦和印度尼西亚发表演讲，提出共同建设"丝绸之路经济带"和"21 世纪海上丝绸之路"（简称"一带一路"）的倡议。

共建"一带一路"是构建人类命运共同体的重大实践。作为国家重要的战略产业，民航业深度参与这场伟大的实践，不断强化服务共建"一带一路"倡议的责任担当。

以中国国际航空公司为例，2013 年 10 月以来，在中亚地区，新开通了北京—阿斯塔纳（2017 年，后改名努尔苏丹）航线；在东南亚地区，新开通了北京—河内（2018 年）、金边（2019 年）等多个关键节点的新航线；在南亚开通了北京—伊斯兰堡（2015 年）、孟买（2015 年）航线，成都—科伦坡（2015 年）航线；在非洲开通了北京—约翰内斯堡（2015 年）等相关航线；在东欧地区开通了北京—明斯克（2015 年）、布达佩斯（2015 年）、华沙（2016 年）等航线；在欧洲西部地区开通了北京—维也纳（2014 年）、巴塞罗那（2014 年）、哥本哈根（2018 年）等航线。这些新的国际航线为我国与共建"一带一路"国家的直接交往架设了空中桥梁，填补了大量的市场空白，实现了双边的互利合作，也方便了双边人员及货邮往来，造福了许多共建国家和人民。

共建"一带一路"国家，包括了大量的世界最不发达国家，社会发展水平各异，营商环境各异，给我国航空企业的运营带来很大的挑战。特别是在经营初期，航空运输又有投入大、利润低的特点，所以经营起来就更是难上加难。

以非洲为例。2002 年 4 月 4 日，长达 27 年的安哥拉内战结束，开始战后恢复与重建。很多中方企业和人员积极参与该国的战后重建工作，为航空公司开通至安哥拉航线提供了客源支持。国内也很快有航空公司开通了到安哥拉首都罗安达的定期航班。但 2013 年后，安哥拉国家银行限制国际汇款，即每年不能超过 200 万宽扎（约合 2 万美元）。这种做法，使华人在当地获得的财富不能自由流动，当地的航空市场环境也跟着急转直下。很快，绝大多数在安哥拉的华人离开了安哥拉，运营安哥拉罗安达航线的国内航空公司被迫停航。

非洲东海岸的坦桑尼亚也经历了类似情况。很长时间以来，中坦两国之间的历史情谊深厚，当地的营商环境友好，中资企业和华人很多。但自2015年10月马古富力接任总统后，叫停了大量的国际合作项目，导致当地大量的中资企业和上万华人被迫离开该国。不利的制度环境到2020年初才有改观迹象。

共建“一带一路”倡议是中国开启全球化战略发展新时代的关键谋划，中国国际航空公司将开拓“一带一路”航线视为必须积极履行的政治责任，担当起国家使命，再次发挥示范作用，率先转变对外发展方向，与共建国家，包括发展中国家和最不发达国家的发展对接和优势互补，为推动“一带一路”建设贡献中国民航业的力量。

资料来源：张晓宇. 雄关漫道真如铁：中国民航服务“一带一路”建设的成就和挑战 [J]. 空运商务，2021 (12)：11-14.

学习任务四 临空产业体系和模式

一、临空产业体系

围绕以机场为核心的临空经济区，首先在最内层也就是机场范围内产生与之直接相关联的产业，包括机场的产业链和航空公司的产业链；随着范围逐渐向外扩展，与航空配套的产业也得到了积极发展，其中有与乘机服务直接相关的航空食品业或者航空纪念品生产业，与飞机自身相关的航空器维修业和航油航材总部，与提供航空服务的职员有关的航空公司行政总部和航空培训中心，以及由航空运输特点直接带来的航空物流。航空物流业的广泛发展，使得依靠飞机这种快捷、方便的运输方式而存在的产业迅速向临空经济区聚集，从而产生了航空引致产业。它包括临空型高新技术产业、临空型农业和临空型工业的发展。物流的强烈集散必然导致客流的频繁流动，而客流的流动又带来了服务业的蓬勃发展，因此，航空关联产业应运而生。总部聚落、会展经济、旅游经济纷至沓来，为拉动地方经济作出巨大的贡献。

（一）机场业

机场的发展主要包括机场产业链和航空公司产业链两部分（见图2-13)。从机场收入来看，尽管各国结构不尽相同，但都可主要分为两大类：航空性收入，即与飞机起降和客货过港等基本位移需求相关的收入，如飞机起降费、旅客服务费、安检费等；非航空性收入，是机场为满足飞机、旅客和货物在基本位移需求之外的衍生需求而产生的收入。

机场的发展影响并带动着航空配套产业、航空关联产业和航空引致产业的发展，合理进行机场规划和开发有利于与其相关的各行各业的发展，并以此促进区域经济的总体增长。

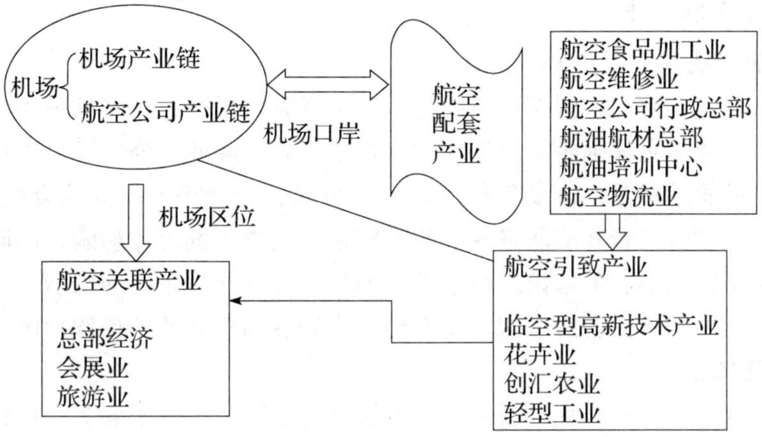

图 2－13　临空产业结构关联示意图

（二）航空配套产业

1. 航空物流业

物流企业主要提供地区性的物流运输、仓储、包装、代理等复合一体化的运输服务，建造保税仓库和运输服务设施等，利用完善的交通网络体系，逐步将所在区域发展成为地区货物集散中心，从而建立起跨国跨地区的物流服务网络。如法兰克福的物流城就建在机场附近，拥有数百家物流运输公司，每天承载着大量的物品流通任务。

2. 航空维修业

飞机维修是一项高成本、高效益、高标准的技术密集型产业。由于机身、发动机等部件过于庞大，对技术的要求精确，且维修成本较高，噪声污染较大，所以一般维修厂均将厂址设在机场附近，积极发展航空维修中心，利用临近机场的巨大优势，将节约大量的运输成本和用地成本，为所在地区的产业结构优化，向高、精、尖产业发展奠定技术基础。

3. 航空食品加工业

由于航空业的适航安全性的要求和航空食品卫生安全性的要求，一般的食品公司无法承担航空食品配餐的业务，而必须由专门的航空配餐公司完成。统一配餐的特点决定了航空食品生产企业不但要能生产大批量的产品，还要有统一的口味，这对配餐楼的温度、湿度、卫生条件和食品的精细程度都提出了更高的要求，也需要巨额成本。德国汉莎天厨集团是全球最大的航空配餐公司，集团属下的 3.6 万名员工为全球每年生产 4.27 亿份餐食，每年总收入达到 37 亿欧元。该集团在五大洲内 44 个国家建立了 200 多个配餐间，为超过 260 家国际航空公司服务，占有世界航空配餐市场超过 34%的份额，位居世界航空配餐市场首位。

除此之外，航空配套产业还包括航空材料和零配件配套中心、航空产业研发中心等，这些产业都是伴随着航空业的存在而发展的，并且也取得了不错的发展成果。

（三）航空关联产业

1. 临空旅游业

临空旅游业包括旅游、观光和休闲等。从机场到机场高速公路到市中心，可以建立观光旅游区，修建体育休闲旅游设施和文化娱乐设施。除此之外，还可因地制宜，充分利用周边地区的旅游资源，推动集休闲娱乐、观光、纪念于一体的综合旅游业的发展。如台湾桃园航空城就结合其滨海资源的旅游特色，建立了滨海休憩园、国际村等旅游休闲设施，提供了游艇港、美术馆、科学馆、博物馆等文化娱乐活动场所。而日本的关西国际机场临空城内则不仅有游乐园，还有能品尝到各国美味的特色饮食区。

2. 临空服务业

机场的出现迅速拉动着临空服务业的发展，通信服务、电子商务、法律广告、文化娱乐等逐渐在临空经济区内出现。公司宿营地、高档购物中心、健康护理服务中心也越来越多地分布在机场周围。

机场广告业也有广阔的发展前景。机场作为人流集散地，作为一个城市的窗口，拥有其他地区所不能比拟的广告效应，是宣传城市、扩大企业影响力的理想场所。广告业不仅能够大大宣传机场本身，成为机场建设的一大亮点，还为整个地区实施名牌战略、提高知名度创造了条件。

同时，零售业在临空经济区的发展也是突飞猛进的。由于地处重要的交通枢纽，空港购物正在逐步占领零售市场，许多相邻地区都纷纷建立大型的购物中心，并且不断扩展和改进购物设施。随着周围地区人口的增长，临空零售业还将会有巨大的发展空间。

3. 临空会展业

临空会展业也逐步受到重视。凭借紧邻空港的独特优势，国际会议展览中心、推销零售或工业品的贸易与展销中心正逐渐倾向于在临空经济区内选址。国内外商品博览会议、经济贸易会议和一些重大的国际经济文化交流会议也陆续在机场地区召开。会展业在空港区的繁荣不仅因为便利的交通和现代化的基础设施，临空区内优势产业的发展本身也构成了会议参观的重要部分。

4. 总部经济

区域专业化程度的提高和空港专业化程度的加深，吸引着各公司的总部在此聚集，临空总部经济也应运而生。如华盛顿杜勒斯空港的各种会员制组织的总部和阿姆斯特丹及巴黎的出口贸易机构等，它们都依靠临近机场这个独一无二的优势，在临空经济区内聚集，从而充分发挥区位优势，掌握最新的资讯，运用最快捷的方式作出反应，同时配合会展中心的建立，加强国际、国内间的合作与交流，始终保持最旺盛的竞争力。总部经济与临空经济相辅相成，共同促进区域经济的发展。

5. 临空房地产业

在临空区内积极发展房地产业也有其特有的优势。临空经济区的住宅区不仅为机场人员和园区机构的工作人员提供生活方便，还能配合教育、医疗等设施，不断完善其居住功能。如北卡罗来纳州研究三角园区就曾被评为“全美最佳生活居住区”。在园区内，有大量学习和生活的配套设施，包括学校和医院等，充分体现了临空居住区作为城市社区的核心价值。

(四) 航空引致产业

航空引致产业是指将现有产业与航空运输方式相结合，利用航空运输业快捷、便利的运输方式，直接导致新型产业的发展或使老产业出现新的变化。在航空引致产业中，将航空运输与自身的产业特点相结合，形成了高效、快捷、灵活的生产方式。

1. 临空农业

临空区的农业发展应该区别于一般地区的农业发展，着重以发展现代园艺农业、生态农业为支撑，走集生产、开发、运输、经销、观光于一体的农业产业化道路。临空农业的发展应该摒弃传统农业发展的思路，调整农业内部结构，依托紧邻机场的交通优势，合理安排种植业比重，大力发展农副产品，建立特色副食品基地；积极发展绿色食品加工、冷冻水产品批发市场、特色蔬菜生产基地、花卉园艺、特种养殖、都市观光农业等彰显区位优势的项目。临空农业的发展要向专业化、市场化、现代化方向迈进，要建立创汇型、生态型、观光型的新型农业生产方式。临空农业的这些项目因其自身的保鲜特点，对生产基地的地理位置要求都较高，因此，毗邻机场为它们的发展奠定了良好的基础，也是其他区域发展农业不可复制的资源优势。

2. 高新技术产业

高新技术产业是推动现代经济发展的主要产业之一。因其产品短小轻薄、科技含量高、附加值高且生产节省资源、节约能耗等优点而成为各国竞相争夺的产业经济发展制高点。在高新技术产品的生产过程中，即时生产成为主导产业发展的一个重要因素。即生产中所需要的原料和零部件必须在工厂需要时准时送达，以减少库存量，降低生产成本。为了达到这种即时的生产效果，绝大部分高新技术企业都采用了航空运输这种快捷、安全的运输方式。与此同时，为了节省交通成本和时间成本，这些企业都倾向于分布在大型机场附近的经济区内，逐渐形成了向空港区集中布局的趋势。即时生产最典型的例子是适时制（just-in-time）生产组织方式的影响，日本的汽车公司在世界上首先采用了这种生产组织方式，使每一个前方生产者的加工品正好在下一个生产者需要的时候直接供应到位，以最大限度地减少不同工序、车间或分厂之间原材料、零配件和半成品的存储量，甚至做到“零库存”。为适应这种适时制生产组织方式，运输组织必须做到准确及时，对运输服务的可靠性提出了很高的要求。

二、临空产业发展模式

临空经济的发展路径受到所在区域经济发展水平、产业结构、地理区位、资源禀赋和政府政策等的影响与制约，各地区的临空经济发展模式是在将本地的各种要素进行优化配置与临空经济发展层次结合的过程中形成的。

(一) 枢纽经济模式

临空经济的枢纽经济模式是指充分利用大型枢纽机场优良的空运区位、强大的中转功能和巨大的容量所带来的航空旅客及货物在临空经济区内大规模集散形成的要素流动、重组、整合和运作，从而吸引生产性和生活性服务业入驻的经济发展模式。

发展枢纽经济需要有大规模的航空流量和发达的航线网络作为支撑，要求所在机场为大型枢纽机场，所在地区为重要的中转站或有大型基地航空公司。枢纽经济一般以第三产业为主导产业，住宿、餐饮、娱乐和购物等生活服务业，物流、广告、会展等生产性服务业及总部经济得到蓬勃发展，从而带动周边经济的增长。

案例：亚特兰大——典型的枢纽经济

美国亚特兰大机场临空经济区为典型的枢纽经济模式。2024 年，亚特兰大机场旅客吞吐量为 1.08 亿人次，是全球唯一突破 1 亿人次的机场，是达美航空、边疆航空等多个航空公司的主营机场。亚特兰大的经济总量虽然在全美城市中排在第 10 位左右，但却是美国南部最大的城市与绝对的中心，几乎所有美国企业的南方总部都设在亚特兰大，每年超过半数的旅客会选择在亚特兰大转机前往南方其他城市。亚特兰大抓住机场客流 70％为中转客流的枢纽优势，重点发展会议会展、商务办公和旅游服务业，打造了国际会展中心、高端酒店、购物中心等功能业态，为众多工业制造商服务，成为亚特兰大城市交流展示的重要窗口。

资料来源：黄洁. 从全球临空经济区发展看杭州如何破局 [J]. 杭州，2023（3）：30－33.

（二）临空产业经济模式

临空产业经济模式主要指利用航空运输带来的地区通达性吸引依赖航空运输的产业及其上下游关联产业在临空经济区附近集中，形成产业集聚效应，从而推动区域经济发展。其表现为工业园区的大力发展，区内航空运输指向型产业成为主导产业，并发展成为该地区的优势产业集群。

临空产业经济的形成不仅需要通达的航空运输网络，还需要充足的劳动力和土地资源，完善的要素市场体系，金融、保险网络组织，以及广阔的腹地和良好的地面基础设施等条件。

临空经济区吸引的工业企业主要为高新技术企业和现代制造业等。这些产业具有产品时间价值高、知识密集的特点，能够增强区域对资金和高素质人才的吸引力，从而提高区域经济发展潜力。

案例：爱尔兰香农国际机场临空经济区

香农是爱尔兰的一个镇，由于在欧美各国飞机往来的路线上，20 世纪 30 年代末，爱尔兰在此修建了国际机场。最初该机场主要为跨越大西洋的旅行和运输提供中转和飞机加油服务。为服务此类航班，香农国际机场一系列配套产业兴起，其中就包括 1947 年开设的全球首家免税店。香农的航空服务业由此得到迅速发展，成为重要的航空中转港和航空公司运营基地。

1959 年，香农自由空港开发有限责任公司作为一家开发机构成立，负责香农地区的全面开发业务。1960 年，香农开发公司在机场周边建立了世界上第一个以出口加工为主的自由贸易区，随后在香农地区全面开发旅游业，同时作为培训基地、燃油加料站、维护和维修中心以及中转站为全世界航线提供服务需求。香农自贸区吸引了多家主流跨国公司进驻，如戴比尔斯公司、乔纳森-洛根公司、通用电气公司等。主要的航空公司开始将香农国际机场作为培训基地，而旅游景点，如本拉提城堡（Bunratty）的国际声誉也迅速提升。

1968 年，政府扩大了香农开发公司的职能范围，以涵盖更广范围的香农地区发展。作为世界上第一个免税工业区，香农自贸区成功吸引了大批外资企业。香农自贸区也成为各国竞相效仿的榜样，如今全球有 100 多个国家在经营 3 000 多个各类自贸区，其中绝大多数经营模式仍能看到香农的影子。

20 世纪七八十年代，香农国际航空港自由贸易区创建利默里克大学，为空港区提供教育和科研服务，致力于研发与自身航空业优势相匹配的产品和服务，以便空港区经济的进一步发展。由于人力资本的投入，香农地区高新技术产业得以迅速发展，在高新技术产区内相继形成了信息通信技术产业、计算机软件和电子产品开发制造业、国际服务业、工程配送和化学制药产业等辐射衍生产业。

随着高新技术产业的发展，香农开发公司在政府的引导下逐步转向以发展服务业和知识经济型产业为主，并建立了凯里和提珀雷里两个技术园、恩尼斯信息时代园和博尔技术中心。

香农机场临空经济的发展模式是由小规模的中转站，通过发展机场服务和航空公司的介入初步打造自身品牌，在政府的规划下合理吸引、利用外资关注高新技术产业的发展，最终成为国际临空经济发展的经典案例之一。

资料来源：爱尔兰香农自贸区解读［EB/OL］.（2021 - 12 - 16）［2025 - 01 - 20］. https://www-new.gwng.edu.cn/airport_economy/2021/1216/c766a73528/page.htm.

（三）环境经济模式

环境经济模式一般适用于区域自然资源特别是旅游资源丰富、旅游业发达的地区机场。这些机场充分利用区域自身条件发展休闲娱乐、购物、会展等产业，优化临空经济区的环境条件和服务质量，从而带动当地服务业的发展。一些地区虽然自然环境资源丰富，但由于地形复杂，地处偏僻，经济发展往往缓慢。机场的建设和环境经济的发展将有力地增进这一地区与外界的联系，使地区的自然资源和旅游资源得到充分利用，改善区域产业结构。

案例：新加坡樟宜国际机场

新加坡国土面积较小，发展临空经济区的条件并不出色，但依靠富有创意的构思和出色的旅游服务，樟宜国际机场成为东南亚著名的旅游景点，为全球临空经济区的发展提供了新的思路。樟宜国际机场临空经济区由“星耀樟宜”、樟宜海滨公园、樟宜礼拜堂与博物馆等共同构成。其中，“星耀樟宜”是新加坡临空经济区的主体，位于机场安全区之外，对普通公众和乘机旅客同时开放。它与樟宜国际机场 4 座航站楼中的 3 座直接相连，与另一座航站楼有专车接驳。商场高 10 层，有巨大的玻璃屋顶，商场被营造成一个包括瀑布、绿道在内的热带花园，内设主题公园、餐馆、影院、商店、音乐厅、健身房等休闲旅游设施，每年吸引近 3 000 万游客，营业额破百亿美元。

资料来源：黄洁. 从全球临空经济区发展看杭州如何破局［J］. 杭州，2023（3）：30 - 33.

（四）航空城发展模式

航空城发展在空间上极度扩张，在功能上完备齐全，空间结构和产业布局均有很大变化，伴随空间布局，产业呈梯度扩散。航空城的服务对象、运输方式、成本指向等特点，决定了航空指向性产业紧邻空港布局的特点。加工制造业和科研机构与航空指向性产业联系紧密，但航空指向性不强，分布距离较远。辅助产业分布在最外围，包括以通信、金融、物流、会展、贸易、电子商务和法律咨询等为主的现代服务业，以社区、餐饮、休闲、旅游、房地产、商品零售为主的个人消费服务业，以政府公共管理、基础教育、医疗保健等为主的公益性服务业，从而形成了同时拥有基础产业、主导产业和配套产业的功能完备、空间布局合理的大型航空城。

案例：史基浦航空城

荷兰阿姆斯特丹史基浦航空城，是世界上第一个经过系统性规划建设的航空城，它向全球推广了“航空城”理念。

对于史基浦航空城来说，如今的成绩离不开荷兰政府从国家战略高度进行的规划和定位。1988 年荷兰政府制定的《国家规划与发展报告（第 4 版）》中，明确了史基浦机场在国家发展战略中的中心地位，它的战略目标是成为欧洲配送中心、荷兰物流集散地。

在史基浦航空城规划建设之前，机场的旅客吞吐量仅为 1 200 万人次，货运量为 85 万吨，机场沿线的产业布局以农业为主，机场的产业吸附能力弱，经济特征并不明显。随着机场的扩建，旅客吞吐量和货邮吞吐能力不断上升，与之相对应的航空运输服务业、物流业等都得到较快的发展，物流园区、商业园区和产业园区日趋完善。

如今，国家战略定位引领下的史基浦航空城，已成为“欧洲商业界的神经中枢”，这里聚集了 2 500 多家国际企业，500 多家跨国公司的总部，还形成了物流产业、航空航天产业、时装产业、信息技术与高科技产业等八大产业集群，人流、物流、信息流、资金流在此汇聚。

资料来源：“最高空的战争”：对标世界先进航空城，一窥胶东机场未来的模样！[EB/OL].(2021-08-15)[2024-09-10]. https://baijiahao.baidu.com/s?id=1708146398253232957&wfr=spider&for=pc.

学习任务五 临空经济区产业发展策略

一、临空经济区形成阶段产业发展策略

（一）航空物流产业链空间对接

依托航空物流服务，利用航空物流产业链的产业空间关联性，吸引航空物流产业链各环节企业在临空经济区内聚集，实现航空物流产业链各环节企业的空间对接，从而构建起完整的航空物流产业链。

航空物流产业链空间对接是现代航空物流业发展的客观要求，也是满足航空物流企业业务重心转移、降低交易成本的客观要求。首先，航空物流产业中货物运输活动的中

心环节就是空中运输，其主要发生场所就是机场，机场提供的相关服务还是航空物流其他活动顺利开展的基础，因此航空物流企业有向机场周边聚集的客观需要。其次，现代物流一体化服务的发展趋势增强了这一需求。在航空物流服务过程中，会产生大量的货物流、资金流和信息流，对物流企业的处理效率提出了更高的要求，要求物流企业提供的服务具有连续性、高效性和完整性。这就需要航空物流相关企业在机场周边设置相应的服务和处理设施，不仅如此，随着客户需求的不断增长和多样化，这些服务保障设施成为航空物流快速发展的基石，这也导致航空物流企业业务重心的转移。鉴于此，机场周边的物流环节将由简单的航空货物处理部门转变为集仓储、加工、转运和分拨于一身的综合服务部门，而随着业务重心的转移，航空物流企业在空间上也更加趋于在机场周边布局。

发达的航空物流是地区经济发展的基础，临空经济区只有在建立起发达的航空物流系统之后，才能保证高新技术制造业和航空制造业等其他相关产业的持续发展。

（二）全球产业价值链的临空嵌入

临空经济区依托航空物流资源，利用国际产业全球转移的趋势，通过承接来自区域外全球产业链的某一环节的方式，实现地区产业生态结构的优化。目前，在全球范围内，电子信息制造、生物医药制造和总部经济等产业都比较倾向于这种空降式发展模式。临空经济区也因这些空降产业的产业链延伸和完善，逐渐实现产业的本地化，并带动临空经济区产业生态结构的跨越式发展。

在产业链全球化配置的背景下，大部分的产品制造已经不是由一个或少数几个国家的企业完成，而是由遍布全球的许多企业来共同完成，每个企业充分发挥自己在成本及资源方面的优势，以高度专业化的态度完成自己负责的生产环节。但是全球化的生产是建立在强大的全球物流的基础之上的，而航空物流服务链是全球物流的重要组成部分，因此，跨国公司的这种全球化运作模式也使得其生产具有很强的临空指向性，全球产业价值链的临空嵌入模式应运而生。

全球产业价值链的临空嵌入需要有合适的机场运力和地区资源禀赋条件与之相配合，地区的人力资本的质量和数量、劳动力成本、土地成本、综合交通网络等缺一不可。在发展初期，全球产业价值链的国际化转移必然是以低端劳动密集型环节为主，而生产及物流成本的高低是其产业价值链能否进行转移的关键。在接下来的发展过程中，若该产业价值链想获得持续发展，就需要产业价值链的进一步完善，实现产业外部规模性，使得产业优势由单一的成本优势转变为综合优势。

（三）区域产业链与航空物流业耦合

临空经济区依托航空物流能力和区域现有的产业资源，通过承接来自区域中的高临空指向性产业或产业链中的高临空指向性环节，在航空物流和区域产业的双向互动基础上，吸引区域经济中的高临空指向性产业逐步在机场周边集聚和发展，使临空经济区内无临空指向性产业逐渐消失，实现临空经济区产业生态结构的优化和提升，推动临空经济区与区域经济的融合发展。

二、临空经济区成长期产业发展策略

（一）航空物流供应链功能对接

依托航空物流企业的空间聚集效应，通过建立物流园区或物流中心等物流平台，使得机场的口岸功能和保税物流的政策功能叠加，实现航空物流服务供应链中各环节的功能对接和空间对接，强化航空物流业的服务保障能力，推动航空物流业的发展，使其成为临空经济区产业生态结构调整的基点。

在临空经济区的成长期，随着国际多式联运的发展与综合运输链复杂性的增加，机场作为全球综合运输网络的节点，正朝着提供全方位增值服务的方向发展，机场物流服务的完善也成为航空物流增值的重要来源。随着航空物流供应链中其他企业在临空经济区的大量布局，航空物流产业逐步脱离分散布局的特征而呈现空间聚集的现象，也为航空物流中心、物流园区等物流平台的营造提供了产业基础。由此而形成的物流不同价值链中功能环节服务空间的对接和完善以及航空物流的园区化是该阶段航空物流发展的主要模式。航空物流园区以其较为完善的基础设施，使得物流企业的运营成本大大降低，随着物流园区内人流、资金流、信息流的相对集中，物流园区形成了明显的区位优势和资源优势。

航空物流供应链的功能对接模式还要求航空物流在功能上进行拓展和对接，突出表现在机场口岸物流功能与保税物流功能的对接，也就是实现机场“大通关”。全球化生产模式给聚集在临空经济区内的跨国企业带来的是全球采购和全球销售，机场原有的口岸功能必须进一步提升。为满足这种全球采购和全球销售带来的对外贸易规模的迅速增大，保税功能就是机场迫切发展的一项功能。通过口岸物流和保税物流的叠加，跨国公司的全球化产业链得以健康发展。

（二）航空枢纽服务业空间拓展

航空枢纽服务业是直接向航空核心产业及其关联产业提供服务和保障的各类产业，包括航空物流活动提供主体，如航空公司、空管、油料、海关等驻机场机构以及相应的服务业或服务性环节。

航空枢纽服务业空间拓展指的是随着机场枢纽功能的实现，为保障其可持续发展，会产生大量的航空服务业，而航空业务的高度关联性使得临空经济区成为航空服务业集聚的最优区域，并随着临空经济区的发展而不断调整。

临空经济形成期的重要特征就是机场规模的扩张，突出的表现有基础硬件设施的完善、客货吞吐量的增加、机场通达性的增强、服务能力提升等方面，在航空运输网络体系中，机场的枢纽地位也得以确立。

随着机场航空运输活动的增多，对相关的服务保障业务的需求也日益增强。比如大型枢纽机场，最初往往是多家航空公司的基地以及配餐、地服等航空运输服务保障部门的集聚地。但是当航空运输活动达到一定规模时，机场内有限的土地资源将无法满足这些航空运输服务部门对空间的需求，因此与航空运输关联强度中等的保障环节，如总部、配餐和培训等业务逐步外移，在距离机场一定区域内，扩大生产规模，降低生产成本。这种模式使得航空运输产业和与其相关的服务业融合、协调发展。

（三）生产性服务业配套协作

生产性服务业是指为生产、商务活动而非直接向个体消费者提供的服务，作为中间投入服务，用于商品和服务的进一步生产。生产性服务业主要包括金融、保险、法律、会计、管理咨询、研究开发、工程设计、工程和产品销售、维修、运输、通信、广告和物流等。这些生产性服务业均具有专业性、创新性和知识性等特点。在临空经济区内制造业达到一定规模后，为满足其在生产经营过程中产生的设计、金融、中介、销售、物流等服务需求，配套的生产性服务业迅速发展，进而使得生产性服务业在临空经济区内产业结构中的地位提升。此外，这些知识密集型、产业附加值很高的生产性服务业往往处于产业链的高端环节，能够升级临空经济区的产业结构，为临空经济区产业发展提供更好的条件。

（四）临空高新技术产业链的纵向整合

以临空经济区已有的高新技术制造业环节为核心，以客观的生产逻辑关系和时空布局为内在连接力，吸引带动临空高新技术产业链上下游相关企业，在临空经济区内形成完整的高新技术制造产业链模式。

经过形成期的发展，临空经济区吸引了越来越多的具有临空偏好的企业，这些企业可以是某些临空产业链的节点，也可以是一个产业环。从产业发展的生态环境来看，各种临空产业之间往往相互依赖、相互区别、相互关联，一个产业的存在可以是另一个产业发展的前提条件或结果，每一个产业都只能是整个产业生态系统中的一个环节或片段，各个环节或片段有连成一体的趋势；从竞争角度来看，激烈的市场竞争使得单个企业的优势很难长期保有并凸显，若想在如此激烈的竞争中长期存在，唯一的办法是企业努力成为具有明显竞争优势的产业链的一个环节，由单个企业的单打独斗转变为产业链之间的竞争，竞争优势越来越多地来源于多个企业之间的协同运作。换句话说，竞争优势应该建立在更大范围的、更多种类的产业资源和核心竞争力基础上，形成临空经济区和产业链的核心竞争力。鉴于此，高新技术制造企业在空间上围绕产品生产过程形成了上下游密切相关联的企业紧密布局。因此，在临空经济区的成长期，临空经济区可以通过吸引重点高新技术制造业的上下游供应链企业，形成完整的高新技术制造产业链，强化临空经济区的区域竞争优势。

三、临空经济区成熟期产业发展策略

（一）现代服务业综合推进

利用临空经济区业已形成的现代制造业和航空物流业，积极引进现代服务业的生产服务环节，实现临空经济区内产业生态结构的升级，现代服务业将成为临空经济区发展的主导产业。

在临空经济区发展的成熟期，区内现代制造业和航空物流业已形成一定规模，土地资源将成为临空经济区内最为稀缺的资源，临空经济区进一步发展所面临的问题是如何提高土地的利用效率，提高临空经济区单位产出效益。应侧重吸引的服务业产业集群有如下几种：

1. 金融服务业

金融服务业是其他临空产业的重要配套服务业之一，它可以为临空经济区的发展、重点企业的孵化和培育、优势产业链的形成提供必要的资金支持，可以有效促进其他相关产业的发展。

2. 文化创意及研发设计

文化创意及研发设计产业中的生产性文化创意产品，往往是其他产业的产业链中关键环节，这些产品附加值高、时效性显著，是航空物流的重要货源之一。

3. 信息服务业

以现代信息技术为特点的信息服务业是新兴产业，它改变了传统的销售模式。信息服务业要求商务、销售等信息做到及时反馈和传递，突破了传统销售模式的场地要求，能够在最短时间内响应顾客的各类服务需求，具有较强的临空指向性。

4. 高端商贸休闲

高端商贸具有高利润、高附加值的特征，对区域其他产业的发展也有很强的拉动作用，乘数效应显著，能够促进临空经济区产业生态空间布局优化、集群竞合、集约发展，是临空经济区综合竞争力和现代化水平的重要标志之一。

5. 会展业

现代会展业具有较强的临空指向性。机场可以为展商参与会展活动提供最便捷的交通连接和运输途径，降低展商的时间成本，保证展品安全可靠地运达，降低展品在运输过程中发生延误或损坏的可能性。

此外，航空运输产业链中的配餐、租赁和总部等服务性环节也是大力发展的对象之一。这些产业的发展是临空经济区发展成熟的标志之一。

（二）创新型临空产业集群强化

临空产业集群形成后，通过大力发展科技、研发和设计等环节，积极鼓励知识创新和制度创新，培育和扶植临空经济区内的科技园区、科研机构，完善临空经济区的智力支持，临空经济区拥有了可持续发展的动力。

在临空经济区发展的成熟期，大量的制造产业集群和服务产业集群已经形成，以创新为特征的知识驱动将成为这些产业集群继续向前发展的主要驱动力。而且随着知识更新速度的不断加快，每个企业的变革和创新对外部的依赖性越来越强，缺乏正式研发部门的中小企业更是如此，外部知识资源已成为它们创新的主要源泉，成功的创新又离不开企业与各个科研机构之间的合作。随着创新的沉没成本不断增加，其风险性也随之增加，除了设备采购、技术许可等传统的市场调节外，为提高企业之间的合作价值，尽可能地降低沉没成本和风险，可以激励大多数企业或机构共享知识和技能。例如，爱尔兰香农自由区依托当地大学成立了大学科技园，为区域的整体发展提供智力支撑，而这些大学科技园也成为高新产业的孵化器。

四、案例：首都机场临空经济区的产业发展情况

首都机场临空经济区是北京六大高端产业功能区之一，是北京建设国际航空中心核

心功能区域。从1993年起，北京顺义临空经济区依托六个重点镇陆续规划了九个经济功能区。经过三十多年的发展，其城市空间形态、临空产业形态初步形成，临空型现代服务业发展日益完备，逐步形成了以航空产业、高新技术产业、会展业、现代物流业为代表的临空产业集群。区内航空产业、高新技术产业、现代制造业相互促进，物流、会展等生产性服务业快速发展。

目前，首都机场临空经济区已吸引了20多个国家和地区的7 000余家中外企业入驻，聚集了33家世界500强投资企业近百家，总部型企业70余家，央企、国企分支机构130余家，外资企业500余家，高新技术企业百余家①。在航空枢纽建设、高端临空产业集聚、港产城融合发展方面处于全国领先水平。

2023年1月至5月，首都机场临空经济区入库项目75个，同比增长92.3%；园区企业收入实现1 115.4亿元，同比增长12.8%；完成属地税收45.7亿元，同比增长58.9%；天竺综保区实现进出口值556.1亿元，同比增长43.7%。② 一批重大项目落地取得实质进展：北京航空发动机维修项目获得“多规合一”会商意见，标志着该项目已进入办理建设工程规划许可证及施工许可证阶段，2023年8月正式奠基开工，预计于2025年12月投入运营；强生制药有限公司取得药品经营质量管理规范认证；北京宝洁、默克雪兰诺获批2022年度第二批北京市外资研发中心；国家对外文化贸易基地（北京）开启2023年度仲夏艺术季，进一步丰富了临空产业体系内涵。

下面通过对新能源智能汽车、第三代半导体、航空航天三大创新产业发展情况的介绍，展示首都机场临空经济区的蓬勃发展之势。

（一）新能源智能汽车产业

作为首都汽车产业大区，示范区紧紧围绕新能源智能汽车产业链、产品链、资金链、生态链的融合发展，形成了以研发设计为引领，整车及核心零部件制造为基础，汽车金融、汽车销售、自动驾驶等为延伸的产业生态，集聚了奔驰新能源、理想汽车、北京现代、北汽越野车4家整车企业，北汽研发总部、理想汽车研发总部等9大研发设计中心，上下游零部件企业150余家。

截至2022年底，已累计生产整车超过1 200万辆。2023年，北京奔驰顺义工厂下线了国内首款纯电动高端车型EQE-SUV；北京现代发布新车型MUFASA沐飒，2024年将投放第10代索纳塔、新途胜、新胜达等多款新车型；理想汽车成为率先突破3万辆的造车新势力，理想汽车绿色智能工厂完成改扩建工程。

北汽、理想、美团、毫末智行等智能网联重点企业不断丰富研发测试技术和自动驾驶应用。

① 北京顺义区推动“两区”建设打造临空经济创新引领先行示范区［EB/OL］.（2020-10-28）［2024-09-08］. http://bj.people.com.cn/n2/2020/1028/c14540-34378384.html.

② 今年1—5月天竺综保区进出口值预计570亿元，增长近五成［EB/OL］.（2023-06-27）［2024-09-08］. https://baijiahao.baidu.com/s?id=1769824155320533341&wfr=spider&for=pc.

（二）第三代半导体产业

作为首都第三代半导体产业发展的核心承载地，示范区深化产业研究、提升产业能级，加快打造第三代半导体创新发展高地。

目前，初步形成了从装备到材料、芯片、模组、封装检测及下游应用的产业链布局，集聚了国联万众、泰科天润、瑞能半导体、特思迪等重点企业20余家。建成了国家级第三代半导体联合创新孵化中心，成立了汇集顶尖企业和研究机构的技术创新战略联盟，出台了《顺义区进一步促进第三代等先进半导体产业发展的若干措施》等系列政策，对技术研发、成果转化、流片验证等给予单项最高3 000万元支持，并持续加大人才、资金、厂房等方面支持力度，全方位助力企业发展壮大。

当前，国联万众厂房已全面竣工并完成设备安装，6英寸碳化硅（SiC）功率及氮化镓（GaN）射频器件生产线已生产；泰科天润公司总部及研发生产基地已开工建设；特思迪已完成标厂改造并启动试生产，正在逐步实现规划产能。晶格领域、铭镓半导体、明士新材料等企业，加快推动中试线落地。

（三）航空航天产业

作为首都航空航天产业高端制造环节的集聚区，临空经济区以航空物流、航空服务、航空维修等民航业务起步，先后承接中航工业、中国航发、航天科技等央企产业转移，建设中航工业北京航空产业园、顺义航天产业园，加快推动民营重点企业创新发展，实现航空发动机关键部件、航空材料、航空电子、航空高级别维修及宇航核心产品等优势产业资源在顺义形成集聚，同时积极开展商业航天产业布局，打造北京元航天汇硬科技智造谷。

目前，形成了以“三园”为主，重点企业多点分布的产业布局，产业链涵盖关键核心部件制造、整机及部件维修、配套保障三大业务板块。示范区不断深化与中航工业、中航发、航天科技等央企对接，全力承接重点项目与科技成果转化、产业化内容。

中国航发航材院弹性材料、检测扩产、高温母合金及钛合金产业化项目先后落地；与航天科技集团502所开展对接，发展宇航民用转化，探索卫星制造和终端设备制造；依托中科院热物理研究所优势科技资源，打造航空先进制造产业基地；围绕临空经济高端制造持续发力，探索培育维修、制造联动发展模式。

➠ 学以致用

航空需求与宏观经济景气程度直接相关。一方面，经济发展水平是航空需求的支撑，过去20年，随着宏观经济快速发展、人民消费水平逐步提升，航空需求迅速增长。另一方面，二者周期同步。从长期看，航空客运周转量增速与GDP增速正相关，在关键周期拐点保持一致走势；2008年金融危机致二者同步下行，随后2009—2010年复苏阶段同步上扬。航空需求增速为GDP和消费水平增速的1.5～2倍。我国航空业市场化起步较晚，需求一度不能得到充分满足，民航市场化改革后，实现快速增长。航空客运周转量增速常年快于GDP和消费水平增速，大部分年份是后者的1.5～2倍。自2011

年起，GDP 增速曲线开启了下行阶段，经济增长逐年放缓，而航空客运需求仍保持了两位数高增长。经济发展到了一定的水平，构筑起消费基石，尽管宏观经济增速回落，但航空业自身仍处于高速发展阶段。

资料来源：https://www.sohu.com/a/753696248_100279801.

本章练习

一、单选题

1. 表示需求量减少的是（　　）。

A. 需求曲线向右移　　B. 需求曲线向左移

C. 沿着需求曲线向左上方移动　　D. 沿着需求曲线向右下方移动

2. 下列哪一种情况不会引起 X 物品供给曲线向右方移动？（　　）

A. 用于生产 X 物品的投入品价格下降

B. X 物品的生产技术进步了

C. X 物品的价格上升

D. X 物品的替代品 E 物品价格上升

3. 均衡价格是（　　）。

A. 固定不变的价格　　B. 需求量与供给量相等时的价格

C. 高于市场价格的价格　　D. 最理想的市场价格

4. 需求曲线是一条向（　　）倾斜的曲线。

A. 右下方　　B. 右上方　　C. 左下方　　D. 左上方

5. 供给曲线是一条向（　　）倾斜的曲线。

A. 右下方　　B. 右上方　　C. 左下方　　D. 左上方

6. 如果某种商品的需求价格弹性是 2，要增加销售收入，则（　　）。

A. 必须降价　　B. 必须提价

C. 保持价格不变　　D. 在提价的同时，增加推销开支

7. 在其他条件不变时，牛奶价格下降将导致牛奶的（　　）。

A. 需求下降　　B. 需求增加

C. 需求量下降　　D. 需求量增加

8. 下列哪种情况不可能引起玉米的需求曲线移动？（　　）

A. 消费者收入增加　　B. 玉米价格上升

C. 大豆供给量锐减　　D. 大豆价格上升

9. 如果某种物品价格上升 5%而需求量下降 6%，那么，该物品的需求（　　）。

A. 富有弹性　　B. 缺乏弹性　　C. 单位弹性　　D. 弹性接近于零

10. 当牛肉的价格急剧上升时，对羊肉的需求将（　　）。

A. 减少　　B. 不变　　C. 增加　　D. 以上选项都对

11. 下列哪一种商品的需求价格弹性最小？（　　）

A. 食盐　　B. 衣服　　C. 化妆品　　D. 汽车

12. 某商品价格上涨2%，其需求量下降10%，则该商品的需求价格弹性是（　　）。

A. 缺乏弹性　　B. 富有弹性　　C. 单位弹性　　D. 无限弹性

13. 在以下商品中，可以采用“薄利多销”的方法来增加总的收益的是（　　）。

A. 化妆品　　B. 面粉　　C. 药品　　D. 以上选项都对

14. 如果牛肉的价格下降，可能会出现（　　）。

A. 羊肉的需求减少　　B. 对牛肉的需求减少

C. 羊肉的价格提高　　D. 对牛肉汉堡的需求下降

15. 当汽油的价格上升时，在其他条件不变的情况下，对小汽车的需求将（　　）。

A. 减少　　B. 不变　　C. 增加　　D. 难以确定

二、多选题

1. 经济学里定义消费者对商品或劳务构成的有效需求是指消费者具有（　　）。

A. 运载商品的工具　　B. 购买商品的欲望

C. 支付能力　　D. 贮藏手段

2. 影响商品需求的因素有（　　）。

A. 收入水平　　B. 消费者偏好

C. 消费者预期　　D. 相关商品的价格

3. 影响一种商品供给的因素有（　　）。

A. 商品本身的价格　　B. 相关商品的价格

C. 生产成本　　D. 消费者的收入水平

4. 需求量的变动是指（　　）。

A. 由于价格变动引起的需求量的变动　　B. 非价格因素引起的需求量的变动

C. 同一条需求曲线上点的移动　　D. 需求曲线的移动

5. 需求的变动是指（　　）。

A. 由于价格变动引起的需求量的变动

B. 非价格因素引起的需求量的变动

C. 同一条需求曲线上点的移动

D. 需求曲线的移动

6. 在一般情况下，供给曲线（　　）。

A. 向右上方倾斜　　B. 向右下方倾斜

C. 斜率为正　　D. 斜率为负

7. 在一般情况下，需求曲线（　　）。

A. 向右上方倾斜　　B. 向右下方倾斜

C. 斜率为正　　D. 斜率为负

课堂实训

[实训名称] 运用供求理论分析某一国内或国际航线机票价格在一年之中的变化。

[实训目的] 以小组为单位进行讨论，增强团队合作意识，学会搜集整理数据并利用经济学理论分析经济现象。

[实训内容] 选定某一航线；搜集该航线某一年的机票价格数据，可以绘制价格折线图。以小组为单位，讨论以下两个问题：

1. 机票价格在一年内有着怎样的变化?
2. 造成这种变化的可能原因是什么?

学习情境三

航空服务产品消费

学习目标

知识目标：

- 了解基数效用论与序数效用论。
- 掌握效用、总效用和边际效用的含义。
- 理解边际效用递减规律。
- 理解无差异曲线、边际替代率和预算线的含义。
- 理解边际替代率递减规律。
- 了解收入-消费曲线和恩格尔定律。
- 了解价格变动的收入效应和替代效应。

能力目标：

- 能运用消费者均衡理论指导日常生活行为。
- 能运用边际效用递减规律分析社会经济现象。
- 能运用消费者剩余理论解释社会经济现象。
- 能运用效用理论客观分析航空公司定价策略及航空旅客消费行为。

素养目标：

- 养成严谨的逻辑思维。
- 树立理智的消费观。

情境引入

当前，各大音乐平台为了争夺市场份额，不断推出新的营销策略，使得用户感到目不暇接。例如，许多平台开始提供免费听歌服务，用户只需观看几十秒的广告，便可以得到 VIP 待遇，享受半小时的畅听体验。在这样的趋势下，酷狗音乐、QQ 音乐等知名平台也纷纷加入其中。这一模式让那些不愿意付费的用户也能自由地享受音乐，从而增加了平台的用户黏性。

思考：“看广告 30 秒，免费听歌半小时”，用户为什么会忍受观看广告所带来的不便？

提示：当消费者选择使用免费听歌服务时，他们会考虑这种服务带来的额外满足感或享受程度，也就是边际效用。

学习任务一　消费效用

我们在学习情境二分析了需求和供给是如何决定均衡价格的，在学习情境三将进一步从需求方面对价格理论进行研究。经济学假设消费者在消费时都是理性的，都知道选择什么商品对自己最有益，政府应尊重他们的选择。消费者在收入等资源一定的时候，总是会选择那些能给他带来最大满足程度的商品或服务，在选择商品消费的组合时也是选择能给自己带来最大满足程度的组合。消费者行为理论就是要研究在有限的资源条件下，消费者如何进行消费选择以实现满足程度最大化的问题。

一、效用

（一）效用的含义

经济学用“效用”（utility）来表示满足。所谓“效用”，是指消费者在消费某种物品或劳务时所感觉到的满足程度。消费者在消费某种物品或劳务时感觉到满足程度大，效用就大，满足程度小，效用就小。消费该商品时如果感觉到痛苦就是产生了负效用。

不同的人由于对商品的偏好不同，对同一种商品会产生不同的满足感，即效用不同。消费同一种物品，对有些人效用大，对有些人效用小，对有些人则是负效用。例如对喜欢吃榴莲的人来说，吃榴莲会带来满足，而对不喜欢吃榴莲的人，则会给他们带来痛苦。

不仅如此，即使同一个人在不同的时空条件下，消费同一物品也会产生不同的效用。例如，一个人在饥肠辘辘时吃馒头和酒足饭饱后吃馒头所带来的效用也是不同的。所以，效用不仅会因人而异，而且会因时因地而不同，效用是消费者对物品满足自己欲望的能力的一种主观评价。

（二）效用理论的发展

从效用理论的历史来看，其理论的根源是功利主义。1700 年数理概率学的基本理论发展后不久，“效用”的概念就产生了，后来英国哲学家杰里米·本瑟姆（Jeremy Bentham）将效用概念引入社会科学领域，提出“效用是任何客体所具有的可以产生满足、好处或幸福，或者可以防止……痛苦、邪恶或不幸……的性质”。根据杰里米·本瑟姆的理论，所有立法都应该按照功利主义原则来制定，从而促进“最大多数人的最大利益”。这些观点在 200 多年以前是非常具有革命性的。因为以往制定政策的正当理由和依据是基于传统、君主的意志或宗教教义，而本瑟姆强调的是社会和经济政策的制定应当能够取得一定实际效果，这些观点对后来许多政治思想家都产生了较大影响。新古典经济学家威廉·斯坦利·杰文斯推广了本瑟姆的效用概念，并用效用论来解释消费者的行为。[①] 在效用论的发展过程中，西方经济学家先后提出了基数效用论和序数效用

① 保罗·萨缪尔森，威廉·诺德豪斯. 微观经济学. 北京：华夏出版社，2002：64.

论，并在此基础上形成了两种分析消费者行为的方法，基数效用论者用的是边际效用分析方法，序数效用论者用的是无差异曲线的分析方法。

二、边际效用

基数效用论假设效用可以用基数来计量，这是早期西方经济学家普遍采用的分析消费者行为的效用理论。基数效用论者认为，消费者消费某种商品时所感觉到的满足程度即效用，也可以用 1、2、3 等基数来衡量它的大小，并可以加总求和。假设某人吃一个汉堡感觉到的满足感为 5 个效用单位，喝一杯可乐感觉到的满足感是 10 个效用单位，那么，他喝一杯可乐、吃一个汉堡所感觉到的总满足程度则是 15 个效用单位。在这样的假设基础上，基数效用论是用边际效用分析方法来解释消费者的行为。

（一）总效用与边际效用的含义

1. 总效用（用 *TU* 表示）

总效用（total utility）是指消费者消费一定数量的商品所获得的满足程度总和，如果消费者对一种商品的消费数量为 Q，则总效用函数为：

$$TU=f(Q)$$

2. 边际效用（用 *MU* 表示）

边际量的一般含义是指自变量增加一个单位所引起的因变量的变化量。其公式为：

$$\text{边际量}=\frac{\text{因变量的变化量}}{\text{自变量的变化量}}$$

在西方经济学中，引入“边际”的概念，常常是指“新增”的意思，边际分析方法是经济学最基本的分析方法之一，边际效用是本书出现的第一个边际概念。所谓边际效用（marginal utility），是指消费者在一定时间内每增加一单位某种物品的消费所增加的总效用。因此，边际效用函数是：

$$MU=\frac{\Delta TU}{\Delta Q}$$

例如：某人吃第一个汉堡获得的满足程度是 5 个效用单位，吃第二个汉堡时，总满足程度从 5 个效用单位增加到 8 个效用单位，则边际效用是 3 个效用单位。

当商品的增加量趋于无穷小，即当 $\Delta X\rightarrow 0$ 时，则边际效用函数可写成：

$$MU=\frac{dTU}{dQ}$$

（二）边际效用递减规律

1. 边际效用递减规律的基本内容

所谓边际效用递减规律是指：在一定时间内，在其他条件一定的时候，随着消费者对某种商品消费量的增加，消费者从该商品连续增加的每一单位的消费中所得到的满足程度越来越小，即边际的效用量是递减的。

由于存在边际效用递减，我们将某人吃汉堡的边际效用做一张表（见表 3－1），并根据该表作出一条曲线（见图 3－1），*MU* 曲线就是边际效用曲线，它反映出边际效用会随着连续消费某种商品数量的增加呈现出递减的规律，而且数量增加到一定时候边际效用是负数。

表 3－1　某人吃汉堡的边际效用

消费量 *Q*	边际效用 *MU*
1	30
2	20
3	10
4	0
5	－10

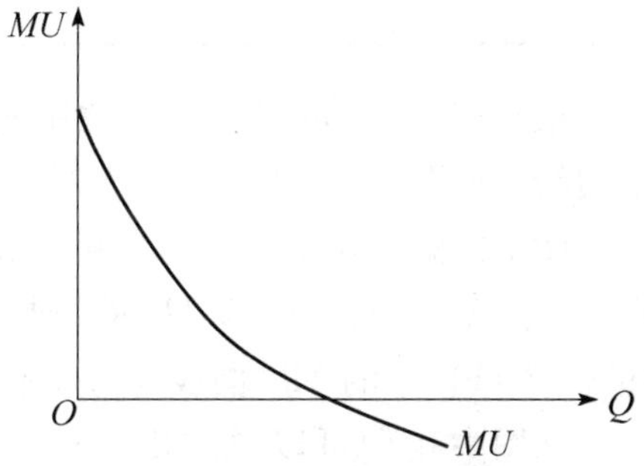

图 3－1　边际效用曲线

边际效用递减规律和我们日常生活的体验是一致的。例如，当一个人饥肠辘辘的时候，吃第一个汉堡可能会狼吞虎咽，吃完后饥饿感有所减轻，所以第一个汉堡给他带来的满足感往往非常大。于是，他接着吃第二个汉堡，由于还没吃饱，第二个汉堡仍然会给他增加满足感，但由于这时已没有刚才那么饿了，所以第二个汉堡增加的满足感会比第一个有所下降。这样，随着这个人所吃的汉堡数量连续增加，每增加一个汉堡给他带来的效用增量即边际效用越来越小。如果他吃第四个汉堡时已经吃饱了，此时还去吃第五个，则第五个汉堡就会让他感到难受，再继续吃，难受程度就会越来越大。当他感到难受的时候，增加的这个汉堡实际上给他带来的效用就是负的。生活中，我们连续消费某种商品时所呈现出的这种感觉实际上就是边际效用递减规律的体现。

2. 货币的边际效用

基数效用论者在分析消费者行为时，通常假定货币的边际效用不变。因为，一般情况下，消费者的收入是给定的，而且单位商品的价格只占消费者总货币收入量中的很小部分，当消费者对某种商品的购买量发生很小的变化时，所支出的货币的边际效用的变化是非常小的，因此，我们在分析消费者的行为时，可以忽略这种微小的货币的边际效用的变化，假定其是既定的。

3. 总效用与边际效用之间的关系

在上面的例子中，在其他条件一定的时候，随着消费汉堡数量的增加，不仅边际效用会递减，总效用也会与边际效用发生对应的变化。效用的变化如表 3－2 所示：

表 3－2　汉堡的消费效用表

消费量 *Q*	边际效用 *MU*	总效用 *TU*
1	30	30

续表

消费量 Q	边际效用 MU	总效用 TU
2	20	50
3	10	60
4	0	60
5	−10	50

根据表 3－2 可以绘制总效用曲线和边际效用曲线，如图 3－2 所示。

图中的横轴表示商品的数量，纵轴表示效用水平，图 3－2（a）中的 TU 曲线是总效用曲线，图 3－2（b）中的 MU 曲线是边际效用曲线。

从图中我们可以总结出总效用和边际效用的关系：在其他条件一定时，消费者连续消费某种商品，边际效用是递减的。当边际效用大于零，即 $MU>0$ 时，总效用递增；当边际效用等于零，即 $MU=0$ 时，总效用达到最大；当边际效用小于零，即 $MU<0$ 时，总效用递减。

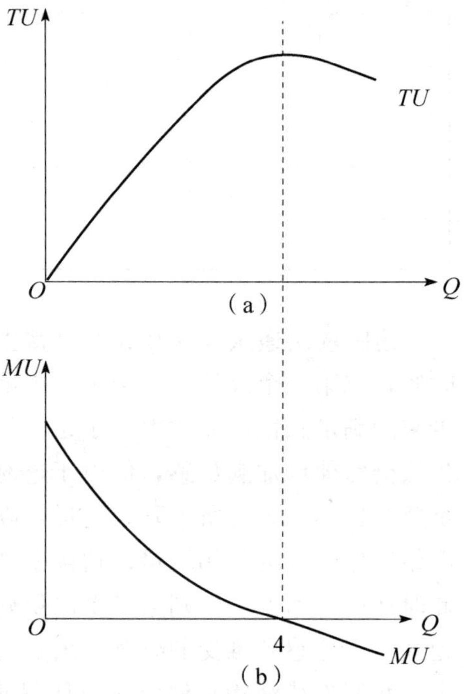

图 3－2　总效用曲线和边际效用曲线

三、消费者均衡

（一）消费者均衡的含义

消费者均衡是研究在收入和商品价格一定的时候，消费者如何把有限的货币收入分配在各种商品的购买中以获得最大的满足。只有当消费者达到满足最大化时，才既不想再增加，也不想再减少任何商品的购买数量，从而维持这种收入配置以使总效用达到最大化的状态。这是一种相对静止的状态，也就是实现了消费者均衡的状态。

（二）消费者均衡的约束条件

消费者想获得最大的效用，并不是可以无限地购买商品，因为要受到各种商品的价格和消费者的货币收入的限制。假定消费者用既定的收入 I 只购买 X 与 Y 两种商品，X 与 Y 两种商品的价格分别为 P_X 与 P_Y，这两种商品的购买数量分别是 x 和 y，则消费者均衡的约束条件可以表示为：

$$I \geqslant P_X x + P_Y y$$

假定没有储蓄，消费者将收入全部用于消费，约束条件就可写为：

$$I = P_X x + P_Y y$$

该约束条件反映了收入和价格一定的时候，消费者所能购买的 X 与 Y 两种商品的最大数量组合。如果增加了 X 商品的购买数量，就必须减少一定的 Y 商品的购买数量。

假设某人用全部收入购买巧克力和盆栽植物这两种商品，当收入和商品价格一定时购买巧克力和盆栽植物的数量及效用如表 3－3 所示：

表 3－3　巧克力和盆栽植物的数量及效用

盆栽植物		巧克力		巧克力和盆栽植物的总效用
购买数量	总效用	购买数量	总效用	
0	0	10	291	291
1	50	8	260	310
2	88	6	225	313
3	121	4	181	302
4	150	2	117	267
5	175	0	0	175

由于受到收入和价格的限制，如果增加了一定的盆栽植物的消费数量，就必须减少一定的巧克力的消费数量，反之亦然。如果消费者在消费商品时没有达到饱和，则随着盆栽植物消费数量的增加，盆栽植物给消费者带来的总效用会递增，而随着巧克力消费数量的减少，巧克力给消费者带来的总效用会递减。从表 3－3 可知，消费者购买 2 个盆栽植物和 6 块巧克力的组合给消费者带来的总效用是 313，该组合是在收入和价格一定时两种商品最大数量的各种组合中使消费者实现了效用最大化的一种组合，即实现了消费者均衡的组合。消费者因此会选择购买 2 个盆栽植物和 6 块巧克力，从而获得满足的最大化。

（三）消费者均衡的条件

由于存在边际效用递减规律，消费者不会无休止地消费某一种商品，况且人对商品的需求也是多样的。在商品价格和消费者收入一定时，消费者要从所消费的物品中获得最大的效用，就必须将有限的收入分配到他所需要消费的各种物品中去。

消费者如何把有限的收入分配到他所需要的各种物品上去才能获得最大的满足？西方经济学为此提出了等边际法则：我们应该这样安排自己的消费，即在每一种物品上所支出的最后 1 元钱，都能给我们带来相等的边际效用。也就是说，在价格和消费者收入一定时，当花费在任何一种物品上的最后一元钱所得到边际效用正好等于花费在其他任何一种物品上的最后一元钱所得到边际效用时，该消费者就达到了满足程度的最大化或效用的最大化，这种等边际准则就是实现了消费者均衡的条件。

假定：消费者用既定的收入 M 购买 n 种商品。P_1，P_2，…，P_n 分别为 n 种商品的既定价格，x_1，x_2，…，x_n 分别表示 n 种商品的数量，MU_1，MU_2，…，MU_n 分别表示 n 种商品的边际效用，则上述的消费者效用最大化的均衡条件可以用公式表示为：

$$\frac{MU_1}{P_1}=\frac{MU_2}{P_2}=\cdots=\frac{MU_n}{P_n}=\lambda$$

该公式表示消费者应选择的最优的商品组合的条件是：使得自己花费在各种商品上的最后一元钱所带来的边际效用相等，且等于货币的边际效用 λ。

学习任务二 消费行为

一、消费与消费选择

（一）无差异曲线

1. 无差异曲线的概念

无差异曲线（indifference curve）是对消费者来说没有差异的消费组合组成的曲线。在有效用函数的情况下，无差异曲线就是效用相同的消费组合组成的曲线。

假设一个消费者的效用函数为 $U=xy$。令 $U=100$，那么，$xy=100$ 就定义了一条无差异曲线。如图 3 - 3 所示，横轴代表 x，纵轴代表 y，那么，（4，25）、（5，20）、（10，10）、（20，5）、（25，4）都是这条无差异曲线上的点。

如图 3 - 4 所示，同一个消费者关于两种商品的全部无差异曲线组成无差异曲线图。无差异曲线图是消费者偏好的图示，同一条无差异曲线上的消费组合效用相同。离原点越远的无差异曲线，代表着越大的效用和更优先的顺序。

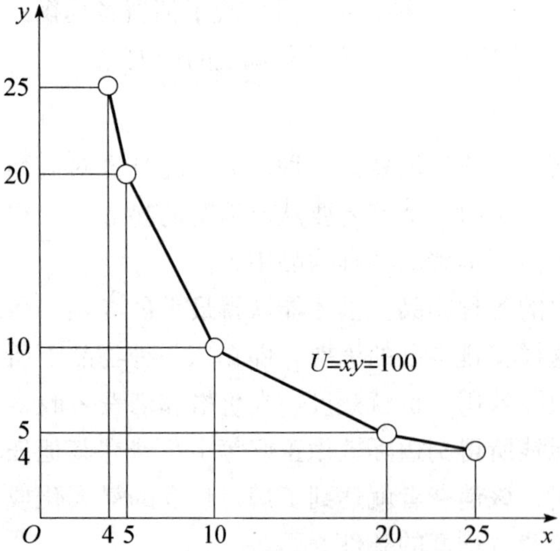

图 3 - 3　从效用函数到无差异曲线

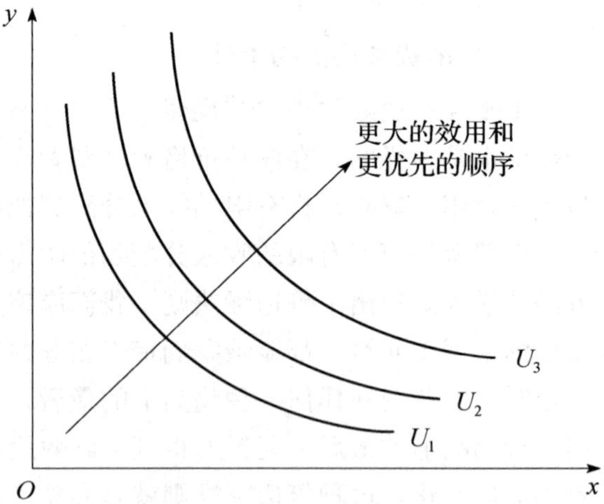

图 3 - 4　无差异曲线图

2. 无差异曲线的性质

一般来说，无差异曲线有 4 个性质。

（1）正常的无差异曲线有负的斜率。假定 X 和 Y 是两种商品，那么当 X 的数量增加（减少）时，要想保持效用不变，Y 的数量必须减少（增加），即 Δx 和 Δy 正负号相反，所以无差异曲线的斜率 $\Delta y/\Delta x$ 是负的。

（2）任何一个消费组合都至少在某一条无差异曲线上。这个性质来自偏好的可比性，即对任意给定的一个消费组合，消费者总能将其与其他消费组合进行比较。比较的结果是，有些组合优于它，有些组合次于它，有些组合与它无差异。与它无差异的消费组合组成无差异曲线；优于它的消费组合位于它所在无差异曲线的远离原点的一侧；次于它的消费组合位于它所在无差异曲线靠近原点的一侧。

（3）无差异曲线不会相交。我们可以用反证法证明这个性质。如图 3－5 所示，假设代表不同效用水平的两条无差异曲线 U_1 和 U_2 相交于点 R，A 和 B 是分别位于 U_1 和 U_2 上的两个消费组合。一方面，A 与 R 都是落在无差异曲线 U_1 上的消费组合，所以 A 的效用等于 R 的效用。另一方面，B 与 R 都是落在 U_2 上的消费组合，所以 B 的效用与 R 的效用相等。因此，A 的效用等于 B 的效用。但是，显然，B 落在 A 所在无差异曲线的外侧，而且从图中可以看出，B 中 X 和 Y 的数量都比 A 中多，应当有更大的效用。这就证明，代表不同效用水平的两条无差异曲线相交的假设是不成立的。

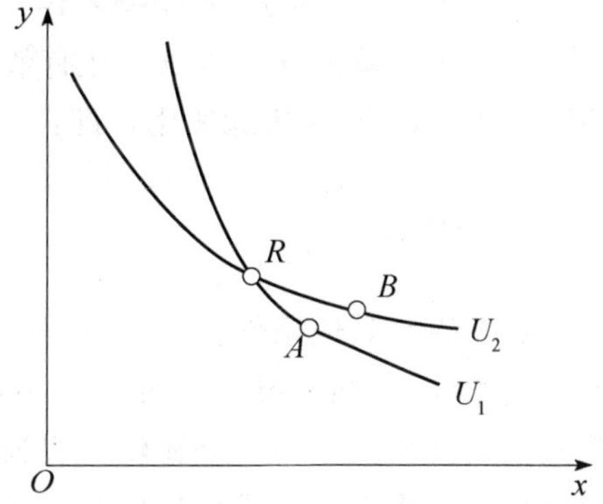

图 3－5　无差异曲线不相交

（4）正常无差异曲线凸向原点。我们可以用消费中的多样性倾向来解释这个性质。消费的多样性倾向的意思是，数量相同，消费者宁愿选择多样的商品组合而不愿选择单调的商品组合。假设对于一个消费者来说（4 个苹果，0 个橘子）与（0 个苹果，4 个橘子）有相同效用。如果他没有多样性倾向，那么，对于他来说，（2 个苹果，2 个橘子）、（4 个苹果、0 个橘子）和（0 个苹果，4 个橘子）效用相同，如图 3－6 所示，无差异曲线是一条直线（AB）。如果他有多样性倾向，那么，（2 个苹果，2 个橘子）要优于（4 个苹果，0 个橘子）和（0 个苹果，4 个橘子），（2 个苹果，2 个橘子）所在无差异曲线必定位于（4 个苹果，0 个橘子）和（0 个苹果，4 个橘子）所在无差异曲线的远离原点的一侧，即（4 个苹果，0 个橘子）和（0 个苹果，4 个橘子）所在无差异曲线必定凸向原点。

3. 边际替代率

如图 3－6 所示，沿着一条给定的无差异曲线从 A 移动到 B，意味着保持效用不变，Δx 数量的商品 X 能够替代 Δy 的绝对值数量的商品 Y。保持效用水平不变，每新增 1 单位 X 能够替代的 Y 的数量称作边际替代率（marginal rate of substitution），记作 MRS_{XY}。边际替代率的计算公式是：

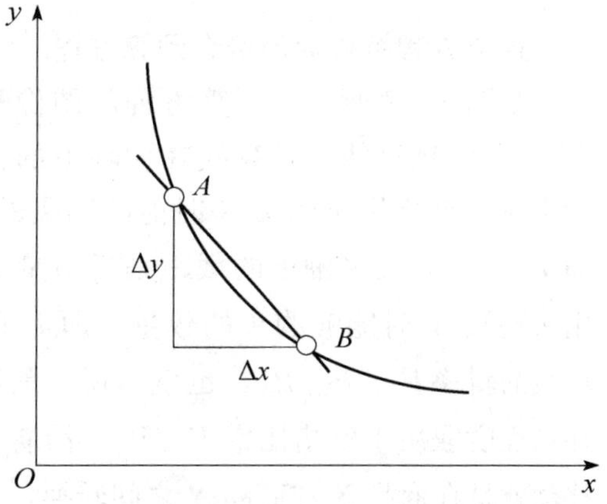

图 3－6　边际替代率

$$MRS_{XY}=\left|\frac{\Delta y}{\Delta x}\right|$$

边际替代率等于无差异曲线斜率的绝对值，可以衡量无差异曲线的陡峭程度。而且，较陡峭的无差异曲线意味着较高的边际替代率。

显然，1 单位 X 能够替代多少单位 Y，取决于 1 单位 X 的效用与 1 单位 Y 的效用的比较，即 X 的边际效用与 Y 的边际效用的比较。如果增加 1 单位 X，效用增加 2 单位，即边际效用等于 2，而减少 1 单位 Y，效用减少 1 单位，即 Y 的边际效用等于 1，那么，1 单位 X 替代 2 单位 Y。所以，在有效用函数的情况下，X 替代 Y 的边际替代率等于 X 的边际效用除以 Y 的边际效用，即：

$$MRS_{XY}=\frac{MU_X}{MU_Y}$$

一般来说，其他条件相同，MRS_{XY} 随着 X 的数量 x 增加而递减，这称作边际替代率递减规律（the law of diminishing marginal rate of substitution）。这就为无差异曲线的凸向原点性提供了另一个解释，因为沿着一条凸向原点的无差异曲线向右下移动，陡峭程度越来越小意味着边际替代率递减。

即问即答

为什么边际替代率递减?

一个符合人们直觉的解释是：当越来越多地用 X 替代 Y 时，X 的边际效用因 X 的数量增加而递减，Y 的边际效用因 Y 的数量减少而递增，所以 1 单位 X 能够替代 Y 的数量越来越少，即边际替代率递减。

（二）预算线

1. 预算线的概念

前面讲消费者均衡约束条件时，我们假定消费者没有储蓄，并将收入全部用于消费，约束条件就可写为：

$$I=P_Xx+P_Yy$$

这个方程被称为消费者预算方程。

如图 3－7 所示，预算方程的图像是直线 AB，称作预算线。预算线在横轴上的截距是货币量 I 全部用于购买 X 时能够购买的数量，即 I/P_X。它在纵轴上的截距是货币量 I 全部用于购买 Y 时能够购买的数量，即 I/P_Y。预算线的斜率是 $-P_X/P_Y$，也就是说，预算线的陡峭程度取决于价格比率 P_X/P_Y。沿着预算线移动就是在商品 X 和商品 Y 之间转换，P_X/P_Y 描述消费者能够实现的或市场允许的转换比

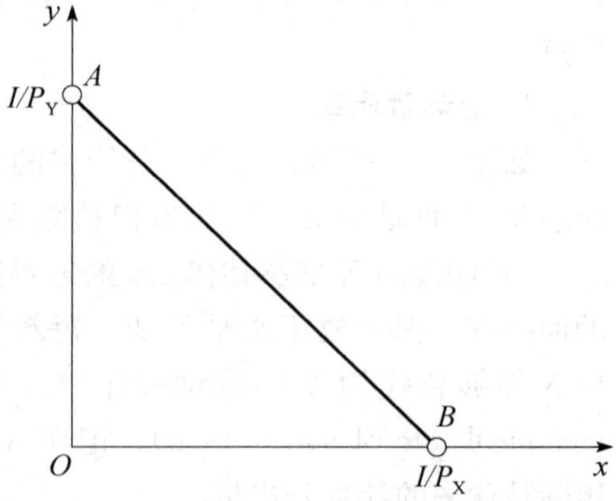

图 3－7 预算线

率。相对来说，X的价格越高，预算线越陡峭，要增加一个X，就必须放弃较多的Y，或者说放弃1单位Y换到的X越少。

2. 预算线的变动

当收入I改变时，假定价格不变，那么，预算线的斜率不变，预算线将平移。如图3－8所示，货币量I增加时，预算线向远离原点的方向平移；相反，货币量I减少时，它向原点方向平移。

假设收入I不变，相对价格改变了，那么，预算线的斜率改变。如图3－9所示，X的价格下降，那么，横轴上的截距I/P_X变大，预算线向外旋转，变得更加平缓；相反，如果X的价格上升，那么，预算线将向里旋转，变得更加陡峭。

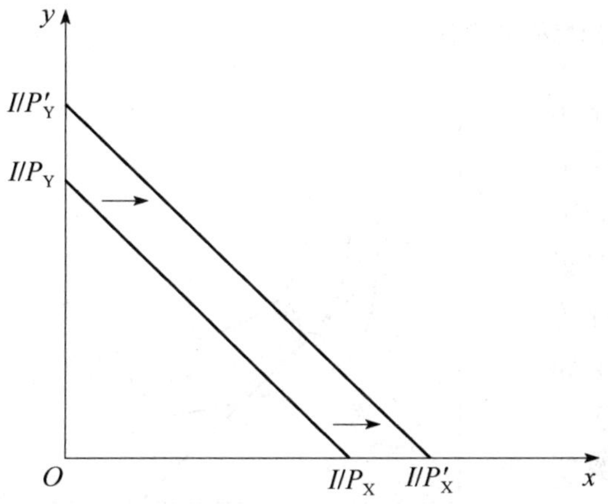

图3－8　收入的变动引致预算线移动

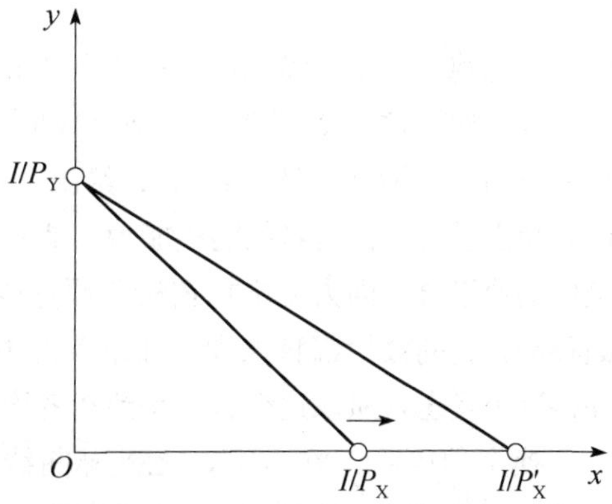

图3－9　商品价格变动引致预算线移动

即问即答

有时，X的价格和Y的价格会同时变动。此种情况下，预算线如何变动？

这取决于相对价格是否变动和如何变动。两种商品的价格以相同比例上升，相当于货币的购买力按比例变小，那么，预算线向原点方向平移；两者价格以相同比例下降，相当于货币的购买力按比例变大，预算线向远离原点的方向平移；如果X的价格和Y的价格同时下降，但X的价格相对来说下降得更多，那么，预算线将向外移动且陡峭程度变小；如果X的价格和Y的价格同时上升，但X的价格相对来说上升得更多，那么，预算线将向里移动且变得更为陡峭。同学们可以自己完成这些结论的图示。

（三）最优消费组合

消费者的主要问题是如何把既定数量的货币收入用于购买给定价格的商品或服务，使自己得到最大满足或效用。一方面，如图3－10（a）所示，在无差异曲线图中，消费者想实现离原点尽可能远的无差异曲线；另一方面，如图3－10（b）所示，有限的货币和给定的商品价格限制了消费者的选择，使他只能在预算线上移动。

所以，如图3－11所示，无差异曲线图和预算线合起来决定消费者最终会怎样，即实现最优消费组合。每当预算线和无差异曲线相交时，相应的消费组合就不是最优消费组合。比如，消费组合R不是最优消费组合，因为如果这个消费者沿着预算线向右下移动，

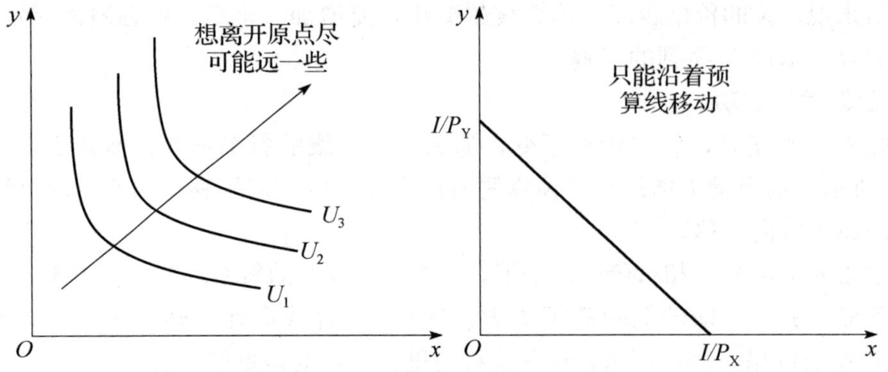

（a）消费者想怎样　　（b）消费者能怎样

图 3－10　消费者想怎样和能怎样

他的效用将增加；消费组合 S 也不是最优消费组合，因为如果这个消费者沿着预算线向左上移动，他的效用也将增加。消费组合 T 给出了更大效用，但它超出了这个消费者的购买能力。消费组合 E 是最优消费组合，因为无论将它沿着预算线往哪个方向移动，它的效用都将减少。如果条件不变，它将保持这个状态，所以这个状态是消费者均衡状态。

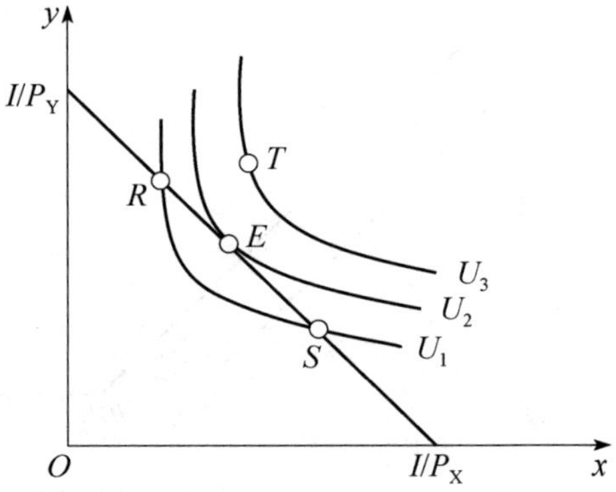

图 3－11　消费者均衡

换个角度看，在点 E，无差异曲线和预算线相切。一方面，无差异曲线的斜率绝对值是边际替代率；另一方面，预算线的斜率绝对值是价格比率。所以，最优消费组合的条件也可表述为

边际替代率＝价格比率

即：$MRS_{XY}=P_X/P_Y$

这个条件有如下通俗解释：一方面，边际替代率代表消费者主观价值判断中 1 个 X 值几个 Y；另一方面，价格比率是客观上市场允许的转换率，其背后是众多其他消费者的评价，即其他消费者认为 1 个 X 值几个 Y，即要获得 1 个 X，市场要求且仅仅要求他放弃几个 Y。只要两者不等，就存在通过市场交换增进福利的机会。

二、恩格尔定理

（一）收入-消费曲线

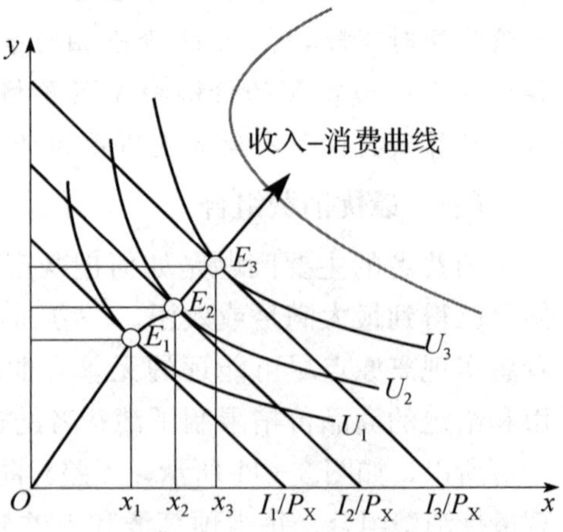

图 3－12　收入-消费曲线

现在，我们已经知道，若其他条件相同，每给定一个收入，相应有一条预算线，有一个效用最大化的消费组合。如图 3－12 所示，当 I

等于I_1时，最优消费组合为E_1；当I增加到I_2时，预算线向外平移，最优消费组合为E_2；当I增加到I_3时，预算线继续向外平移，最优消费组合为E_3。总之，每给定一个收入，相应有一条预算线，并有一条无差异曲线与之相切，从而决定一个最优消费组合。当收入变动且价格不变时，预算线平移，最优消费组合随之移动，最优消费组合E_1、E_2和E_3等所组成的曲线称作收入-消费曲线（income-consumption curve），也称收入扩展线（income expansion path）。

（二）恩格尔曲线

恩格尔曲线（Engel curve）是一种商品的需求量与收入水平之间的关系。图 3－12 中的收入-消费曲线中就包含 X 的需求量x与收入I之间的对应关系：当$I=I_1$时，$x=x_1$；当$I=I_2$时，$x=x_2$；当$I=I_3$时，$x=x_3$。如图 3－13 所示，描述x与I之间关系的曲线就是恩格尔曲线。

对正常商品而言，收入增加，需求量增加，恩格尔曲线有正的斜率；对低劣商品而言，收入增加，需求量减少，恩格尔曲线有负的斜率。一般来说，随着收入增加，任何商品最终都会变成低劣商品。所以，如图 3－14 所示，恩格尔曲线最终向后弯回。

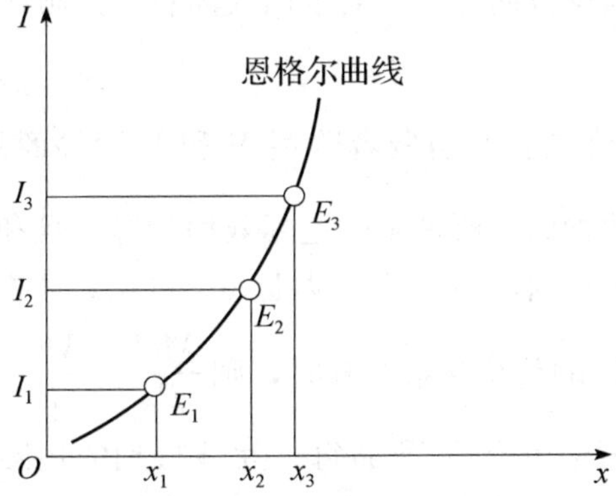

图 3－13　恩格尔曲线

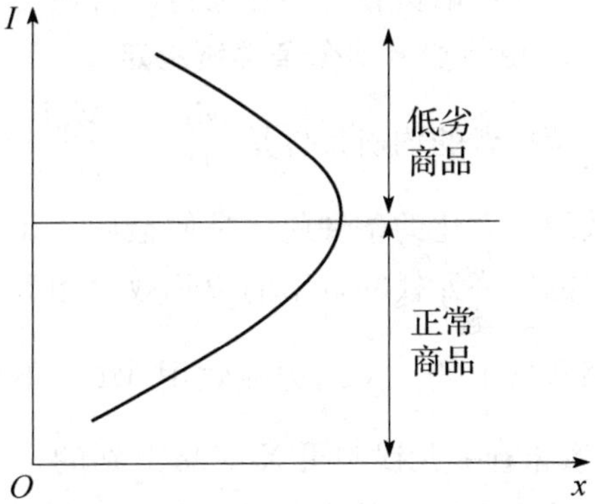

图 3－14　恩格尔曲线的一般形状

即问即答

奢侈品的恩格尔曲线是什么形状？

奢侈品的恩格尔曲线呈下凹型，因为奢侈品的需求量随着收入的增加而增加得越来越快。

（三）恩格尔定律

19 世纪的德国统计学家恩格尔断言，随着收入的增加，用于食品的支出比例下降；用于住房和服装的支出比例大约保持不变；用于其他商品的支出比例递增。这就是恩格尔定律（Engel law）。

食品支出比例称作恩格尔系数（Engel coefficient）。一般认为，食品是最基本的生活必需品。低收入家庭会把大部分收入用于购买食品。一个家庭或国家越是贫困，恩格尔系数越大，而富裕家庭或国家的恩格尔系数较小。根据联合国粮农组织提出的标准，恩格尔系数在 59％以上为贫困，50％～59％为温饱，40％～49％为小康，30％～39％

为富裕，低于30%为最富裕。

三、消费者剩余

（一）边际效用理论与需求曲线

前面已经学习了需求曲线，该曲线向右下方倾斜，斜率是负的，究其原因，可以作如下解释：

1. 受边际效用递减规律的影响

消费者在一定时期内对一定量的某种商品所愿意支付的最高价格取决于该商品的边际效用。该商品的边际效用越大，消费者为购买这一单位的商品所愿意支付的最高价格就越高；反之，消费者所愿意支付的最高价格就越低。由于存在边际效用递减规律的影响，随着消费者对某一种商品消费数量的连续增加，该商品的边际效用会越来越小，即满足程度越来越低，相应地，消费者为购买这种商品所愿意支付的最高价格也就越来越低。随着消费者对某一种商品消费数量的不断减少，该商品的边际效用会越来越大，即满足程度越来越高，相应地，消费者为购买这种商品所愿意支付的最高价格也就越来越高。因此，消费者所愿意支付的价格与需求量呈反方向变动，需求曲线向右下方倾斜。

2. 由消费者均衡条件所决定

消费者的均衡条件是$\frac{MU_X}{P_X}=\frac{MU_Y}{P_Y}=\lambda$，该公式表明消费者购买X和Y两种商品，其效用最大化的条件应该是使最后一元钱购买两种商品所带来的边际效用相等，且和所付出的这一元钱的货币的边际效用相等。假设λ是固定不变的，从上式中可见，如果X的消费量不变，X的边际效用MU_X不变，当X的价格P_X上升时，则$\frac{MU_X}{P_X}<\frac{MU_Y}{P_Y}=\lambda$，意味着一元钱购买X商品得到的边际效用就会低于Y商品每一元钱得到的边际效用，因此，消费者就会减少X商品的消费量，从而提高X商品的边际效用，使MU_X上升，直到最后一元钱购买该种商品所带来的边际效用等于所付出的这一元钱的货币的边际效用。因此，一种商品价格的上升降低了消费者对该商品所希望的消费量，反之，价格下降则提高了消费者对该商品所希望的消费量。所以，需求量与价格反方向变动，需求曲线向右下方倾斜。

可见，边际效用递减规律与消费者追求总效用最大化的理性行为共同决定了需求曲线向右下方倾斜。实际上，需求曲线上任何一点所对应的需求量，均是在一定的价格水平上能使消费者获得最大效用的购买量。

（二）消费者剩余的含义

需求曲线反映了消费者对每一单位商品所愿意支付的最高价格，它取决于这一单位商品的边际效用。由于商品的边际效用是递减的，所以，消费者对某种商品所愿意支付的最高价格随着商品消费数量的增加而递减。然而，消费者在购买商品时是按实际的市场价格支付的，这样，消费者购买一定数量的商品所愿意支付的最高价格总额与其实际支付的价格总额之间的差额就是消费者剩余。消费者剩余根源于边际效用递减规律。根据边际效用递减规律，假设消费者在消费水的时候，每杯水的市场价格是 3 元，消费者在消费第一杯水时效用是极大的，它能够消除极度的干渴，消费者愿意为它支付 7 元，但他实际上是按市场价格 3 元来支付的，这样，第 1 杯水消费者就获得了 4 元的消费者剩余，即图 3－15 中的阴影部分 a 的面积。由于边际效用递减，消费者对以后每增加一杯水所愿意支付的价格会递减，第 2 杯水、第 3 杯水、第 4 杯水、第 5 杯水、第 6 杯水分别愿意支付的价格为 6 元、5 元、4 元、3 元、2 元，而市场价格都是 3 元，这样他购买第 2 杯、第 3 杯、第 4 杯水时分别得到 3 元、2 元、1 元的消费者剩余，分别是图 3－15 中 b、c、d 的阴影部分的面积。第 5 杯水他愿意支付的价格和实际支付的价格都是 3 元，就没有消费者剩余。第 6 杯水他愿意支付的价格是 2 元，而市场价格是 3 元，消费者剩余是负的，他就不会买第 6 杯水。该消费者购买五杯水的消费者剩余总和就是 4＋3＋2＋1＝10 元。图 3－15 中阴影部分的面积（a＋b＋c＋d）就是消费者购买五杯水所获得的消费者剩余的总和。

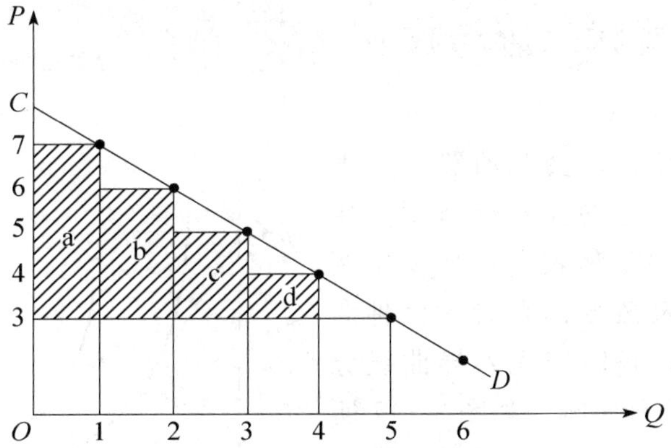

图 3－15　消费者剩余

假如商品的数量是无限可分的话，消费者剩余可以用几何图形来表示，如图 3－16 所示，假设 D 是某种商品的市场需求曲线，P_0 是市场价格。因为需求曲线反映了消费者对不同的商品的消费量所愿意支付的价格，所以，需求曲线之下的总面积代表了消费者所愿意支付的价格总额，用消费者所愿意支付的价格总额减去消费者实际支付的市场价格总额（P 是市场价格，$P_0 \times Q_0$ 即矩形 P_0OQ_0B 的面积是消费者实际支付的市场价格总额）剩下的阴影部分面积即三角形 AP_0B 的面积就是消费者剩余。简言之，消费者剩余是消费者需求曲线以下、市场价格线之上的面积，如图 3－16 中所示的阴影部分面积。

需要注意的是，消费者对一件商品效用的评价完全是主观的，所愿意支付的最高价格也是主观的，所以消费者剩余只是消费者心理上满足的感觉，并不意味着消费者增加了实际的货币收入，消费者剩余为负数也不是实际货币收入的减少。而且，这些主观特性也使得购买同样一种物品，不同的消费者得到的消费者剩余也不同。最后，消费者剩余反映了消费者通过消费商品时所感受到的状态的改善，因此，消费者剩余常被用来度量和分析消费者得到的经济福利的大小。

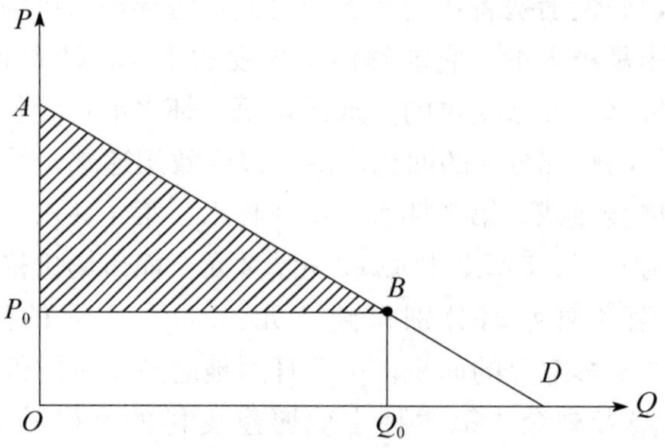

图 3-16　消费者剩余

学习任务三　替代效应与收入效应

一种商品价格变动，会对消费者产生两种影响：一是使商品的相对价格发生变动，二是使消费者的实际收入水平发生变动。这两种变化都会改变消费者对该种商品的需求量。下面，我们用无差异曲线分析方法详细说明这两种影响。如图 3-17 所示，假设 X 的价格从 P_X^1 下降到 P_X^2，消费者将从原来价格下的最优消费组合 R 移动到新的价格下的最优消费组合 T，X 的需求量由 x^R 增加到 x^T。这是价格下降的总效应，记作 ΔX^T。

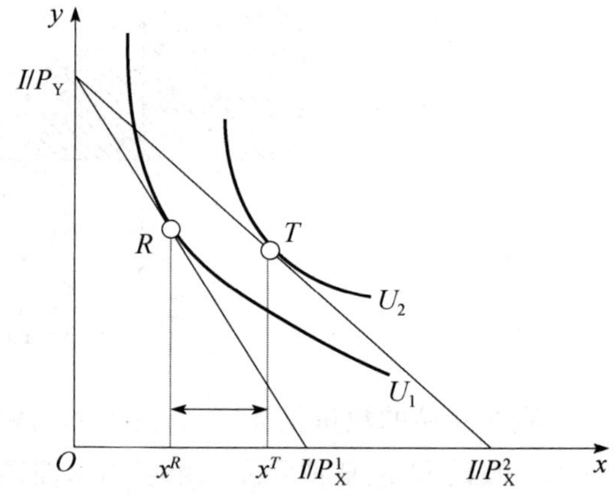

图 3-17　价格下降的总效应

我们可以假想消费者分两步完成从 R 到 T 的调整。保持实际收入不变，当商品 X 的价格下降时，人们倾向于用相对价格下降的 X 替代其他东西，从而增加对 X 的需求，这被称作替代效应（substitution effect）。与此同时，X 的价格下降也使消费者手中的货币购买力增加，即消费者的实际收入增加，而收入的增加会给 X 的需求量带来进一步的影响。当一种商品的价格下降时，既定数量的货币的购买力增加，收入增加导致的需求量变动称作收入效应（income effect）。

为了把这两种效应分离开，经济学家引入替代效应和收入效应的概念。

一、替代效应

图 3-17 中，由于商品 X 的价格下降，消费者的效用水平提高了，消费者新的均衡点 T 不是在原来的无差异曲线 U_1 上，而是在更高的无差异曲线 U_2 上。为了得到替代

效应，必须剔除实际收入水平变化的影响，使消费者回到原来的无差异曲线 U_1 上去。要做到这一点，需要利用补偿预算线这一分析工具。

补偿预算线：当商品的价格发生变化引起消费者的实际收入水平发生变化时，补偿预算线是用来表示以假设的货币收入的增减来维持消费者的实际收入水平不变的一种分析工具。

具体地说，在商品价格下降引起消费者的实际收入水平提高时，假设可以取走消费者的一部分货币收入，以使消费者的实际收入维持原有的水平，则补偿预算线在此就表示使消费者的货币收入下降到只能维持原有的无差异曲线的效用水平（即原有的实际收入水平）这一情况。

相反，在商品价格上升引起消费者的实际收入水平下降时，假设可以对消费者的损失给予一定的货币补偿，以使消费者的实际收入维持原有的水平，则补偿预算线在此就表示使消费者的货币收入提高到只得以维持原有的无差异曲线的效用水平（即原有的实际收入水平）这一情况。

为了剔除实际收入水平变化的影响，使消费者能够回到原有的无差异曲线 U_1 上去，其具体做法是：做一条平行于预算线 $I/P_{\mathrm{Y}}I/P_{\mathrm{X}}^2$ 且与无差异曲线 U_1 相切的补偿预算线（见图 3－18 中的虚线）。而补偿预算线与无差异曲线 U_1 相切，表示假设的货币收入的减少（预算线向左平移）刚好能使消费者回到原有的效用水平。

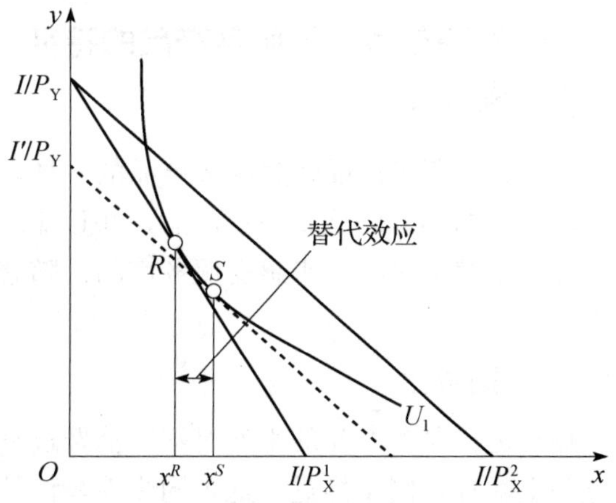

图 3－18　纯粹替代效应

所以，如图 3－18 所示，在保持效用不变的前提下，即沿着无差异曲线移动，按照新的价格，消费者的最优消费组合是 S。需求量从 x^R 增加到 x^S。这是纯粹替代效应，记作 Δx^S。不难看出，当价格下降时，替代效应肯定为正值。举个简单的例子，比如，其他条件不变，当苹果的价格下降时，人们自然倾向于用苹果替代橘子，因而苹果的需求量增加。

二、收入效应

与此同时，X 的价格下降使货币的购买力增加，要实现原来的效用水平，消费者只需较小的支出 I'。也就是说，消费者的货币节余 $I-I'$ 单位。然后，我们设想这个消费者把节余的货币花掉，如图 3－19 所示，预算线向外平移。消费者的消费组合从 S 移动到 T。对 X

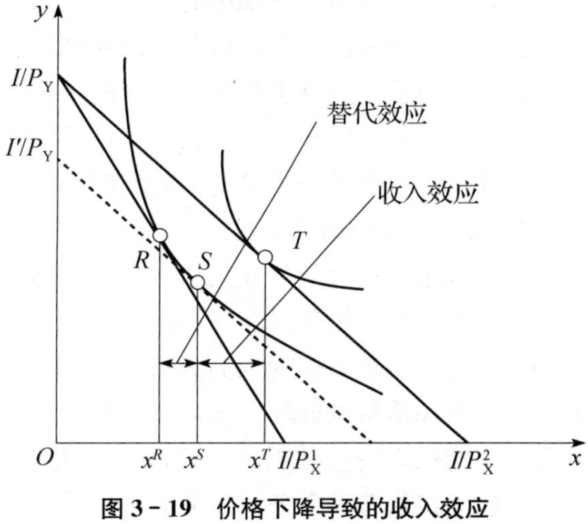

图 3－19　价格下降导致的收入效应

的需求量由 x^S 增加到 x^T。这是价格下降导致的收入效应，记作 Δx^T。还是苹果的价格下降这个例子，由于货币的购买力增加了，购买原来的消费组合或实现原来的效用水平所需支出减少，消费者的货币量将有剩余，当他把剩余的货币用掉时，相当于收入增加，从而导致其对苹果的需求量进一步改变。不过，单就收入增加对需求量的影响而言，需求量是增加还是减少，要看对这个消费者来说，苹果是正常商品还是低劣商品。如果苹果是正常商品，那么，苹果的需求量将增加。

学习任务四 航空服务消费行为分析

一、航空旅客运输服务产品的特征

（一）无形性

旅客运输服务产品作为服务产品的一种，具有服务产品无形性的特点，它在销售前无法以实物的形式向旅客展示产品，并且让旅客进行实物接触、检查和使用，它只能让旅客在整个服务过程中来感受服务产品。随着服务提供的结束，服务产品本身也就不复存在了。

（二）同步性

旅客运输服务产品的生产过程、消费过程、服务营销、服务质量等多种因素在时间和空间上并存，同步推进。这种同步性具体体现在四个方面。

1. 生产过程中的同步性

旅客作为生产要素参与生产过程，在时间和空间上是不可分离的。实际生产过程中，旅客与航空公司或机场的服务人员之间的交流是直接的，无论是面对面的交流还是通过电话进行的交流，旅客作为生产过程中的一个要素，参与产品形成的整个过程。不可否认，旅客作为生产过程中的一个要素给产品的形成增加了难度，从生产过程的角度看，它要求服务人员在为旅客服务的同时，意识到生产同步性的特点，必须明确旅客不仅是服务的对象，而且也是生产产品的一个要素。从管理角度看，旅客作为生产过程中的要素，个体差异性较大，导致生产过程中存在许多不确定的因素，这对于监控服务产品质量确实是一个既困难又复杂的问题。

2. 消费过程中的同步性

一般来说，有形的工业品从生产、流通到最终消费，三者是相分离的。生产是在一定的时空中进行，销售又在另一时空进行，中间往往要经过一系列的环节。消费更是完全与生产过程脱离，因为人们只有在使用时才会感受其使用价值，才能真正享受消费，并感受到产品质量的好坏。不同于有形产品，航空公司或机场为旅客提供的服务是生产过程与旅客的消费过程相统一的过程。从消费角度看，只有服务人员在其工作岗位上，才能为旅客提供各种服务。比如，乘务员必须在客舱内才可以为旅客提供飞行期间的服务，售票处服务人员只有在现场工作时，才能为旅客提供购票等各种服务，这时旅客才有真正意义上的消费。可见，旅客运输服务产品的特点是生产过程与消费过程的统一，旅客在整个行程中一直处于消费状态。而这种消费始终是建立在生产基础上，形成生产和消费在时间与空间上的并存。

正是由于旅客运输服务产品具有生产过程与消费过程中同步性的特点，要求服务人员必须明确，在服务过程中向旅客提供服务之际，也恰恰是旅客消费产品之时，必须在整个过程中做好服务。

3. 生产过程与服务质量的同步性

作为服务产品的供应者，必须明确生产过程与服务质量是同步的。旅客运输服务产品的服务质量的“同步性”要求我们改变以往从生产到销售再到消费的逻辑认识，需要我们对传统的营销观念和产品质量观念进行重新认识。切不可把生产过程与产品质量相分离，必须明确生产的过程也是决定产品质量的过程，生产过程中出现的任何问题马上就会在质量上反映出来。服务质量的好坏并不是完全对照航空运输服务产品标准来反映，而是由消费者来评定。

4. 生产过程与服务营销的同步性

生产过程与消费过程、服务质量的同步性决定了生产过程与服务营销的同步性。这一同步性要求我们站在服务营销的角度来看待生产过程，即生产过程不再是简单的或者单一的生产过程，而是服务营销的过程。生产过程与服务销售不再是某一部门行为或某个服务环节的问题，而是企业的整体行为。服务营销的目的是要与旅客建立良好的关系，而这一关系的建立需要靠各个生产部门齐心协力才能完成。售票、值机、客舱服务、机场服务等，在为旅客提供服务或提供咨询的同时，也是在进行服务营销活动。

（三）异质性

服务产品的异质性是指服务产品无法像有形产品那样实现精确的标准化。实事求是地说，民航企业每次所提供的服务产品，旅客感受到的服务质量都有可能存在差异。同样的公司、同样的航班，旅客会有不同的感受，造成服务产品异质性的原因主要有以下几个方面：

（1）服务人员的原因。在生产过程中，服务人员不同的心理状态、服务技能、努力程度等使得同样的航班形成不同的服务质量。

（2）旅客个人的原因。在服务过程中，旅客的心情、知识水平、爱好、要求等差异会直接导致他们对同一服务产品质量有不同的感受。在实践中常常可以看到，同样一个航班上，不同的旅客对服务有不同的感受和评价。

（3）服务人员与旅客沟通时相互作用的原因。在服务过程中，服务人员与旅客沟通时双方是否融洽、相互是否配合等，也会使旅客感到服务质量存在一定差异。

另外，随着航空运输的日益普及，旅客对航空运输服务的认识也在发生变化。一些原来属于附加服务的内容逐渐被旅客认为是旅客运输服务的必然内容。当市场或旅客对某些附加服务习惯后，这些附加服务不仅成为产品的一部分，而且成为旅客衡量与比较产品的尺度。因此，对航空运输企业来说，不是要不要附加服务的问题，而是附加服务多不多、有没有更新更好的问题。

二、航空旅客对航空公司的偏好分析

影响航空旅客对航空公司偏好的因素包括价格、便利体验、技术应用、安全保障以及低碳形象等因素。

（一）价格

航班票价的合理性和竞争力是吸引航空旅客选择航空公司的重要因素之一，他们会比较不同航空公司的价格，并选择性价比最高的方案。近几年，人们的消费观念也发生了变化，航空旅客消费更趋保守、理性，比过去更重视成本，为了获得更优惠的价格宁可放弃一部分舒适性和便利性。而且，旅客在购票环节更倾向选择 OTA 进行票价比较，选择票价更优惠的航空公司和航班。

（二）便利体验

航空旅客对便利体验的要求包括：高效出行，尽量减少延误；快速完成机场值机、候机和登机流程；个性化的零售体验；更多餐饮选择；更舒适的休憩设施；等等。

如旅客希望在飞机上使用 Wi-Fi。能否使用 Wi-Fi 直接影响旅行体验，采用最新的机上 Wi-Fi 技术仍然是航空公司服务脱颖而出的一个有效方法。

（三）技术应用

人工智能（AI）技术给航空业带来巨大变化，也影响着其他四个影响旅客偏好的因素。

AI 可以通过多种方式助力可持续发展。由 AI 驱动的优化算法可以加强航路规划，在航路上实现降低油耗和碳排放的目标。预测式机务维修系统可以主动检测并解决飞机的问题，将计划外维修的概率降到最低，并且减少废弃物排放。由 AI 驱动的系统可以实时监测设备，在潜在问题变严重之前进行识别并实现主动维护，减少航班延误。

AI 可以降低行李丢失和延误的风险。由 AI 驱动的系统可以实现行李从托运到抵达的全程跟踪，并且最大程度地优化行李处理流程。

旅客可以使用 AI 享受个性化的客户服务，获取量身定制的信息，进行预约和预订，以及通过聊天机器人和虚拟助手获得实时帮助。在安全保障方面，AI 可以实时地分析数据，识别潜在风险。由 AI 驱动的系统可以控制安保摄像头，探测可疑行为，防止发生安全隐患。

辅助技术对便利体验和安全保障产生了越来越多的影响。对于老年人和残障人士而言，辅助技术在改善出行体验上也至关重要，可以使出行变得更方便、更有包容性。配有传感器、摄像头以及网络连接功能的智能轮椅可以帮助有障人士在机场轻松通行。智能手表和手环之类的可穿戴技术也可为其提供实时的机场导引信息和服务。

增强现实（AR）和虚拟现实（VR）可以为所有旅客提供增强的、互动的、沉浸式的体验。这些技术可以模拟机场环境，实时地提供机场指引和服务信息。

生物识别技术已经在一些机场的安检和边检投入使用了，例如人脸识别和指纹识别等。今后，在国际航协“One ID”倡议的推动下，生物识别技术预计将有更广泛的应用。旅客可以使用生物识别技术办理值机、安检甚至登机，全程刷脸通行。

先进空中交通（advanced air mobility，AAM）包含了电动垂直起降飞行器、自动驾驶飞行器等概念，可实现更快、更便捷、更直接的交通运输，绕过了传统地面交通的问题，还可以覆盖更边远的地区。AAM还能分流一些传统的短途航线，从而缓解机场的拥堵，为旅客带来更个性化和更简约的服务体验。

在不同的航空公司，这些技术的发展速度及实施过程会有所不同，因此必然会影响旅客对航空公司的偏好。

（四）安全保障

安全保障是民航旅客基本的诉求，航空公司的安全记录、飞行员的专业素养以及飞机的维护状况等因素直接影响着旅客对航空公司的偏好。良好的飞行安全记录是航空公司声誉的基础，是发展的保证，而一次飞行事故有可能摧毁旅客对航空公司的信赖，从而对航空公司的声誉、客源、效益带来巨大影响，甚至导致航空公司破产。

（五）低碳形象

目前全球航空业在碳减排上已初步达成共识，越来越多的旅客也意识到碳减排的重要性，低碳出行的概念日渐深入人心。航空公司如果重视降低碳排放，优先考虑可持续发展和生态环保，积极推进航空减排，持续完善碳管理相关制度，持续开展节油精细化管控措施，不断提升公司绿色可持续发展能力，就会得到航空旅客更多的青睐，航空公司也会实现更高质量、更有效率、更加公平、更可持续的发展。

学习任务五 航空市场旅客消费行为影响因素

一、有关航空旅客消费行为理论的假定

（一）航空旅客是理性的经济人

理性的航空旅客在面对可以满足其特定需求的大量航空公司和航班时，会选择顾客价值最大的产品或服务，即将乘坐某一航班、某一舱位的座位所获得的价值，与所付出的成本进行比较，选择差额最大的产品。

（二）航空旅客的收入和商品的价格是既定的

在不同的收入条件下，航空旅客购买的航空服务不同，获得的效用也不同。只有在相同的收入条件下，在不同的消费决策中选择效用最大化的消费决策才有意义。同理，舱位的价格不同，导致最佳消费组合不同，只有舱位的价格不变，在不同的消费决策中选择最佳消费组合才有意义。

（三）航空旅客的偏好是既定的

由于效用具有主观性，航空旅客对同一航空服务组合的效用会因时、因地而发生变化，因此在确定最佳消费决策时，只有消费行为发生在既定的时间、地点才有意义。

（四）单位货币的边际效用对消费者是相同的

航空旅客用货币交换航空服务，实际上是用货币的效用去交换服务的效用，只有假定货币的边际效用不变，才能用货币的效用衡量航空服务的效用。

二、影响航空旅客购买行为的客观因素

客观因素，主要指与旅客不直接相关、旅客无法决定的因素。包括：

（1）地区经济因素的不同（包括国民经济、地区经济发展水平、人们的生活水平），旅客在乘机出行时考虑的因素也不同；

（2）不同航空公司对于旅客出行的政策和规定各不相同，会导致旅客对不同航空公司、航班和舱位等级的选择；

（3）文化环境因素，主要的外在表现是旅客的价值观，即对舒适性、便捷性、经济性等要素的重要性排序；

（4）航空公司本身属性因素，航空公司形象、销售渠道、广告、基地位置等因素的不同会对旅客选择产生不同影响。

三、影响航空旅客购买行为的主观因素

主观因素，是指与旅客本身直接相关的或是旅客可以决定的因素。主要有以下几种：

（一）旅客个性因素

包括旅客的性别、年龄、学历、职业等，这些因素通过影响旅客对航空经济性、便利性和舒适性的重要程度的认识以及期望值来影响旅客的选择行为。

（二）旅客经济收入因素

消费者需求是指有支付能力的需求。经济收入代表了个体的购买力，而购买容量和购买意愿在很大程度上取决于购买力。航空旅行可以说是一种较高水平的消费。航空旅行与消费者个人或家庭的收入有直接的关系。

（三）旅客出行目的

出行行为实际上只是为达到出行目的的一种从属行为，因此，不同的出行目的会产生不同的航空选择。通常多数公司按照旅行目的会将航空客运市场分为商务旅行市场和休闲旅行市场。时间价值高的商务旅客，一般根据自己的时间安排选择航班，不会过于关注价格；而时间价值较低的休闲旅客，他们更关注机票的价格，会为此愿意牺牲一定的时间和舒适度。

（四）旅客心理因素

旅客的选择心理不同，最后的购买决策结果也就不同。对于节俭型的旅客，他可能会选择价格低的航空公司、航班和舱位来满足自身的出行需求；而对于有炫耀心理的旅客，他有可能选择知名航空公司、大型飞机、头等舱或公务舱，以表明自己的身份和地位。从我国民航旅客运输市场构成情况来看，经济型的旅客占主体。

（五）旅途远近

短途旅客和长途旅客在需求和购买选择上有根本的不同，短途旅客对机场服务和条件的要求较高，但对空中服务的要求，如座椅、餐食等却相对较少。与之相反，在远程航线上，空中服务的好坏对保证顾客满意度和吸引再次购买显得非常重要。

四、案例分析

案例 1. 机票价格中的学问

目前，航空公司普遍实行差别票价，且票价种类较多，以中国国际航空公司北京飞往广州的航班（以下简称“国航航班”）为例，北京首都机场飞往广州白云机场，飞行距离 1 967 千米，飞行时间 3 小时 15 分钟。航空公司的差别票价大致有以下几种：

1. 不同舱别的差别票价

航空公司的舱别分为头等舱、公务舱和经济舱。按舱别的不同，国航航班分为两种票价，头等舱为 5 730 元，经济舱为 1 910 元，头等舱的票价为经济舱票价的 3 倍。

2. 不同预订时间的差别票价

以国航航班的经济舱为例，不同的预订时间，票价不同。例如某年 10 月 26 日当天预订，票价基本没有折扣。随着提前预订天数的增加，票价折扣的幅度逐渐增大。如，提前 5 天预订，票价折扣为 8.3 折；提前 10 天预订，票价折扣为 5.1 折；提前 1 个月预订，票价可低至 4.6 折。

3. 不同时间的差别票价

不同时间的差别票价分为三种情况。（1）不同时间点的差别票价。以某年 11 月 8 日的票价为例，国航航班的不同起飞时间，票价不同。上午 8:40 的航班票价最高，为 1 890 元；早上 7:40 的航班票价为 1 160 元；下午 16:00 的航班票价为 980 元；晚上的航班票价最低，为 780 元，低至 4 折。（2）出行高峰期与淡季的差别票价。我国的出行高峰期一般为节假日，如春节、十一黄金周、五一及清明等小长假。其中最典型的是春运，春运是结合了平时节假日旅游的人较多的特点及返乡的人同时存在的一段时期，是一年中的大旺季，即出行高峰。出行高峰期的航空票价基本上是全价销售，没有折扣，相应的淡季会出现不同幅度的折扣和优惠。（3）工作日与周末的差别票价。一般来说，工作日的出行需求比周末的相对较低，票价比周末的要低。

4. 特别机票的差别票价

特别机票是指针对特殊人群的机票价格以及优惠，一般来说是限制越多价格越低，限制越少价格越高。特殊机票的差别票价有以下几类。（1）旅游机票。这种机票比一般机票价格稍便宜一点。但是旅游机票有其自身的硬性规定，即限定的时间非常短并且只能够订往返机票，不能够订单程机票，一旦超过了有效期，旅客必须自己承担机票损失，例如补票等。（2）团体机票。这种机票是一种利用委托的方式所产生的机票，即由航空公司委托的公司（多数为旅游公司）以较低的价格订购的一种批量机票，此种机票价格相对低廉，但是限定性要求比较严格，如不能够退票等。（3）包机机票。这是针对一架飞机或者整体出游而设定的机票。这种机票的折扣力度较小，但是限制较为宽松。

(4) 学生机票。能够购买此类机票的人群必须持有学生证，一般在寒暑假才可以，而且需要提前申请。学生机票大概是五折，有些线路甚至可以低至两、三折。(5) 儿童票和婴儿票。儿童票一般针对2周岁以上12周岁以下的儿童，票价折扣为五折。婴儿票针对2周岁以下的婴儿，票价折扣为1折左右。

案例2. 机场免税店的盈利秘密

机场免税店是指经海关总署批准，由经营单位在国际航空港设立符合海关监管要求的，向规定的对象销售、供应免税进口商品的商店。免税店里主要销售中高端品牌的香化、服饰、电子产品等。目前我国设有免税店的机场有首都机场、北京大兴机场、上海机场（包括浦东机场和虹桥机场）、深圳机场、广州白云机场、杭州萧山机场、成都双流机场、青岛流亭机场、南京禄口机场、深圳宝安机场、昆明长水机场、重庆江北机场、天津滨海机场、大连周水子机场、沈阳桃仙机场、西安咸阳机场、乌鲁木齐地窝堡机场等。

随着旅游业迅速发展及居民收入水平提升，2017—2019年，我国免税市场快速增长，口岸免税店（含机场免税店）销售收入由2017年的203亿元增长至2019年342亿元，年均复合增长率29.8%。疫情后，随着跨境游逐步恢复，2023年我国口岸免税店销售收入复苏至235亿元，并预计于2026年进一步增加至593亿元。我国免税行业的领军企业中国免税品（集团）有限责任公司（简称“中免集团”）2024年免税商品销售业务实现营业收入675.4亿元，同比增长24.08%，净利润为67.14亿元，同比增长33.46%。

机场免税店为何生意能如此兴隆？

国内进口消费品的成本由完税价格、关税、消费税、进项增值税等构成，其中关税和消费税根据商品品类不同而税率有所差别，关税、消费税和增值税合计占总成本的比例为20%～40%。由于免税商品享受豁免进口关税、增值税和消费税的政策优惠，因此相比于高级购物中心、品牌专柜的奢侈品价格，免税渠道在价格上具备较强优势。

机场免税店天然拥有庞大的客流，而且主要面向的是具有较高消费水平的进出境游旅客，他们通常会购买更高价值的商品，比如高档香化品、奢侈品等，这些商品的价格相对较高，利润空间也很大。因此机场免税店可以通过吸引这些旅客购买来提高销售额和利润。而且，免税店通过吸引国际知名品牌入驻来扩大商品种类和提高质量，进而吸引更多的旅客。同时，与知名品牌合作也可以提高机场免税店的知名度和品牌形象，进而带来更大的客流。

当然，机场免税店也需要控制各种成本，比如租金、人工、库存管理等，以保持盈利能力。

▶ 学以致用

机票的价格一般都是随着时间而波动的，即动态定价。动态定价是航空公司收益管理的一种手段。机票的动态定价的思路起源于20世纪70年代的美国，当时，廉价航空公司进入市场，并凭借劳动力成本低、操作简单，以及技术变革等优势，以远低于全服务航空公司的票价来获利。这也吸引了大部分对价格敏感的以休闲为目的的飞行客户。

与廉价航空公司相比，全服务航空公司可以提供更稳定且频繁的行程安排，提供服务的地域范围也更广，且具有较好的声誉。常旅客户对于价格并不敏感，而更看重行程是否便捷稳定，所以对于全服务航空公司，这部分市场并未受到很大波及。尽管如此，由于总体客流量的减少而造成的收入损失还是严重影响了各大航空公司的生计。

为了重新抓住这些以休闲为目的的飞行客户，全服务航空公司必须想出一些革新性的解决方案，因为与低成本的廉价航空公司进行"全面价格战"注定是不可行的。

美国航空最先采取行动，开始利用飞机上的余位与廉价航空公司进行"价格战"，通过以较低的价格销售余位，并对折扣机票的数量及退改政策进行一定的限制，不仅保留了原有的常旅客户，还吸引了许多休闲客户。

尽管取得了初步的成功，美国航空在折扣机票的投放过程中还是遇到了一些问题。起初，美国航空的折扣机票投放方案是在每趟航班上设置一定比例的折扣机票座位。但事实上，同一比例的座位并不适用于所有的航班。客户对机票的需求是会随着不同的日子及一天中的不同时间而变化的。比如有一些航班的需求十分火热，航空公司其实根本没有理由再给机票打折。

所以航空公司需要一套完备的系统及算法来计算不同航班在不同时间价格与需求的关系，通过动态的价格来调节控制波动的需求，并帮助航空公司获得最大的利润。

本章练习

一、单选题

1. 在同一平面图上有（　　）无差异曲线。

A. 三条　　B. 无数条

C. 许多但数量有限的　　D. 两条

2. 总效用达到最大时（　　）。

A. 边际效用为最大　　B. 边际效用为零

C. 边际效用为正　　D. 边际效用为负

3. 边际效用是指（　　）。

A. 增加单位商品的消费而增加的平均效用量

B. 增加单位商品的消费而增加的总效用量

C. 增加单位商品的消费而减少的平均效用量

D. 增加单位商品的消费而减少的总效用量

4. 一个人从物品和劳务消费中得到的好处或满足称为（　　）。

A. 效用　　B. 边际效用　　C. 消费需求　　D. 消费者均衡

5. 已知单位商品X的价格为2元，单位商品Y的价格为1元。当消费者从两种商品得到最大效用时，商品Y的边际效用是40，那么商品X的边际效用为（　　）。

A. 40　　B. 20　　C. 60　　D. 80

6. 根据无差异曲线与预算线曲线结合在一起的分析，消费者均衡是（　　）。

A. 两条曲线的相交点

B. 离原点最远的无差异曲线上的任何一点

C. 离原点最远的消费可能性曲线上的任何一点

D. 两条曲线的切点

7. 第四张比萨饼带来的满足不如第三张比萨饼这一事实是下列哪一个概念的例子？（　　）

A. 消费者剩余　　B. 总效用递减

C. 边际效用递减　　D. 价值之谜

8. 无差异曲线（　　）。

A. 向右上方倾斜　　B. 向右下方倾斜

C. 是一条垂线　　D. 向左上方倾斜

9. 同一条无差异曲线上的不同点表示（　　）。

A. 效用水平相同，所消费的两种商品的组合比例也相同

B. 效用水平相同，所消费的两种商品的组合比例不同

C. 效用水平不同，所消费的两种商品的组合比例相同

D. 效用水平不同，所消费的两种商品的组合比例也不同

10. 下列哪种情况是边际效用？（　　）

A. 面包的消费量从 1 个增加到 2 个，满足程度从 5 个效用单位增加到 8 个效用单位，即增加了 3 个效用单位

B. 消费 2 个面包获得的满足程度为 13 个效用单位

C. 消费 2 个面包，平均每个面包获得的满足程度为 6.5 个效用单位

D. 以上选项都不对

二、多选题

1. 关于总效用和边际效用的关系，下列说法正确的是（　　）。

A. 当边际效用为零时，总效用最大　　B. 当边际效用为零时，总效用递增

C. 当边际效用为负时，总效用递减　　D. 当边际效用为正时，总效用递增

2. 无差异曲线的特征包括（　　）。

A. 任意两条无差异曲线可以相交

B. 一般来说无差异曲线具有负斜率

C. 在同一无差异曲线的坐标图上，离原点越远的无差异曲线通常代表的效益水平越高

D. 任意两条无差异曲线不能相交

3. 研究消费者均衡的假设条件不包括（　　）。

A. 消费者的偏好既定　　B. 消费者的收入既定

C. 物品的价格既定　　D. 购买物品的数量既定

4. 预算线的位置和斜率取决于（　　）。

A. 消费者的收入　　　　　　　　B. 消费者的成本
C. 消费者的偏好　　　　　　　　D. 商品的价格

5. 序数效用论对消费者偏好的假设包括（　　）。

A. 边际效用递减　B. 完全性　　C. 传递性　　D. 不饱和性

三、判断题

1. 如果边际效用递减，则总效用相应增加。（　　）

2. 预算线上的每一点代表了当收入一定时，消费者可能购买的不同数量商品的最小组合。（　　）

3. 同样商品的效用因人、因时、因地的不同而不同。（　　）

4. 效用即使用价值。（　　）

5. 只要物品的数量在增加，消费者得到的总效用就一定增加。（　　）

6. 在同一条无差异曲线上，不同点上的商品组合，消费者所得到的总效用是不一样的。（　　）

7. 消费者均衡点是两条无差异曲线之间的交点。（　　）

8. 在同一平面图上，离原点越远的无差异曲线代表的消费满足程度越高。（　　）

9. 无差异曲线在逻辑上可以相交。（　　）

10. 当消费者把自己的收入用于各种物品消费使总效用最大时，就实现了消费者均衡。（　　）

课堂实训

［实训名称］ 分析我国高铁的发展对民航运输的影响。

［实训目的］ 以小组为单位进行讨论，增强团队合作意识，利用消费需求理论，分析高铁的发展对民航运输的影响及民航运输业应该采取的应对措施。

［实训内容］ 搜集资料，了解我国高铁的发展，了解民航运输业与高铁之间的竞争态势。

学生分组，讨论以下问题：

1. 高铁的发展对民航运输业造成什么样的影响？

2. 民航运输业应该采取哪些应对措施？

学习情境四

临空企业经营策略

学习目标

知识目标：

了解生产的含义，理解不同市场结构的特征。

能力目标：

能够解决不同类型市场上的厂商价格及产量决策。

素养目标：

培育爱惜资源的节约精神和理性分析思维。

情境引入

在经济学的视角中，企业规模的大小并不直接等同于垄断的存在。以微软、谷歌、英特尔等科技巨头为例，尽管它们在全球市场上拥有显著的影响力，但垄断的判定并非仅仅基于企业规模。垄断的核心在于企业是否通过非法手段限制了市场竞争。这一标准不仅适用于大型企业，也同样适用于中小型企业。例如，学校限制学生用餐选择或企业强制员工在某一食堂用餐，这种行为才可能构成垄断。

竞争是市场经济的基础，它不仅有助于维持市场的活力，还能有效防止企业获取过高的利润。因此，即使科技企业拥有较高的市场占有率，我们也不能轻易地认为它们存在垄断行为。在分析这一问题时，我们必须充分考虑这些企业在研发、市场推广等方面的投入以及伴随的风险。值得注意的是，不尊重科技企业的合理回报可能会打击其创新积极性，进而抑制整个经济的发展。

在案例分析中，我们可以参考历史上的反垄断案例，如微软、谷歌等公司的垄断指控。各国都有相应的反垄断法律法规来规范和打击垄断行为。这些法律不仅保护了市场的公平竞争，也维护了消费者的权益。

学习任务一　企业生产决策

一、什么是企业

生产理论研究的是生产者行为。生产者通常是指企业或厂商，是能够做出统一生产决策的单个经济单位。企业按其组织形式可分为三类，即个人企业、合伙企业和公司制企业。企业经营的基本目标是利润最大化。

生产者利润最大化的实现要解决三个问题：

第一，投入的生产要素和产量的关系。如何在生产要素既定时使产量最大，或者在产量既定时使投入的生产要素最少，这就要用到生产函数的概念来解释。

第二，成本和收益的关系。要使利润最大化，就要使控制成本后的收益达到最大，这需要进行成本收益的分析。

第三，市场问题。为了实现销售收入最大，必然要占领市场，要研究市场的结构，研究市场的竞争，研究市场的垄断，当厂商处于不同的市场状况时，应该怎样确定自己的产量和价格，来达到利润最大。这就要求经济学对市场进行相应的分析。

二、生产要素与生产函数

生产要素是生产中使用的各种资源，是用于生产产品和劳务的投入。

首先以一家咖啡厅为例，请考虑下，这家咖啡厅的正常运营需要哪些生产要素？同学们肯定会想到劳动力、资金和土地。是的，这些都很重要，劳动力用来提供劳务，资金用来购买设备、装修等，土地用来为咖啡厅的经营提供场地。

除此之外，还有没有一直被忽略的其他生产要素呢？我们知道，厂商存在的目的是获得经济利润，但获得利润很难，需要特殊才能，也就是企业家才能。企业家必须有敏锐的目光，必须善于把握稍纵即逝的机会，必须躲过各种陷阱。所以，企业家才能也是一种重要的生产要素。

因此，生产要素的种类分为：(1) 劳动（人们从事生产活动时在体力和智力方面的能力消耗），(2) 土地（任何生产活动都必需的自然资源），(3) 资本（生产活动中所使用的人们过去劳动的产物，如设备、原材料等），(4) 企业家才能（经营管理企业的能力和创新能力）。

生产函数是指在一定的生产技术条件下，产品产出量和生产要素投入量之间的函数关系。它反映了一定物质技术的状况。可表示为：$Q=f(K, L, N, E)$。K 代表资本，L 代表劳动，N 代表土地，E 代表企业家才能。在经济学分析中，为了简化分析，通常假定生产中只使用劳动（L）和资本（K）两种生产要素，则生产函数写为：$Q=f(L, K)$。

下面请你再考虑一个问题，一个咖啡厅，如果在 3 个月的时间里要想生产出多一倍的咖啡，需要增加哪些生产要素的投入？如果增加 5 倍呢？你可能会回答，如果只增加一倍的产出，那只需要增加劳动力，例如延长现有劳动力的工作时间，或者增加劳动人数。在经济学里，我们把只有劳动投入发生变化的生产函数叫短期生产函数。

如果要增加5倍的产出，那就不是只增加劳动力能解决的了，肯定还要追加投资，增加生产设备，等等。我们把劳动和资本投入都可以变化的生产函数叫长期生产函数。

生产中的短期与长期的区别有别于日常概念，生产中的短期指生产者来不及调整全部生产要素投入数量，至少有一种生产要素投入数量是固定不变的时间周期。在经济学里，我们把只有劳动投入发生变化的生产函数叫短期生产函数。短期生产函数包含固定投入（如厂房、设备）和可变投入（如劳动力），短期生产函数可以简化为 $Q=f(L)$。

长期指生产者可以调整全部生产要素投入数量的时间周期。长期生产函数只包含可变投入。长期生产函数仍然是 $Q=f(L, K)$ 的形式。

需要注意的是，短期和长期的划分与绝对时间的长短无关，只与能否调整全部的生产要素有关。各个行业、厂商的性质不同、规模不同，衡量厂商的长短期不能简单以时间作为依据。例如同样的3个月时间，咖啡厅可以通过增加资本和劳动从而增加5倍的咖啡产量，对于咖啡厅来说，3个月就是它的长期。而汽车制造商只能是通过增加劳动来增加一些汽车产量，但远不够5倍。因此对于汽车制造商来说，3个月只是它的短期，要想通过增加资本和劳动从而增加5倍的汽车产量，也许需要10年。如图4-1所示：

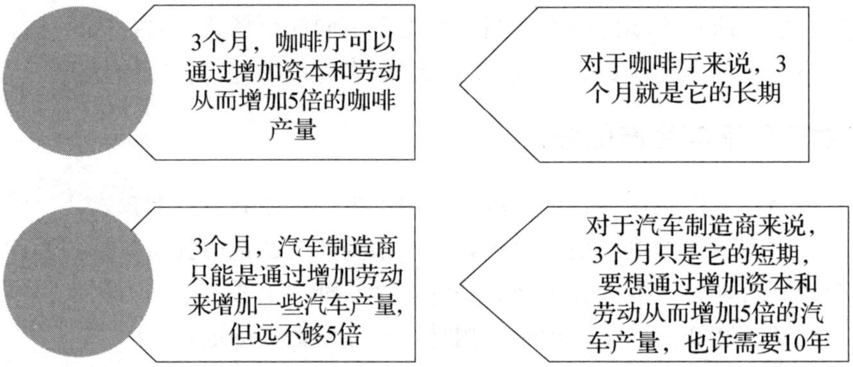

图4-1　长短期对比图

三、短期生产决策

（一）短期生产决策的含义

短期生产决策研究的是一种生产要素的合理投入。在生产函数 $Q=f(L, K)$ 中，假定资本投入量不变，是固定的，用 $\overline{K}$ 表示，劳动投入量是可变的，用 L 表示，则得到短期生产函数，可以写为：$Q=f(L, \overline{K})$。它表示：在资本投入量固定时，由劳动投入量变化所带来的最大产量的变化。

拓展阅读

里昂惕夫生产函数（Leontief production function）

该生产函数根据其发现者诺贝尔奖获得者里昂惕夫的名字命名，又称为固定比例生产函数。这种生产函数表明在任何一种产量水平上，要素的投入比例都是固定的。

它的一般形式为：$Q=\min(aK, bL)$，式中 a 和 b 为常数。该式表明产量 Q 等于 aK 或者 bL 之中的较小者。这是因为技术上要求投入保持固定比例，即使某种投入很多，较少的那种投入也会使得它无法发挥作用。假定 $a=2$，$b=3$，$K=4$，$L=5$，那么，$Q=\min(2\times4, 3\times5)=8$。

例如通常情况下：一名员工配备一台电脑，只增加员工或只增加电脑都会使得生产效率下降。

中国有句古话："一个和尚挑水喝，两个和尚抬水喝，三个和尚没水喝。"我们做一下演绎，见图 4-2：

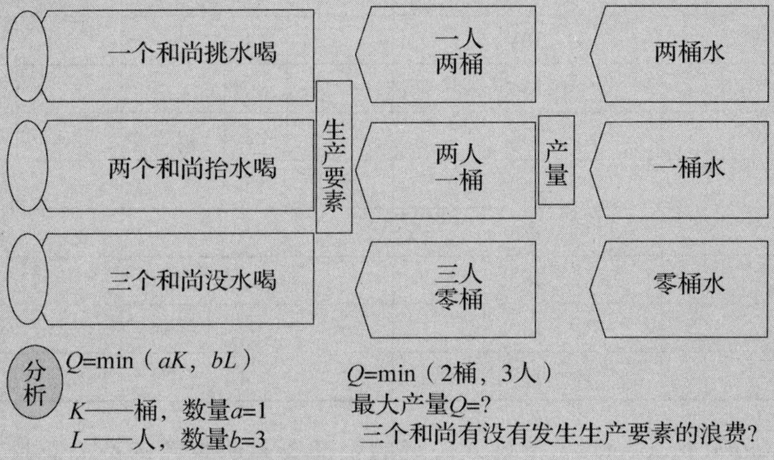

图 4-2　案例示意图

（二）总产量、平均产量和边际产量

考察一家咖啡厅的生产，假定该咖啡厅的咖啡生产需要经过 4 道工序，每道工序由一台机器完成。

（1）如果该咖啡厅只有 1 名工人，不但要完成加工任务，还要担任收银、打扫等辅助工作，他一天只能生产 13 杯咖啡。

（2）现在咖啡厅增加 1 名工人，这时两个工人的产量为 30 杯，这是因为有了两个工人，就可以实行分工协作。

（3）若把工人数增加到 3 名，可以使分工更为细致，从而使总产量增加到 60 杯。

（4）当增加到 7 名工人时，总产量为 168 杯，增加的这第 5 至第 7 名工人都能使总产量增加，但他们分别带来的总产量的增加量却越来越少。

（5）如果再增加工人的话，总产量的增加量还会继续递减。而第 11 名工人带来的总产量的增加量是负的，由于他的加入，企业的总产量开始下降。

先思考一个问题，为什么咖啡厅增加到第 11 名工人时，总产量减少了？这个问题应该比较容易理解，在咖啡厅其他条件都不变的时候，一味地增加工人数量，开始是可以提高生产效率的，但到一定时期，工人数量的增加会导致分工不均、责任不明晰、人浮于事等问题，从而出现生产效率降低的情况，最终会直接减少产量。

这里隐含的问题是，工人太多以后，内部管理成本上升降低了生产效率，最终会直接减少产量。

将刚才叙述的情况用一张表表示（见表 4－1）：

表 4－1 产量表

工人人数	总产量	边际产量	平均产量
1	13	13	13
2	30	17	15
3	60	30	20
4	104	44	26
5	134	30	26.8
6	156	22	26
7	168	12	24
8	176	8	22
9	180	4	20
10	180	0	18
11	176	−4	16

总产量（total product）是指投入一定的生产要素所生产的产品总量，简称 TP。平均产量（average product）是指平均单位生产要素产量，简称 AP，$AP=TP/L$，L 为唯一投入的生产要素工人人数。边际产量（marginal product）是指每增加一单位生产要素的投入所带来的总产量的增量，简称 MP，$MP=\Delta TP/\Delta L$，即总产量的对应增量除以投入生产要素工人人数的增量。

思考：1. 为什么边际产量从 44 降到 30，带动了平均产量从 26 上升到 26.8？

2. 为什么边际产量从 30 降到 22，带动了平均产量从 26.8 降到 26？

3. 如果将 22 改成 26.8，对应的平均产量是多少？

（三）边际产量递减规律

在表 4－1 中，我们发现随着劳动这一生产要素的增加，边际产量最终会递减，甚至会出现负值。因此，这里引出了经济学另一个重要的规律——边际产量递减规律。

边际产量递减规律是指在技术水平及其他条件不变的前提下，连续地增加一种生产要素的投入，最初这种生产要素的增加会使产量增加，但超过限度以后，每增加一单位要素投入所增加的产量是递减的，最终还会使产量绝对减少。

需要说明的是，边际产量递减规律有两个前提条件：

（1）技术水平不变；

（2）其他生产条件不变，其他生产要素投入量不变，即生产规模不变。

边际产量递减的原因：对任何产品的短期生产来说，可变要素投入和固定要素投入之间存在一个最佳的数量组合。在大多数生产过程中，都存在着劳动（和其他投入要素）的边际产量递减现象。

当劳动的投入较小时（资本固定），投入的稍稍增加可以产生专业化的分工，使得产出有较大的变化；但是当有太多的员工时，一部分员工的工作会变得缺乏效率，劳动的边际产量下降，出现产量递减的规律。

（四）图形关系

为了更清晰地发现这三个变量之间的关系，我们将表 4－1 中的总产量画在一个坐标轴内，将平均产量和边际产量画在另一个坐标轴内。将这两个坐标轴上下对应排列，如图 4－3 所示。

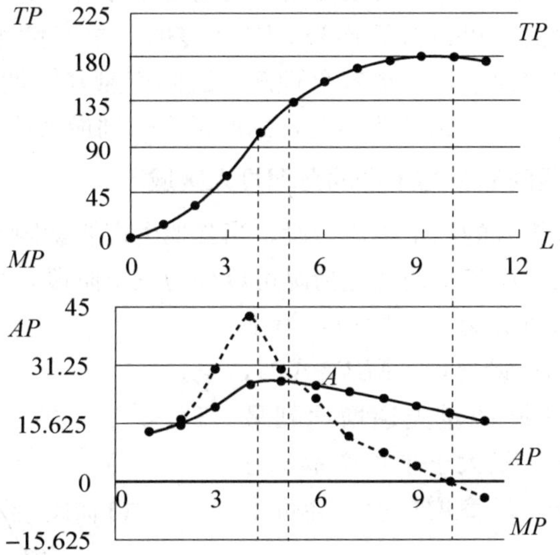

图 4－3　*TP*、*MP*、*AP* 之间的关系

现在，我们可以根据图形来说明 *TP*、*MP*、*AP* 之间的关系：

（1）随着 *L* 投入量的不断增加，*TP*、*AP*、*MP* 都是先递增后递减。

（2）*MP* 相交于 *AP* 的最高点。

其中：

当 $MP>AP$，则 AP 增加

当 $MP<AP$，则 AP 减少

当 $MP=AP$，则 AP 最大

（3）当 *MP* 为零时，总产量达到最高。

在结论中，最难理解的是第二点和第三点。先来说明第二点：首先，我们要清楚边际产量是变化最快的一个变量，它是每增加一单位劳动，产量的变化量；而平均产量则是一个平均量，它是总产量除以劳动总数。所以，当边际产量大于平均产量时，它会拉高平均产量；而当边际产量小于平均产量时，它会拉低平均产量。

学以致用

例如一个班级 30 名学生的考试平均分是 80 分，新来一位同学，考了 85 分，这时班级的边际分数是 85 分，但全班平均分变成了（80×30+85)/31=80.16 分，高于 80 低于 85，新来的同学拉高了班级平均分。如果这位新来的同学只考了 75 分，这时班级的边际分数是 75 分，那这个班级的平均分变成了（80×30+75)/31=79.84 分，高于 75 低于 80，这位新来的同学拉低了班级平均分。

例如某排球队的平均身高是 1.80 米（平均量），新加入的一名队员身高 1.85 米（边际量），则全队的平均身高就会增加。反之，如果新加入的一名队员身高是 1.75 米（边际量），则全队的平均身高就会下降。

再来说明第三点：当 MP 为零时，总产量达到最高。我们知道边际产量为零，就意味着这时再增加劳动，总产量不发生变化，继续增加劳动，边际产量为负值，也就是说总产量不增反减，因此，可以推算出当 MP 为零时，总产量达到了最大值。对于已经学过微积分基本知识的同学，就更容易理解，边际产量其实就是总产量的一阶导数，当一阶导数为零时，也就是当 MP 为零时，总产量会达到最大值。

（五）短期生产阶段的划分与生产的合理投入区域

单一生产要素连续投入的三个生产阶段，当其他生产要素固定不变，连续增加可变要素劳动的投入量，其生产产量的变化情况可以分为三个阶段，如图 4-4 所示。

观察后发现生产可以分为三个阶段：第Ⅰ阶段，从 0 到 L_3，平均产量递增（$MP>AP$），总产量递增。该段中边际产量先递增达到最大，然后递减，但边际产量大于平均产量，总产量和平均产量都递增，厂商增加投入会带来产量更大比例上升。

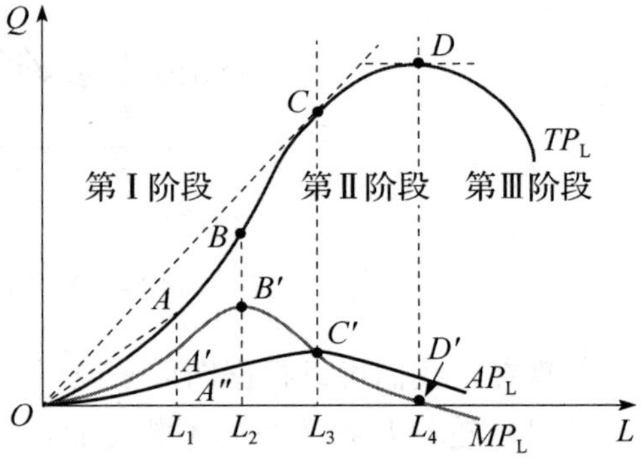

图 4-4　三阶段图

第Ⅱ阶段，从 L_3 到 L_4，平均产量递减（$MP<AP$，但 $MP>0$），总产量以递减的速度递增。

第Ⅲ阶段，L_4 以后，边际产量为负，总产量由递增变成递减，增加投入反而导致产量下降。

生产要素合理投入阶段是第Ⅱ阶段，最佳的生产要素投入量在此阶段内。该阶段的起点在 AP 最大点且与 MP 线相交，终点在 $MP=0$ 处。

在第Ⅰ阶段，增加劳动量能增加平均产量，从而增加劳动能带来产量更大比例的增长，所以厂商不会停留在第Ⅰ阶段。而在第Ⅲ阶段，增加劳动反而减少总产量，显然厂商不会发展到选择第Ⅲ阶段。因此，厂商总是在第Ⅱ阶段中进行生产，具体选择投入多少劳动，还取决于资本的价格和劳动的成本。

案例：对于 10 公顷的麦田来说，1 千克的化肥所带来的总产量的增加量即边际产量是很小的，可以说是微不足道的。随着化肥使用量的增加，其边际产量会逐步提高，直至达到最佳的效果，即最大的边际产量。若超过化肥的最佳使用量后，还继续增加化肥使用量，就会对小麦的生长带来不利影响，化肥的边际产量就会下降。过多的化肥甚至会烧坏庄稼，导致负的边际产量，使总产量减少。

总的来说，在短期生产中，生产要素的投入不是越多越好，连续地单一地增加某一种生产要素的投入，会使要素比例失调，当总产量达到最大以后就会出现负的边际产量。

生产要素的最佳投入量是在第Ⅱ阶段即 AP 最大点到 $MP=0$。

四、长期生产决策

（一）长期生产决策理论

在长期中，一切投入要素都是可变的，劳动和资本均是可变的。长期生产函数 $Q=f(L, K)$ 式中，L 为可变要素劳动的投入量，K 为可变要素资本的投入数量。

长期生产理论主要分析这样一个问题：生产者按什么原则来选择最佳生产要素的配置，从而实现既定成本下的最大产量，或者既定产量下的最小成本（花费）。要素最优组合有两种情况：一是产量一定，成本最低；二是成本一定，产量最大。

长期中的生产者均衡的必要和充分条件是：

$$\begin{cases} w \cdot L + r \cdot K = C \quad \text{（成本限制条件）} \\ \dfrac{MP_L}{w} = \dfrac{MP_K}{r} \quad \text{（最佳组合的实现条件）} \end{cases}$$

其中 MP_L 表示劳动的边际产量，MP_K 表示资本的边际产量，w 表示劳动的价格（即工资），r 表示资本的价格（即利息）。

这个公式的含义是，当生产者达到均衡时，最后一单位劳动所带来的额外产量（即劳动的边际产量）与劳动的价格之间的比率，应该等于最后一单位资本所带来的额外产量（即资本的边际产量）与资本的价格之间的比率。换句话说，生产者会调整劳动和资本的使用量，直到这两种生产要素的边际产量与价格之比相等，从而实现生产成本的最小化和利润的最大化。

案例："僵尸企业"

"僵尸企业"是指一些经济效益不佳、长期扭亏无望，主要依靠银行信贷和政府补贴维持生存，且难以顺利从产业内退出的濒临死亡的企业。目前，我国煤炭、钢铁、水泥、有色金属等行业中，"僵尸企业"比较集中。企业规模大、附加值低、行业产能严重过剩，是"僵尸企业"所具有的共同特征。大量的"僵尸企业"之所以"僵而不死"，主要与地方政府长期运用包括财政补贴、银行贷款等在内的扭曲化的支持手段有直接的关系。

讨论：你对"僵尸企业"怎么看？"僵尸企业"的管理者应该如何做？

（二）规模报酬（return to scale）

规模报酬是指在其他条件不变的前提下，同比例增加所有投入所引起的产出相对变动。在简单两种投入的生产函数中，人们研究规模报酬时假设资本和劳动的比例不变，生产函数技术系数不变。也就是说，资本和劳动缺乏替代关系。

企业在扩大生产规模时，既增加资本，又增加劳动。这里的其他条件不变，主要是技术水平不变。为分析简化，假定企业只有一种技术可供选择。无论这种技术是资本密集型的，还是劳动密集型的，企业在扩大规模时，都要按技术系数所规定的比例同时增加资本和劳动。如果资本增加 10%，那么劳动也要增加 10%。企业这时最关心的问题是规模报酬表现如何。

人们一般用生产力弹性衡量规模报酬。生产力弹性（elasticity of productivity）指所有投入同比例变动引起的产出相对变动。它的定义方程为：$E_Z=(\Delta Q/Q)/(\Delta Z/Z)=(\Delta Q/\Delta Z)\times Z/Q$ 式中，E_Z 为生产力弹性系数，$\Delta Q/Q$ 为产出增长率，$\Delta Z/Z$ 为所有投入增长率。

如果生产力弹性系数大于 1，即产出增长率大于投入增长率，这被称为规模报酬递增；如果生产力弹性系数小于 1，即产出增长率小于投入增长率，这被称为规模报酬递减；如果生产力弹性等于 1，即产出增长率等于投入增长率，这被称为规模报酬不变。

案例：一支车队去拉萨的例子

我们把一支去拉萨的车队看成一个企业。它以增加货车数量的方式扩大企业规模。在起初，假设该企业规模很小，只有一辆货车。一辆货车去拉萨，效率会很低；因为司机在途中可能遇到各种问题，如道路不熟、半路抛锚、道路塌方等。一个人在解决问题时显得力量较小。如果该企业让两辆货车组成车队去拉萨，效率会有所提高。司机可能出现专业分工，如一位司机熟悉道路，另一位司机善于修车。这会增加每一辆车的日行驶里程。如果有更多的车一起去拉萨，则安全也更有保障，甚至道路塌方也能自行处理。在这时出现的是规模报酬递增。当车达到一定数量，规模报酬可能不变。如果该企业继续增加车的数量，导致一支车队过于庞大，就会带来另一些问题，反而使效率下降。如道路拥挤、住宿不便、难以指挥等，每一辆车的日行驶里程反而会减少。这是规模报酬递减。

学习任务二 企业成本与收益

一、成本的含义

经济学家眼中的成本与会计账户上规定的成本，即经济成本与会计成本，二者在含义上存在较大差异。每个企业都有自己的会计账户，它记录了企业在过去一段时期内生产和经营过程中的实际支出，这些支出被称为会计成本。会计成本常被用于对以往经济行为的审核和评价。而经济学家分析成本的目的在于考察企业的决策，并进而分析资源配置的结果及效率，所以经济学中对成本的使用侧重于衡量稀缺资源配置于不同用途上的代价。这涉及使用一项资源或做出一项选择放弃掉的机会，即机会成本的概念。

（一）经济成本（生产成本）与机会成本

生产成本又称生产费用，是厂商在生产中所使用的各种生产要素的货币支出。

生产要素包括劳动、土地、资本和企业家才能四种基本形式。

厂商为获得劳动而支出的费用是工资，为获得资本而支出的费用是利息，为获得土地而支出的费用是地租，为企业家才能而支出的费用是正常利润。因此，生产成本是由工资、利息、地租和正常利润四部分组成的。

劳动-工资、资本-利息、土地-地租、企业家才能-正常利润被称为四位一体公式。

机会成本就是由于做这件事情而放弃的其他用途中的最大的那个价值。比如大家可以思考你上大学的机会成本是什么。

（二）显性成本与隐性成本

1. 显性成本

显性成本（explicit cost）是厂商在生产要素市场上购买或租用所需要的生产要素的实际支出，如工资、利息、地租等，又叫会计成本。

2. 隐性成本

隐性成本（implicit cost）是厂商本身所拥有的且被用于该企业生产过程的那些生产要素的总价格。正常利润是隐性成本的一种组成部分。经济成本（生产成本）＝显性成本＋隐性成本。如图 4－5 所示。

实例分析

	会计报表		经济学家的报表	
销售收益	100万		100万	
厂房租金	5万		5万	显性成本（会计成本）
原材料	60万		60万	
电力等费用	5万		5万	
工人工资	10万		10万	
贷款利息	15万		15万	
		老板应得工资	3万	隐性成本
		自有资金利息	3万	
总成本	95万		101万	
利润	5万		–1万	

图 4－5　实例分析

（三）沉没成本与增量成本

沉没成本指已经付出且不可收回的成本。有些费用一旦支付就没法转让或提前终止，我们将这样的成本称为沉没成本。在经营决策的过程中，由于沉没成本是已经发生、不可回收的费用，往往不应该再被纳入考虑的范围。

增量成本是指某项决策带来的总成本的变化，在低成本扩张战略时考虑。

讨论：假定周围许多人都说《哪吒之魔童闹海》好，而且你也被它的广告所吸引，于是决定花 80 元去看一场。但电影开始后不久，你就觉得它并没有你想象的那么好。你应该继续看下去吗？这里面有什么是沉没成本？

举例说明：你观察到生活中有哪些沉没成本？

（四）私人成本与社会成本

私人成本是从生产者个体角度所考虑的成本，是个人活动并由他本人承担的成本。

社会成本是从社会整体来看待的成本，是指整个社会为某个厂商或某一生产要素投入所付出的成本。

这两个成本的概念与外部性（外部效应）概念密切相关。

举例说明：你观察到生活中有哪些外部成本或外部效益？

二、短期成本分析

我们已经掌握了厂商生产商品的产量是如何决定的，今天我们从成本角度考虑企业的生产问题。由于厂商的生产分长期和短期，因此，厂商的成本也分短期成本（*SC*）和长期成本（*LC*）。

在短期，由于只有劳动投入可以发生改变，资本投入不会变化，所以，短期成本包含可变成本 *VC* 和固定成本 *FC*；但是在长期，由于劳动和资本都会变化，所以长期成本都是可变成本。

成本函数：表示在一定时间内，在技术水平和要素价格不变的条件下，成本与产量之间依存关系的函数。假定 $Q=f(L, K)$——生产函数，$C=w \cdot L+r \cdot K$——成本方程，成本函数 $C=C(Q)$。

（一）短期固定成本

短期成本中的固定成本，是指与产量无关的成本。以咖啡厅为例，请你试着说出咖啡厅的固定成本。

门店的租金、装修、生产设备等都是比较容易能想到的固定成本，这些都与咖啡的产量没有关系，生产 1 杯咖啡和生产 100 杯咖啡，这些成本都不会有变化。固定成本与总产量之比称为“平均固定成本”。

（二）短期可变成本

短期成本中的可变成本是指与产量相关的成本。再以这家咖啡厅为例，请你试着说出它的可变成本。

门店服务员的工资、原材料的成本、税收、水电燃气等的费用都是比较容易能想到的可变成本，这些都与咖啡的产量有直接关系。可变成本与总产量之比称为“平均可变成本”。

固定成本与可变成本的和为短期总成本，短期总成本与总产量之比为短期平均成本。

（三）短期边际成本

每增加一单位产量所引起的总成本的增加量为短期边际成本。我们发现，其实每增加一单位产量所引起的总成本的增加量也是可变成本的增加量。

（四）各成本间的关系

我们假定这家咖啡厅在现阶段的固定成本是 30 万元，当生产 1 万杯咖啡时，产生的可变成本为 15 万元，咖啡厅生产 1 万杯咖啡的总成本为 45 万元，平均固定成本为 30

元，平均可变成本为 15 元，平均成本为 45 元，边际成本为 15 元。

当累计生产 2 万杯咖啡时，产生的可变成本为 18 万元，这时的总成本为 48 万元，平均固定成本为 15 元，平均可变成本为 9 元，平均成本为 24 元，边际成本只有 3 元。

而当累计生产 5 万杯咖啡时，产生的可变成本为 39 万元，这时的总成本为 69 万元，平均固定成本为 6 元，平均可变成本为 7.8 元，平均成本为 13.8 元，边际成本也涨到了 13.8 元。

最终，当累计生产 6 万杯咖啡时，产生的可变成本为 60 万元，这时的总成本为 90 万元，平均固定成本为 5 元，平均可变成本为 10 元，平均成本为 15 元，边际成本涨到了 21 元。

为了使你看得更清楚些，我们将这家咖啡厅从生产 0 杯咖啡到生产 6 万杯咖啡的相关成本都列在表 4－2 中。

表 4－2 成本表

产量/万杯	固定成本/万元	可变成本/万元	总成本/万元	平均固定成本/元	平均可变成本/元	平均成本/元	边际成本/元
0	30		30				
1	30	15	45	30	15	45	15
2	30	18	48	15	9	24	3
3	30	19	49	10	6.3	16.3	1
4	30	25.2	55.2	7.5	6.3	13.8	6.2
5	30	39	69	6	7.8	13.8	13.8
6	30	60	90	5	10	15	21

从表 4－2 中可以看出：短期固定成本不随产出的变化而变化，而且是在短期内无法避免的；所以随着产量的增加，平均每一单位产品中所包含的固定成本，也就是平均固定成本是越来越少的。

短期边际成本是先递减后递增的，并且在生产第 3 万杯时达到最小值。这是因为边际产量一定会递减，即为增加新的一单位产量所需要的劳动力会越来越多。因此，新增加一单位产量所增加的成本（也就是边际成本），一定是递增的。如图 4－6 所示。

短期可变成本是随着产量的增加不断增加的，但是受到短期边际成本的影响，其在前期增加缓慢，而到了后期迅速增加。如图 4－7 所示。

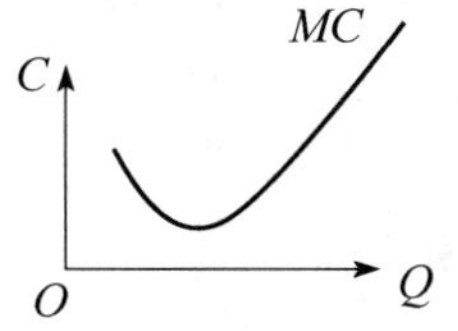

图 4－6 边际成本曲线

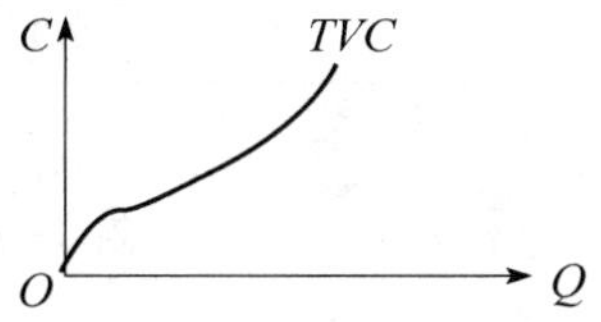

图 4－7 可变成本曲线

平均可变成本也是先递减后递增的，并且在生产第 3 万杯到第 4 万杯时达到最小值。如图 4－8 所示。

因为短期总成本是固定成本与可变成本的和，所以短期总成本也是随着产量的增加不断增加。同样在前期增加缓慢，而到了后期会迅速增加。如图 4－9 所示。

平均总成本在平均固定成本与平均可变成本的共同作用下，也是先递减后递增的，在生产第 4 万杯到第 5 万杯时达到最小值。如图 4－10 所示。

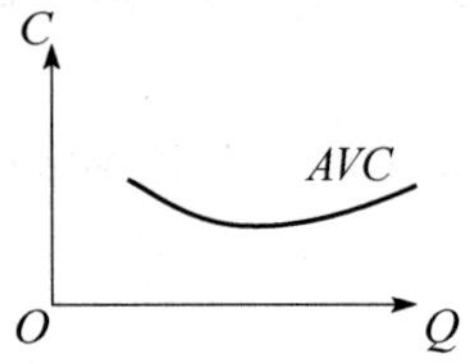

图 4－8　平均可变成本曲线

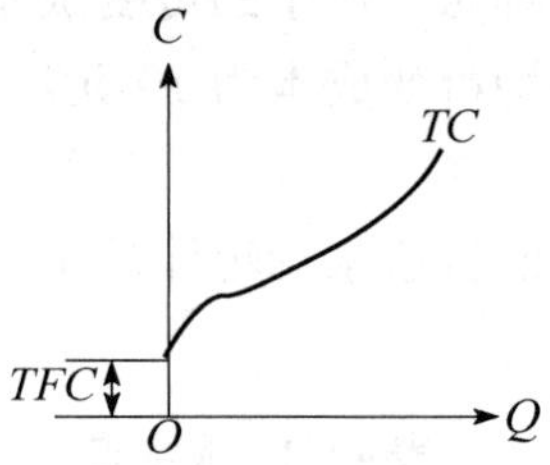

图 4－9　总成本曲线

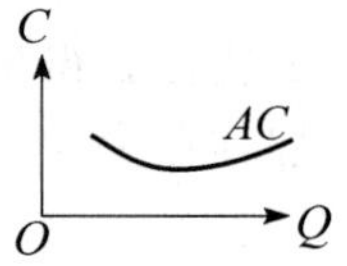

图 4－10　平均总成本曲线

短期成本中的几条重点曲线，在未来的学习中，我们要经常用到这几条曲线，分别是平均可变成本曲线、平均总成本曲线和边际成本曲线，如图 4－11 所示。

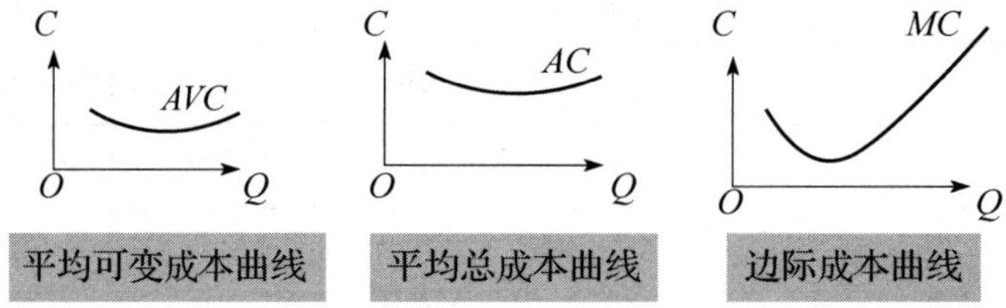

图 4－11　平均成本曲线对比

在之前的分析中，我们发现平均可变成本曲线、平均总成本曲线和边际成本曲线都是先下降后上升的曲线，因此都有最低点。现在，我们把这三条线画在同一个坐标轴内，如图 4－12 所示。

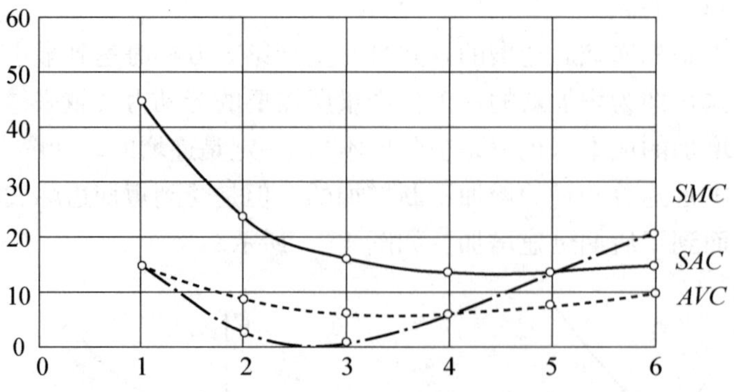

图 4－12　平均成本曲线对比图

思考：为什么这三条线是先降后升？哪条曲线变化最快，哪条曲线变化最慢？

边际成本曲线 SMC 与平均可变成本曲线 AVC、平均成本曲线 SAC 均相交，并且交点是在 AVC、SAC 的最低点上。也就是说在 AVC、SAC 达到最低点之前，SMC 是小于 AVC、SAC 的，SMC 在把 AVC、SAC 的值向下拉。

为了理解向下趋势之间的关系，回顾我们之前解释边际报酬递减的规律的例子：某排球队的平均身高是 1.80 米（平均量），新加入的一名队员身高 1.85 米（边际量），则全队的平均身高就会增加。反之，如果新加入的一名队员身高是 1.75 米（边际量），则全队的平均身高就会下降。

而在 AVC、SAC 达到最低点之后，SMC 是大于 AVC、SAC 的，SMC 在把 AVC、SAC 的值向上拽。

另外，我们发现平均成本 SAC 一直都大于平均可变成本 AVC，但是这两个变量之间的距离却在不断缩小。这个很好理解，因为 $AVC+AFC=SAC$，也就是说平均成本 SAC 与平均可变成本 AVC 之间一直有个平均固定成本 AFC，而随着产量的增加，平均固定成本 AFC 是在不断减少的，所以，平均可变成本 AVC 会不断靠近平均成本 SAC，但永远不会相交。

我们可以总结下平均可变成本曲线 AVC、平均成本曲线 SAC 和边际成本曲线 SMC 之间的关系：（1）SMC 与 AVC、SAC 均相交；（2）SMC 与 AVC 相交于 AVC 的最低点；（3）SMC 与 SAC 相交于 SAC 的最低点；（4）SAC 曲线最低点的出现慢于 AVC 曲线的最低点；（5）SAC 曲线的最低点高于 AVC 曲线的最低点。

三、长期成本分析

在掌握了短期成本理论后，我们再来学习长期成本理论。长期成本理论相对简单一些，由于长期成本都是可变成本，所以与长期成本相关的变量只有三个：长期总成本、长期平均成本和长期边际成本。

（一）长期总成本

首先，我们一起来看长期总成本。为了使分析更加直观清晰，我们还是借助图形来说明。我们先将 3 个不同时期的短期总成本曲线画在同一个坐标轴内（见图 4－13），即图中 STC_1，STC_2，STC_3。3 个不同时期的短期成本曲线代表不同的短期阶段为了达到一定的产量投入了不同的固定成本和可变成本的成本要素组合，STC_1 与纵坐标的交点最低，代表此时短期时期投入的固定成本最少。STC_3 与纵坐标的交点最高，代表此时短期时期投入的固定成本投入最多。

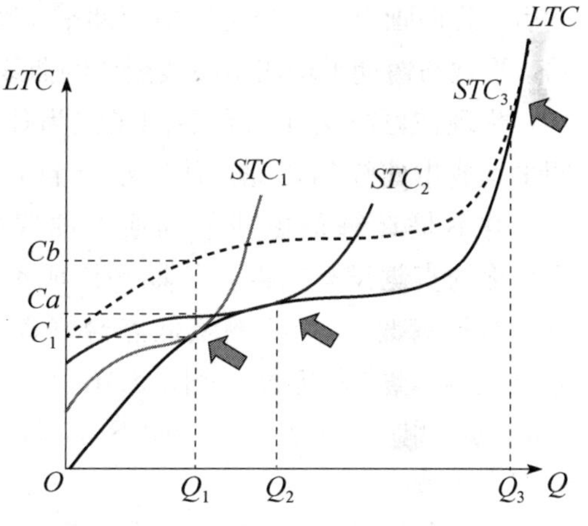

图 4－13　长短期总成本曲线关系

然后，我们从原点出发画出一条能与三条短期总成本曲线相切的，形状与短期总成本曲线近似的曲线，这条曲线就是长期总成本曲线。

你现在可能已经开始产生疑问了，为什么要从原点出发？为什么要与各阶段的短期总成本曲线相切？

第一个问题，为什么要从原点出发？我们知道，单独看一个厂商的短期总成本，一定是会有固定成本的。但是，从一个厂商的长期看，任何一个厂商都会经历从无到有的过程，从一个厂商成立的第一天开始计算，这家厂商的短期固定成本肯定是零，长期总成本在厂商成立的第一天也是零。所以，长期总成本曲线是从原点出发的。

第二个问题，为什么要与各阶段的短期总成本曲线相切？

以 Q_1 产量为例，在 STC_1 阶段总成本（C_1）最小，STC_2 或 STC_3 的阶段生产 Q_1 产量，总成本都会比 STC_1 阶段大。以此类推，厂商的最优选择就是在 STC_1 阶段生产 Q_1 产量，在 STC_2 阶段生产 Q_2 产量，在 STC_3 阶段生产 Q_3 产量。所以，我们可以说，长期总成本曲线与各阶段的短期总成本曲线相切的切点就是所在时期企业的利润最大化选择。长期总成本线（LTC）是由无数个短期总成本线包络而成的。

（二）长期平均成本

下面，我们再来看长期平均成本，同样我们要借助图形分析（见图 4－14）。

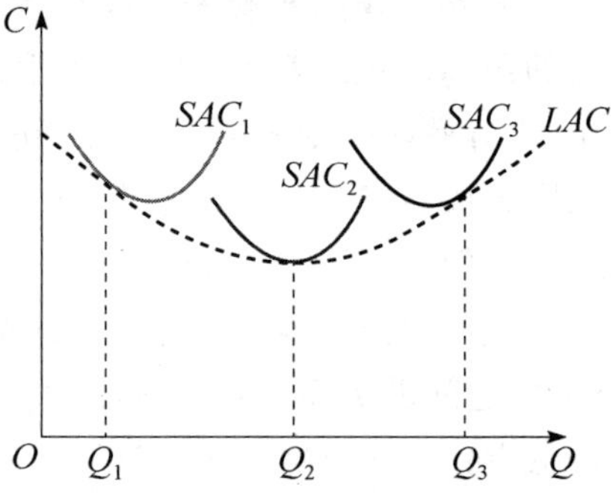

图 4－14　长期平均成本曲线

首先我们将 3 个不同时期的短期平均成本曲线画在同一个坐标轴内，即图中的 SAC_1，SAC_2，SAC_3。然后，我们画出一条能与三条短期平均成本曲线相切的，形状与短期平均成本曲线近似的曲线 LAC，这条曲线就是长期平均成本曲线。

你现在可能又开始有疑问了，为什么又要与短期平均成本曲线相切呢？从图形上看起来，切点的位置并不是在每条短期平均成本曲线的最低点上啊！你的直觉没有错误，长期平均成本曲线的一条重要特征就是：LAC 的最低点恰好也是某个 SAC 的最低点。最低点的左侧，SAC 与 LAC 相切于 SAC 的左侧；最低点的右侧，SAC 与 LAC 相切于 SAC 的右侧。

同样我们以 SAC_1 为例，为了看得清楚些，我们将 LAC 左侧部分放大（见图 4－15）。

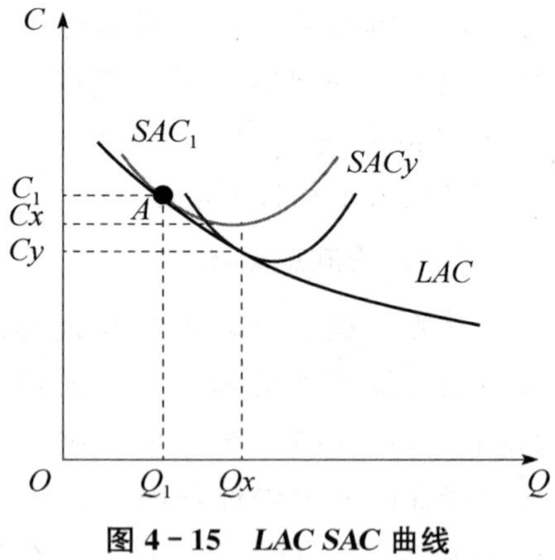

图 4－15　*LAC SAC* 曲线

在图 4－15 中，SAC_1 与 LAC 相切于 A 点，此时产量是 Q_1，说明厂商在生产 Q_1 产量商品时会选择在 SAC_1 所在的阶段，此时平均成本为 C_1，这是厂商的最优选择。

思考： C_1 所在的 A 点是不是 SAC_1 的最低平均成本？短期生产成本曲线 SAC_1 会移动到 SACy，代表企业在增加什么生产要素的投资？

如果在这个阶段生产 Qx 产量，平均成本 Cx 会比 C_1 还要低！可是，我们要看到在 Qx 产量上，还有比平均成本 Cx 还要低的平均成本 Cy 可以选择，Cy 所在的平均成本曲线我们可以标记为 SACy。所以，在 LAC 最低点的左侧，SAC 与 LAC 相切于 SAC 的左侧。

当然，LAC 的最低点恰好也是某个 SAC 的最低点。正如图 4-14 中 SAC_2 与 LAC 相切于两者的最低点，表明在该阶段生产 Q_2 产量的平均成本刚好是厂商长期平均成本的最低值。因此，我们也可以说长期平均成本线是由无数个短期平均成本线包络而成的。

（三）长期边际成本

我们再来看长期边际成本，长期边际成本曲线与短期边际成本曲线的形状也很相似（见图 4-16），唯一的不同是 LMC 比 SMC 更加平坦。LMC 也与 LAC 相交于 LAC 的最低点上。形成原因与短期边际成本曲线相同，这里就不再赘述了。

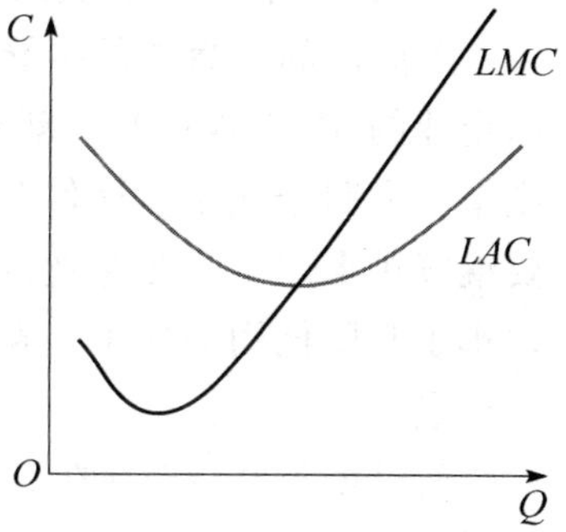

图 4-16　*LMC LAC* 曲线

案例：蔬菜种植公司的破产

当蔬菜价格下降时，有一家蔬菜种植公司破产了。这种事在市场经济中经常发生，不足为奇。问题在于许多附近地区的农民仍然在种菜，价格对所有生产者基本是相同的，为什么他们没有破产？为什么偏偏是蔬菜种植公司破产？从长期平均成本的角度，当销售量减少的时候，作为蔬菜种植公司的大企业平均成本会高于农民的种菜成本。因为它的固定资产多，平均固定成本会随着产量减少而提高。这些固定资产有可能是靠银行贷款购买的，一旦菜卖不出去，企业就面临破产困境。

四、收益与利润最大化

掌握企业利润最大化满足的原则，我们就能快速计算出企业应该生产多少数量的产品，从而使自己的利润最大化。

要想知道这个原则，我们先要知道企业的利润等于什么。

首先我们了解下收益。收益是厂商销售商品或劳务所得到的货币收入。收益中既包括成本，也包括利润。总收益是厂商出售一定量的商品所得到的全部销售收入，$TR=P\times Q$ 或 $TR=AR\times Q$。平均收益是厂商销售平均每一单位产品所获得的货币收入，$AR=TR/Q$。边际收益是厂商每增加一单位商品的销售量所获得的收益的增量，$MR=\Delta TR/\Delta Q$。

现在我们可以用公式来表达企业的利润了，我们用 π 表示利润，所以 $\pi=TR-TC$。如何使企业的利润达到最大化？如果你已经学过一些微积分的基本知识，请你现在回忆一下，如何求一个函数的最值？求一个函数的最值就是要使这个函数的一阶导数为零，就如我们前面课程所讲的总成本达到最大时，边际成本为零；总产量达到最大时，边际产量为零。

要使得 π 的一阶导数为零，就意味着使（TR－TC）的一阶导数为零，由于相减的函数求导是可以拆分的，所以，等式可以等同于 TR 的一阶导数减去 TC 的一阶导数为零，又因为前面讲了，TR 的一阶导数就是边际收益，TC 的一阶导数就是边际成本，所以等式等于边际收益减边际成本等于零，也就是边际收益等于边际成本。

所以，厂商达到利润最大化的原则是：边际收益等于边际成本，即 MR＝MC。

上面讲的是数学的推导过程，对于没有学过微积分的同学，我们不妨这么理解，当企业的 MR＞MC 时，就意味着企业每生产一件产品所获得的收益大于其所耗用的成本，说明企业生产这件产品还有利可图，这个时候企业是不会停止生产的，而是还要继续扩大产量；当企业的 MR＜MC 时，就意味着企业每生产一件产品所获得的收益小于其所耗用的成本，每多生产一件产品，企业就要多亏损一些，这时企业就会减少产量。

所以企业只会选择在 MR＝MC 时停止生产，这时候企业获得了利润最大化！这个原则非常重要，在后面的学习中，我们会经常用到这个原则。

学习任务三 企业市场竞争的类型

市场类型的划分标准：竞争程度的强弱。影响市场竞争程度的因素有：第一，市场上厂商的数目；第二，厂商之间各自提供的产品的差别程度；第三，单个厂商对市场价格的控制程度；第四，厂商进入或退出一个行业的难易程度。

一、完全竞争市场

所谓完全竞争市场，就是指竞争充分而不受任何阻碍和干扰的一种市场结构。

（一）完全竞争市场的特征

完全竞争市场有下面四个特征：（1）市场上有众多的消费者和众多的厂商；（2）消费者需求和厂商供给的产品没有任何差异；（3）消费者和厂商具有完全信息；（4）从长期来看，厂商可以自由地进入或退出这一行业。

我们现在来看一个牛奶市场，在这个牛奶市场里没有一个牛奶购买者可以影响牛奶价格，因为相对于市场规模，每个居民购买的量很少。

同样，每个牛奶厂商对价格的控制是有限的，因为许多其他厂商也提供基本相同的牛奶。由于每个厂商可以以现行的价格卖出它想卖的所有量，所以，它没有什么理由收取较低价格，如果它收取高价格，居民就会买其他产品。

如果任何一个人都可以决定开一个奶牛场，而且，如果任何一个现有奶牛场可以决定离开牛奶行业，那么，牛奶行业就是一个完全竞争市场。

（二）完全竞争市场的三线合一

请你考虑下牛奶市场的需求曲线是怎样的，市场中的一家牛奶企业的需求曲线又是怎样的。

从整个牛奶市场的角度看，一定是牛奶市场的供给和需求共同决定了牛奶的价格，如图 4－17 所示。

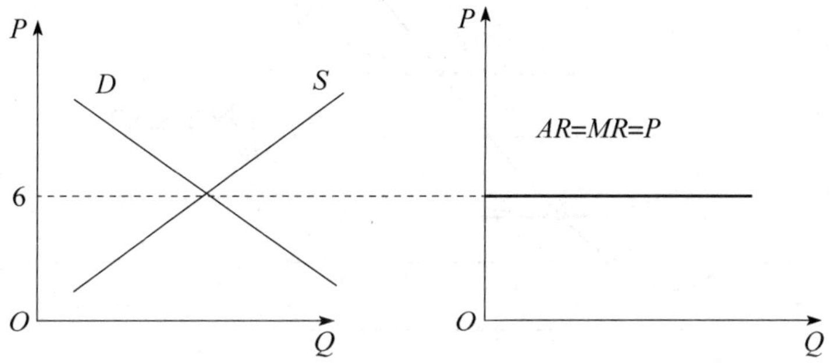

图 4－17　完全竞争市场图示

从其中一家牛奶企业的角度看，由于它们都是价格的接受者，也就是说在竞争市场上厂商和居民必须接受市场决定的价格，所以牛奶企业的需求曲线就是一条从均衡价格出发的平行于横轴的线。

现在，我们将其中一家牛奶企业的相关收益数据列出来（见表 4－3），看着这些数据，你能得出什么结论？细心的你一定已经发现了，这家牛奶企业的价格和平均收益、边际收益都是相等的，都等于 6。

表 4－3　完全竞争市场收益

产量（升）	价格（元）	总收益（元）	平均收益（元）	边际收益（元）
1	6	6	6	6
2	6	12	6	6
3	6	18	6	6
4	6	24	6	6
5	6	30	6	6
6	6	36	6	6
7	6	42	6	6
8	6	48	6	6

我们不妨把这条线画在同一个坐标轴内，原来完全竞争企业的需求曲线（*d*）、平均收益线（*AR*）和边际收益线（*MR*）三条曲线是重合的，经济学把这种特征叫做三线合一。

（三）完全竞争市场的短期均衡

首先，我们来学习完全竞争市场的短期均衡。为了便于分析，我们仍然借助图形。我们先回顾下前面所学的三条短期成本曲线的形状，短期边际成本 *SMC*、短期平均成本 *SAC* 以及平均可变成本 *AVC*，它们都是先下降后上升的曲线，因此都有最低点。将这三条成本曲线画在同一个坐标轴内（见图 4－18）。

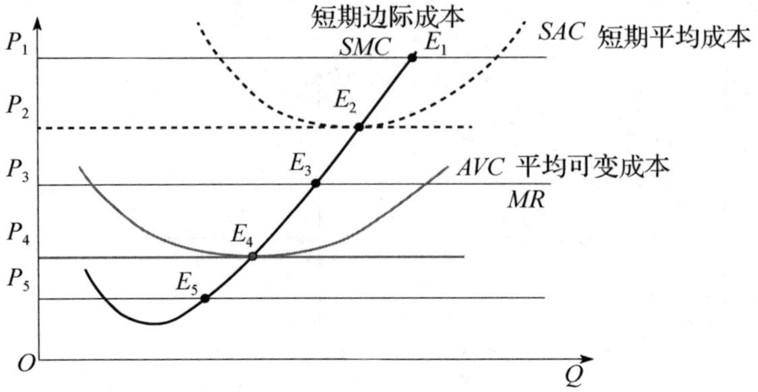

图 4-18　完全竞争市场成本收益

现在，我们假定产品的价格为 P_1，我们画一条从 P_1 出发的平行于横轴的线，因为完全竞争市场三线合一的特性，这条线我们可以理解为边际收益线，现在我们还要回顾下企业利润最大化的原则，就是边际收益等于边际成本。因此我们要在图形中找出边际收益曲线与边际成本曲线的交点 E_1，这时企业就达到了短期利润最大化。我们还发现，这时由于产品的价格 P_1 高于产品的平均成本，说明企业是有超额利润的。如图 4-19 所示。

如果产品的价格为 P_2，这时边际收益曲线与边际成本曲线的交点为 E_2，此时产品的价格 P_2 等于产品的平均成本，企业没有超额利润，但能获得正常利润，也就是企业家才能的收入。如图 4-20 所示。

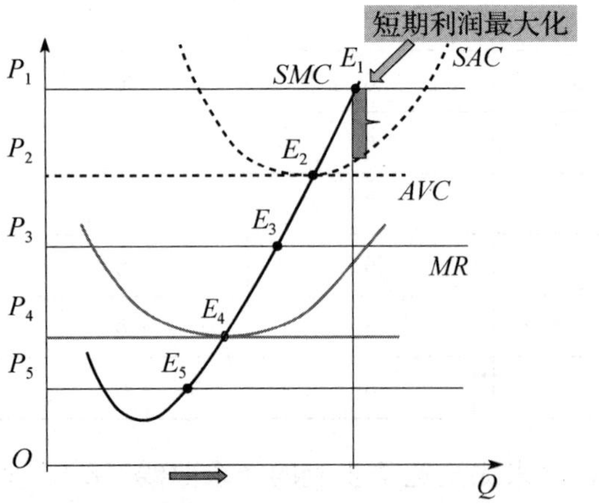

图 4-19　完全竞争市场短期利润最大化

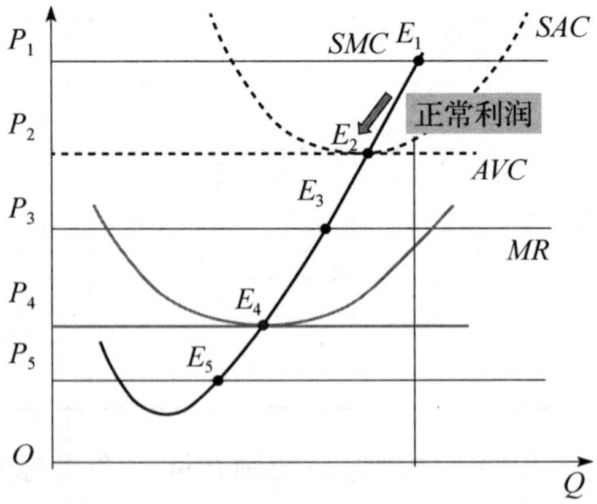

图 4-20　完全竞争市场正常利润

如果产品的价格为 P_3，这时边际收益曲线与边际成本曲线的交点为 E_3，此时产品的价格 P_3 小于产品的平均成本，大于产品的平均可变成本，说明企业在亏损，亏损了一部分的固定成本。如图 4-21 所示。

如果产品的价格为 P_4，这时边际收益曲线与边际成本曲线的交点为 E_4，此时产品的价格 P_4 刚好等于产品的平均可变成本，说明企业亏损了全部的固定成本。如图 4-22 所示。

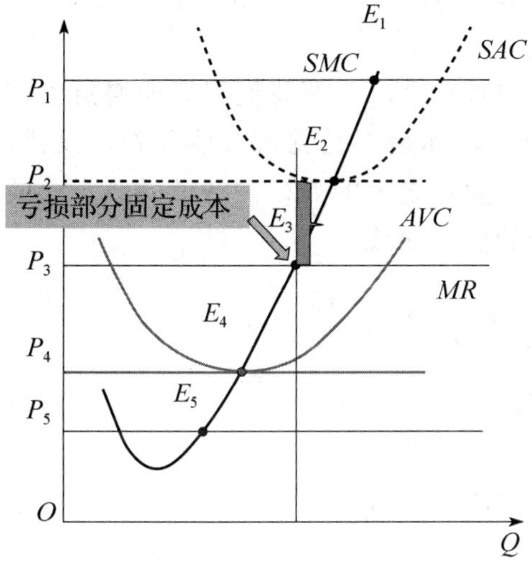

图 4－21　完全竞争市场亏损部分固定成本

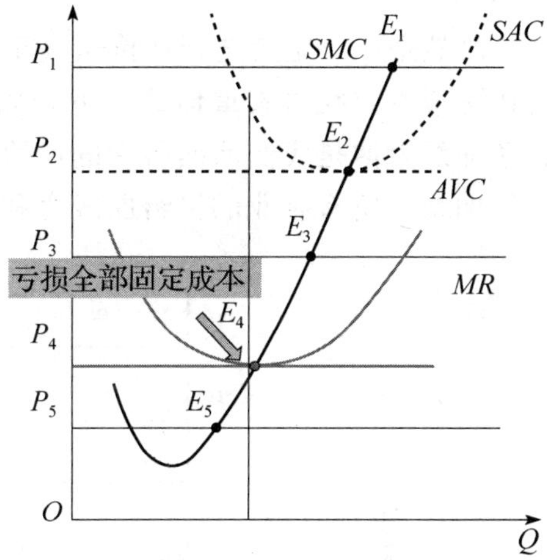

图 4－22　完全竞争市场亏损全部固定成本

而如果产品的价格为 P_5，这时边际收益曲线与边际成本曲线的交点为 E_5，此时产品的价格 P_5 小于产品的平均可变成本，说明企业不仅亏损了全部的固定成本，还在亏损可变成本。如图 4－23 所示。

总结各个价格水平的利润情况，如图 4－24 所示。

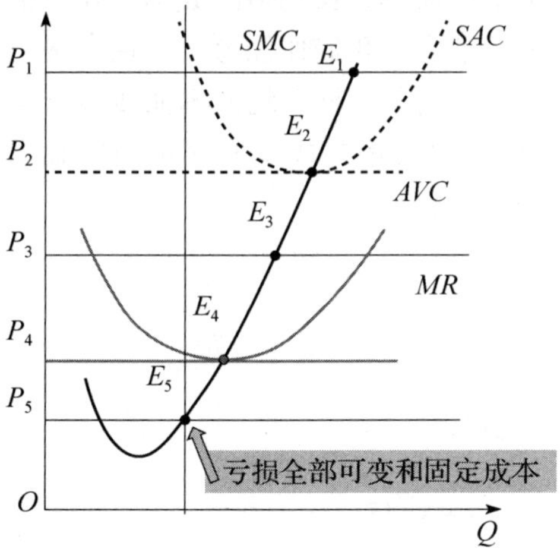

图 4－23　完全竞争市场亏损全部可变和固定成本

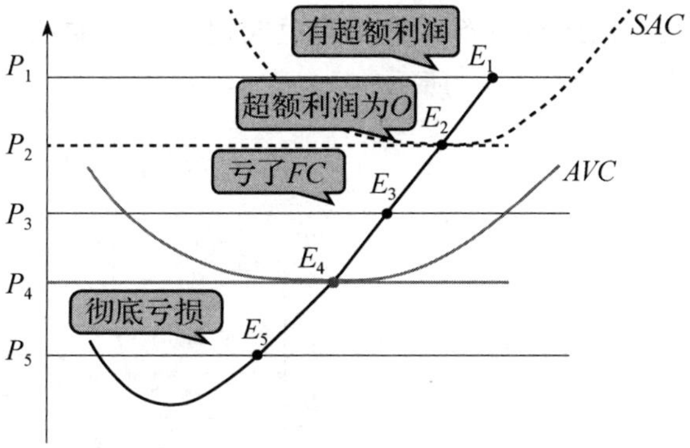

图 4－24　完全竞争市场总结

请你考虑一下，企业在哪个价格水平下就不会继续营业了？可能你会说在 P_2 的价格水平之下就不会营业了。实际上，企业不会在 P_2 的价格水平下停止营业，而是会坚持到 P_4 的价格水平下。因为企业的固定成本是早前就已经投入的，只要价格不低于平均可变成本，企业在短期都还有利可图，企业还能够维持运转。可是如果在低于平均成本的时候就停止营业，等于将原来投入的固定成本全部亏掉了。所以 E_2 点在经济学上叫做收支相抵点，E_4 点在经济学上叫做停止营业点。

总结出完全竞争企业的短期均衡条件：（1）$MC=MR$；（2）价格高于停止营业点（$MR>AVC$）。

既然企业一定会选择在价格高于停止营业点的时候生产，那我们将企业愿意生产的边际成本曲线再着重描绘一下，如图 4－25 所示，你是不是觉得有些眼熟，没错，这条曲线就像是我们前面所学的供给曲线，停止营业点之上的 MC 曲线就是该企业的供给曲线。所有企业的供给曲线之和构成了市场的供给曲线。

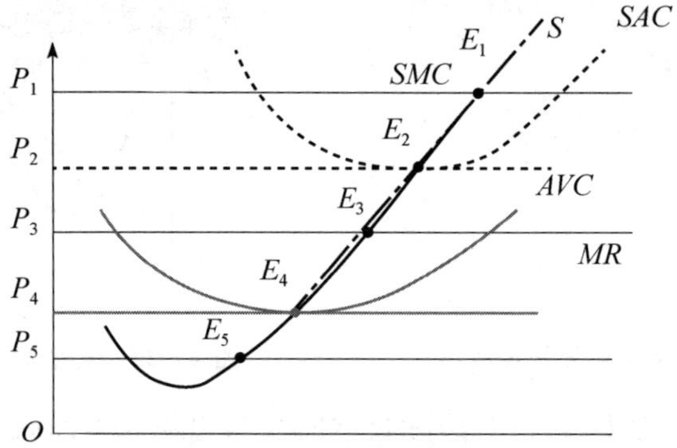

图 4－25　完全竞争市场供给曲线

（四）完全竞争市场的长期均衡

同样，我们要回顾下相关的长期成本曲线、长期平均成本、长期边际成本。我们把长期平均成本曲线和长期边际成本曲线画在同一个坐标轴内。我们还知道，存在一条与长期平均成本曲线的最低点相切的短期平均成本曲线，与这条短期平均成本曲线最低点相交的还有一条该时期的短期边际成本曲线。我们把这两条短期成本曲线也同样画出来。如图 4－26 所示。

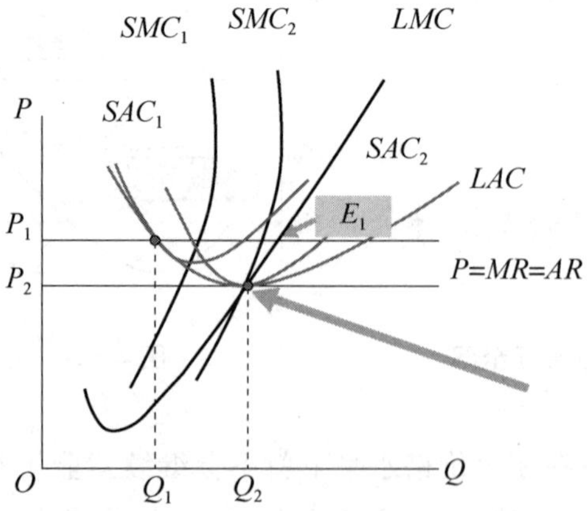

图 4－26　完全竞争市场长期均衡

我们假定产品的价格为 P_1，画出对应的边际收益曲线，同样找出这条边际收益曲线与长期边际成本曲线的交点 E_1，我们发现这时产品的价格 P_1 高于长期平均成本，说明企业有超额利润。

只要有超额利润，就会不断地有新企业进入这个市场，随着企业的不断进入，整个市场上的产品供给不断增加，产品的均衡价格就会下降，下降到什么时候停止呢？下降到企业没有了超额利润，不再有新企业进入这个市场时。也就是产品的价格为 P_2 时，这时产品的价格 P_2 等于长期平均成本和短期平均成本的最低点。

所以，完全竞争市场长期均衡状态就是超额利润为零，没有新企业进入也没有老企业退出的市场状况。现在，我们可以总结出完全竞争市场长期均衡满足的条件，即 $SMC=SAC=LAC=LMC=P=MR=AR$，此时，LAC 最小。实际上，严格意义上的完全竞争是不存在的，但是，完全竞争市场是经济学家的理想，是市场改进的方向和参照系。

完全竞争市场长期均衡状态就是超额利润为零，没有新企业进入也没有老企业退出的市场状况。完全竞争市场长期均衡状态就是获得正常利润。

讨论：企业竞争采取什么策略可以改变完全竞争市场的超额利润为零的现状？

举例：超市中所有品牌的牛奶都是一模一样的吗？

案例：农业企业的技术进步

在完全竞争市场中，企业属于哪一个类型完全取决于自身的努力。理论上，完全竞争企业生产函数相同，这种假设忽略了竞争压力。实际上，在完全竞争市场中，企业的生产函数不同，竞争压力非常大，企业每日都在面临破产威胁，因此完全竞争企业有最强的技术进步动力。

竞争成败的关键就在于谁能掌握先进技术，农业企业一般是独资企业，农民是给自己干活，而工人是给别人干活，农民面朝黄土背朝天的辛劳，一分钱掰成两半花的节俭，天灾人祸前的坚忍不拔，都是其他企业难以比拟的，因此农民掌握新技术的热情理论上是最高的。这个理论与现实有明显反差，因为农民处在一个相对封闭的环境中，他们获取信息较少，文化水平较低。

目前，这种情况已经发生了巨大变化。完全竞争企业有技术进步动力，但它缺乏技术革新能力。现代的技术进步需要巨额资金投入，这是利润为 0 的边际企业无力承担的。即使企业略有微利，也难以解决科研经费问题，这是完全竞争市场的重要弊病。农业取得了很多技术突破，如农业机械、化肥、良种、节水、塑料薄膜、流水线养鸡等，但是它们基本上不是由农民搞出来的。

这说明政府必须承担推动农业技术进步的责任。完全竞争企业摆脱困境的办法是建立各种一体化企业集团，如农商一体化企业集团和农工商一体化企业集团，担任龙头企业的公司可以向分散的农户提供技术支持、生产资料供应、产品收购、资金扶持。它自己也获得稳定的原料来源和部分产品的市场。

二、垄断竞争市场

垄断竞争市场的主要特点是产品有差别。产品的差别表现在质量、销售地点、品牌、性能、外观、售后服务、商标等各个方面。销售地点对于零售业来说是产品差异的重要组成部分，因此，同一产品在不同地点可卖出不同价格。每一个企业生产的产品都是独一无二的，它使垄断竞争企业具有一定程度的垄断性。这些有差别的产品在性质上属于同类产品，这使各垄断竞争企业相互之间的竞争十分激烈。

垄断竞争企业为数众多，这意味着每一家企业都是中小企业。零售业、服务业和某些劳动密集型手工业和轻工业属于垄断竞争市场。例如，电影院、饭店、零售商店、服装厂、印刷厂、制锁厂等都处于垄断竞争市场。

三、寡头垄断市场

寡头垄断市场又称寡头市场，其显著特点是寡头企业之间存在相互依存性，企业决策要考虑对手的反应。由于卖者数量很少，每一家寡头企业在市场中都占有重要地位，所有企业的价格和产量决策都会对市场产生重大影响。

寡头市场存在于汽车、钢铁、石油、化工、飞机、胶卷、烟草、啤酒、粮食加工、报纸等规模报酬非常明显的行业。寡头市场是最接近现实情况的市场。多数大企业都处于寡头市场之中。

寡头市场形成的原因类似于完全垄断市场，包括：

（1）政府给予各个国有企业较大的经营管理权，这使国有企业之间可能出现决策不一致的情况，形成大企业之间的竞争关系。

（2）政府特许一家以上企业进入相关市场，这些得到特许的企业成为寡头企业。

（3）某行业规模报酬比较明显，在市场激烈竞争中只有少数大企业能够最终生存下来。

（4）寡头企业各有高招，它们控制了技术或其他资源，新的企业难以打入该市场。

（5）地区市场规模有限，几家企业产品就能满足市场需要。例如两个城市之间可能只有几家公共汽车公司。

四、完全垄断市场

（一）定义

完全垄断市场又称垄断市场，是指市场完全由一家厂商所控制的情形，即市场上只有一个卖者。

（二）完全垄断市场须具备的条件

第一，市场上只有唯一的一个厂商生产和销售商品。

第二，该厂商生产和销售的商品没有任何相近的替代品。

第三，其他任何厂商进入该行业都极为困难或不可能。

第四，厂商可以根据获取利润的需要，实行差别价格。

所以，在垄断市场条件下，垄断厂商可以控制和操纵市场价格。

（三）完全垄断市场形成的原因

（1）企业国有。例如，邮政、供水、供电、铁路、公路等行业在许多国家都由国有企业经营。理论上，国有企业的决策权掌握在政府手中，国有企业之间不会展开相互竞争。

（2）政府特许。例如，烟草、石油等行业需要得到政府特许，才能由私人企业经营。如果政府只特许一家企业经营，该行业就成为完全垄断市场。

（3）某行业的规模报酬非常明显，在市场激烈竞争中只有一家企业最终生存下来。例如，在两个城市之间，通常只有一条铁路；在两个城市之间的铁路运输就成为完全垄断市场。

（4）企业控制了技术或其他资源，使别的企业无法打入该市场。

（5）地区市场规模有限，一家企业产品完全满足市场需要。例如，某县的市场需求只能让一家水泥厂实现规模经营，其他地区的水泥厂将产品打入该市场的运输成本较高，本地水泥厂就成为完全垄断企业。

五、四种市场结构的比较

（一）四种市场的最大特点

（1）完全竞争市场：是买者和卖者为数众多、产品同质、信息充分、没有进入和退出障碍的市场。完全竞争市场最重要的特点是每个交易者都是市场价格的接受者。

（2）完全垄断市场：是独家企业生产、产品不易于替代、信息成本较高、存在严重进入障碍的市场。其最大特点是垄断企业是市场价格制定者。

（3）垄断竞争市场：是企业为数众多、产品有差别、进入障碍较少的市场。它的主要特点是产品有差别。

（4）寡头垄断市场：是卖者数量很少、进入障碍较大的市场。它的显著特点是寡头企业之间存在相互依存性，企业决策要考虑对手的反应。

（二）四种市场在各方面的差异

如图 4－27 所示：

	市场结构	企业数量	信息	进入限制	产品差别
粮食市场	完全竞争	N个	对称	无	无
汽车制造	垄断竞争	多个	不对称	无	有
电信业	寡头垄断	几个	不对称	高	有/无
自来水	完全垄断	1个	不对称	不能	特殊

图 4－27 四种市场类型比较

学习任务四 航空企业的经营模式

一、航空企业经营模式

航空企业按照经营模式可以分为网络型航空公司、区域型航空公司、地方航线型航空公司、低成本航空公司、休闲航空公司（包机、公务机）这几种，各自的运作特点、成功因素和举例参见图 4－28。

经营模式	运作特点	成功因素	举例
网络型	•包含长途和短途航线的中枢辐射航线网 •联盟成员	•精细的航线网络管理 •销售能力 •适当的运营规模	汉莎航空（Lufthansa）
区域型	•较小机场的区域喷气飞机	•服务水平 •飞机选型	葡萄牙航空（Portugatia）
地方航线型	•为战略伙伴的中枢航班输送旅客	•网络和销售的同步 •生产率	欧洲翼航空（Eurowings）
低成本	•只有点到点 •直销 •只有一种订座等级 •机上无服务	•重点在成本控制 •高飞机利用率 •同一机型 •现金控制	西南航空（Southwest） 英国易捷航空（easyJet）
包机	•没有定期航班 •低成本，低服务	•与旅行社的合作关系 •季节性的管理	康多尔航空（Condor） 英国途易航空（TUI）

图 4－28　航空企业经营模式

二、航空企业经营管理体系的构建策略

首先，更新管理理念与管理方法，重视人才培养。我们都知道飞机事故不仅与飞机质量有关系，还与驾驶员内在因素、航行以及周围环境等多方面因素具有密不可分的联系，也就是说飞行安全是一个由人、路、航空器以及环境这些主要因素组成的闭环系统。由于工作的特殊性，驾驶员直接关乎人的生命与财产安全，因此，必须重视人才培养，也就是说通用航空企业通过开展全新的人才培养措施来加强企业经营管理，可以与学校开展定向合作，加强与国内外高端学府的技术交流和合作，改变当前通用航空企业人才匮乏的问题，积极发挥管理型人才在通用航空企业的作用，实现后备人才的储备工作，满足基础人员的实际需求。

其次，重视资金融合，转变通用航空企业经营发展格局与模式。通用航空企业内部的管理不够完善，对应收账款缺乏有效的管理。因此，在供应链融资市场中，应建立健全第三方监督机构，通用航空企业的发展必须交给专业化团队进行管理，不能让资本方采用资金投入的方式来影响企业的行政管理工作，建立与完善通用航空企业架构与经营计划管理小组，加强对通用航空企业以及银行等商业机构的审查与监督力度，并不断优化财务管理，规避市场风险，与被管理企业和项目组形成有效沟通与交流，快速及时地进行问题的反馈和督导，合理安排融资数量与资本结构比例，发现违法违规行为要及时

给予相应的惩罚，协助解决实际问题，提高通用航空企业的经营运行效率，让通用航空企业发展长期处于良好的运行状态，并且脱离地方政府对通用航空企业自由经营主体的影响，注重机场基础建设对通用航空企业发展带来的影响，掌握通用航空企业发展变化与动态，真正实现企业专业化管理，从而增强通用航空企业自身市场竞争力与综合实力。

三、航空企业的竞争策略

（一）差异化竞争战略

航空公司差异化竞争战略实现路径可以通过明确品牌定位来实现。在广大消费者心目中建立品牌的美誉度和忠诚度是一项相当困难的任务，因为品牌资产需要时间积累，同时又十分容易遭到破坏。当前国内大多数航空公司的品牌建设主要集中在服务质量上，形成了一种重叠定位与激烈竞争的格局。因此，在品牌定位上，航空公司应改变之前的定位目标，将创新科技、个人效率、定制化三大品牌核心作为差异化定位的标准，形成以创新科技为基础，以个人效率为核心，以定制化为特质的品牌特色，突出差异化特点。对此，航空公司可以采取以下措施：首先是通过提升服务质量来打造口碑，同时通过推出新产品来导入科技和效率的品牌要素；其次是通过定制化措施来树立企业的高端品牌形象，提高固定客户群体的忠诚度；最后是通过持续的品牌建设和拓展来提升企业的品牌溢价空间。

（二）优化组织结构

对于航空公司来说，差异化竞争战略要求公司的组织结构与战略方向、未来业务规模发展、细分市场、客户响应能力相适应，因此航空公司必须对现有的组织结构进行调整和完善。对此，可以从以下几个方面着手：一是以流程为导向，建立简单清晰的指令和报告链；二是对企业价值进行优化，以产出控制为重点，以关键绩效指标为标准；三是将传统的围绕个人的组织结构设计改变为围绕业务职能的组织结构设计，进一步明确权利和责任；四是公司的营销和服务部门要尽可能接近实际市场；五是在相关产业链上，采取多部门结构，集中研发、人力资源、质量标准和控制、信息技术、财务、战略规划等部门，实现资源共享，加强协同效应。

（三）完善销售渠道

随着航空行业竞争日趋激烈和诸多航空公司之间同质化现象愈发严重，未来航空公司之间的竞争不仅仅是航线产品和航空服务的竞争，更是销售渠道的竞争。稳定的销售渠道是实现差异化战略目标的重要手段。对此，航空公司可以采用直销模式，即航空公司通过自己的销售网络直接服务于客户，以达到航空公司在保证市场占有率、降低成本的同时以各种实惠对客户形成吸引力。当前国内大多数航空公司的销售渠道仍以代理销售为主，这种模式固然能够确保航空公司迅速拓展市场，但也同时造成航空公司对消费者采取的种种优惠，如降价、返还奖励等难以落实到消费者身上，最终导致航空公司收益不见好转，消费者对航空公司的忠诚度也较低。当然，采取直销模式并不意味着代理销售一无是处，而是要有重点地将两种销售模式结合起来。

（四）美国西南航空公司的竞争策略分析

1. 外部环境的机会与威胁

（1）对美国西南航空公司未来发展存在影响的外部因素。

企业具有社会性、开放性，外界因素的变化对企业的发展具有重要的影响，具体来说，影响企业未来发展的外部因素主要有政治环境因素、经济环境因素、社会文化环境因素以及技术环境因素。美国西南航空公司在一片萧条气氛中异军突起，离不开对外部因素的充分利用，同时，外部因素在一定程度上也会对企业的发展造成一定的威胁。对美国航空公司来说，政治方面，1978 年，美国政府为了解决主流航空公司机构臃肿、效率低下、妨碍国民经济发展等问题放松了对航空公司的管制，美国航空公司从而有了较好的政治发展环境；经济方面，美国在 1990 年 8 月到 1991 年 3 月经过一段短期的经济衰退，继而经济全面高速增长，人民消费能力与购买力得到提升；社会文化方面，美国 21 世纪初大规模的人口增长使美国人口结构呈现年轻型，大量的白领需要更加低廉快捷的优质航空服务；技术方面，美国 1993 年实施信息高速公路战略后，电子商务迅猛发展，使美国西南航空公司能够提前占领市场，并向客户提供全面的公司信息与服务。但是，随着美国政治经济环境的变化，美国西南航空公司的发展也受到一定的威胁，如 1997 年联邦政府推出机票税政策，使西南航空公司被迫发展长途航线，以保持自己的竞争优势及低成本高盈利战略。

（2）五力模型分析美国西南航空公司竞争环境。

五力模型分析即从潜在进入者、替代品、供方、买方以及竞争者五个方面对某企业竞争环境的分析。对美国西南航空公司来说，潜在进入者是指有可能进入航空市场的投资者；供方主要是机场，美国西南航空公司机场启用于 1939 年，距离市区（曼哈顿）12.4 千米，机场存在拥挤情况，会在一定程度上延误行程；买方主要是乘客，由于可供选择的航空公司众多，竞争激烈，顾客议价能力强；替代品主要为汽车等其他交通工具，在大量航班延误之时，很多短途乘客可能改乘汽车；竞争者主要为其他航空公司，由于竞争激烈、低价竞争，竞相模仿、差异化缩小，美国西南航空公司竞争压力逐渐增大。

（3）行业竞争焦点以及美国西南航空公司关键成功要素。

美国西南航空公司能够在前所未有的逆境中始终保持着盈利，主要有五个方面原因。其一，服务和价格，从开业的第一天起，美国西南航空公司就认为低价和优良的服务有助于开拓更多的市场，并以此向大公司的高价策略提出挑战；其二，航班准时性及安全性，美国西南航空公司以飞短程航线为主且拥有最佳的飞行安全记录，服务人数众多；其三，内部运营方面，美国西南航空公司保持扁平的组织架构，排除官僚主义；其四，顾客关怀及员工管理，以顾客为中心的弹性服务规则可以使员工以额外的时间和耐心对待有特别需要的乘客；其五，经营扩张方面有严谨的财务战略等。

2. 内部经营及资源能力状况分析

（1）企业能力分析。

企业能力主要体现在运营能力、市场决策能力、管理能力及财务能力。从运营能力上看，美国西南航空公司运营方式独特，安全、可靠、快速、低价的多航班运行，且有充盈的财务能力使公司的运营能力更佳；从市场决策能力上看，美国西南航空公司采用集中化战略，是全球唯一一家只提供短途、高频率、低价、点对点航班的航空公司，且公司的行动都围绕最有效最经济的方式；从管理能力上看，美国西南航空公司管理者是公司文化的传承者和捍卫者，企业员工熟知公司文化，员工学习工作效率高、能力强，专业水平高；从财务能力上看，企业财务能力强，坚持利润最大化的原则，控制成本，提高利润，凭借低价、精简的服务方式，取得价格优势和较强的市场竞争力。

（2）资源能力情况分析。

美国西南航空公司资源能力主要体现在技术资源、人力资源、组织资源、财力资源和实体资源上。技术资源方面，美国西南航空公司统一的机型，极大地降低了公司的培训、维护以及仓储费用，新的自动化系统和技术，精简了登机流程，同时，美国西南航空公司是首家推出可下载的电脑软件，告知乘客各种新服务的航空公司；人力资源方面，美国西南航空公司管理者与员工关系融洽，员工积极配合，管理成本极低；组织资源方面，美国西南航空公司定位于大量高频率、短距离的乘客，提供低票价来吸引乘客，选择城市点对点直飞，吸引大量乘客；财力资源方面，美国西南航空公司低成本、高利润；实体资源方面，美国西南航空公司有统一的效率极高的波音 737 机型，地面物业及设备齐全，地面周转时间快。

3. 战略制定

（1）公司层战略分析。

公司层战略体现在公司愿景使命、公司发展方向和目标、公司业务定位及组合以及竞争优势构建上，美国西南航空公司准确地对市场进行细分，进行战略定位，并依照战略开展相互支撑的运作活动，使其有了更大的竞争力。从公司愿景使命上来看，美国西南航空公司始终坚定不移地执行核心战略，始终坚持“高效低价”，服务于乘客；从公司发展方向和目标上来看，公司坚持将其战略适用的范围定位为广大追求快速、低价的商务或休旅人群，获得较大市场；从公司业务定位及组合上来看，美国西南航空公司有自己独特的、难以模仿的、具有差异化的业务，即点对点的航班等；从竞争优势构建上看，西南航空与其他主要航空公司相比，其具有突出优势并上升为核心竞争力的是“快速高效、频繁准时、低成本和低价”，而这些显著竞争优势来源于对几百架飞机的高效使用从而产生快速周转率。

（2）业务层战略分析。

企业业务层的战略重点体现在业务的发展方向、业务的竞争模式以及价值链环节之上，美国西南航空公司在当下大环境不好的情况下，更稳健的做法应该是在不影响服务质量的前提下尽可能地缩减成本，同时最小化飞机的使用不足以及最大化现有线路的盈利，积极优化现有网络，保证市场占有率；在业务的竞争模式上，美国西南航空公司仍需以点对点航班为主，在完全竞争市场之下，采取更有效的降低成本的策略，保障自身发展；从价值链环节上来看，需在低成本战略的基础上，采用差异化战略，如在限量提供飞机上服务的同时提高服务质量，使企业竞争力增强，从而保障企业利润。

4. 总结

由于美国西南航空公司是短途飞行，因而在低成本的经营理念下设定经营战略，才能维持公司的正常运营以及在逆境下盈利，所制定的相关战略要借助严格的成本控制及管理，特别是短程航班服务因起降次数频繁、上下旅客次数多等因素的影响，营运成本要高于其他航班，所以，在尽可能地降低成本的理念下制定的战略才更能促进美国西南航空公司的发展。

学习任务五 第五航权概述

一、第五航权的含义

第五航权，即第三国运输权，是指一个国家的航空公司在经营某条国际航线的同时，获得在第三国经停并载运客货的权利。例如：新加坡—厦门—芝加哥，新加坡航空获得第五航权，可以在新加坡—芝加哥航线上在厦门经停，上下客货。

二、第五航权的形式和意义

（一）承运人本国（第一国始发地）—中途经停第三国—目的地国（第二国）

承运人从本国运输客货到另一国家时中途经过第三国（也就是始发地国家和目的地国家以外的其他国家），并被允许将途经第三国拉的客货卸到目的地国。这种权利是第五航权的一种。比如中国和新加坡的双边协定允许中国承运人在东南亚选择一点作为中途经停点，并可以将当地的客货拉到新加坡。这样对中国承运人的新马泰旅游运输就非常有利，一个航班上既可以有中国—新加坡的旅客，也可以有泰国—新加坡的旅客，同时因为中国与泰国本来有第三、四航权，所以同时还有中国—泰国的旅客。旅行社在组织新马泰游的时候就可以选择同一家公司承担所有的航程，非常有竞争力，并且方便旅客。如果没有第五航权，新马泰游至少要找两家公司承运。但是要注意，能否顺利地行使第五航权，还要有中途经停国家政府的同意。

（二）承运人本国（第一国始发地）—目的地国（第二国）—以远点第三国

第五航权的第二种是以远点国家的运输，承运人将自己国家始发的客货运到目的地国家，同时又被允许从目的地国家上客货，并被允许运到另一国家。还是举新马泰的例子，中国和泰国的双边协定同意中国承运人将泰国的客货运往东南亚的另一个国家，并同意将东南亚另一个国家的客货运到泰国。这样，中国承运人选择了新加坡，就组成了中国—泰国—新加坡航线。

可以看出只有在同时具有这两种第五航权时，承运人才可以完整地使用这些权利，否则，即便获得了其中之一，也很难进行操作。

第五航权是针对两个国家的双边协定而言的，在两国的协定中允许对方行使有关第三国运输的权利。但是在没有第三国同意的情况下，这个权利等于没有。因此航空公司在使用这个权利的时候，必然同时要考虑中国与这个“第三国”有没有相应的权利。

第五航权较为复杂，因为它涉及多个双边协定，并且在不同的协定中意味着不同种类的航权。

三、第五航权的应用

2019 年 5 月 13 日，陕西省首条第五航权航线首尔—西安—河内于 12 日凌晨成功首航，使西安市成为中国西北地区首个获得并使用第五航权的城市。

2020 年 6 月 7 日 1 时 45 分，来自韩国首尔的 KE279 航班顺利降落西安咸阳国际机场，5 时许满载着 108.2 吨货物继续飞往美国洛杉矶。这标志着陕西首条洲际第五航权货运航线首尔—西安—洛杉矶正式开通。

2021 年 5 月 16 日，由印度尼西亚美印航空执飞的 2Y - 2200 货机，从雅加达起飞经停新加坡后落地在海口美兰国际机场，在海口装货后飞往新加坡，此次运输标志着海南自贸港首条第五航权全货机航线顺利开通。

2021 年 12 月 30 日，杭州机场迎来一条全新的国际货运航线：纽约—杭州—首尔—纽约。该航线是浙江省成功引入的首条第五航权全货运航线，这标志着杭州已成为航空运输市场第五航权开放的城市，杭州机场开启“跨国公交”货运模式。

2024 年以来，山东在第五航权货运航线上发展迅速。2024 年 5 月 15 日，青岛机场首条第五航权货运航线“青岛—大阪—孟菲斯”航线正式开航，成为山东省首条第五航权货运航线。2024 年 9 月 28 日，“济南—纽约—列日—济南”环球程航线正式开通运营，该航线是济南首次使用第五航权运营国际航班。

四、海南自贸港首条第五航权

2021 年 5 月 16 日，海南自贸港首条第五航权全货机航线顺利开通。此条“雅加达—新加坡—海口”航线由印度尼西亚美印航空和菜鸟网络合作开通，采用 B737 - 400 型飞机执飞，每周二、三、六于雅加达起飞，经停新加坡后于周三、四、日降落海口。该航线以海口作为货物集散中心，汇集来自新加坡及印度尼西亚境外货源地商品，为三国之间的经济贸易往来搭建便捷顺畅的“空中桥梁”。该航线的成功开通，不仅进一步完善了海南国际货运航空市场在东南亚地区的航线网络布局，还为海南自贸港建设带来新机遇和新动力，更是深度融入国内国际双循环的重要体现。

本章练习

一、单选题

1. 当边际产量大于平均产量时，(　　)。

A. 平均产量递增　　B. 平均产量递减

C. 平均产量不变　　D. 平均产量达到最低点

2. 边际收益递减规律发生作用的前提条件是（　　）。

A. 连续投入某种生产要素而保持其他生产要素不变

B. 按比例同时增加各种生产要素

C. 不按比例同时增加各种生产要素

D. 按比例同时减少各种生产要素

3. 在短期生产中，生产要素的投入不是越多越好，连续地单一地增加某一种生产要素的投入，会使要素比例失调，当总产量达到最大以后就会出现负的边际产量。生产要素的最佳投入量是在（　　）。

A. 第一生产阶段，AP 最大点到 $MP=0$

B. 第二生产阶段，AP 最大点到 $MP=0$

C. 第三生产阶段，AP 最大点到 $MP=0$

D. 第一生产阶段，AP 逐渐达到最大点

4. 由于生产要素投入的增加，总产量增加的百分比等于生产要素增加的百分比，即产量变化率等于投入要素变化率，这种状态被称为（　　）。

A. 规模收益递减　　B. 规模收益递增

C. 边际收益不变　　D. 规模收益不变

5. 用自有资金也应计算利息收入，这种利息从成本角度看是（　　）。

A. 固定成本　　B. 隐性成本

C. 会计成本　　D. 生产成本

6. 销售时向对方收取定金，这是设置了什么类型的成本？（　　）

A. 固定成本　　B. 隐性成本

C. 会计成本　　D. 沉没成本

7. 短期边际成本曲线与短期平均成本曲线相交之后，（　　）。

A. 边际成本等于平均成本　　B. 边际成本小于平均成本

C. 边际成本大于平均成本　　D. 边际成本小于 0

8. 下图中，哪个点在经济学上叫做收支相抵点？哪个点在经济学上叫做停止营业点？（　　）

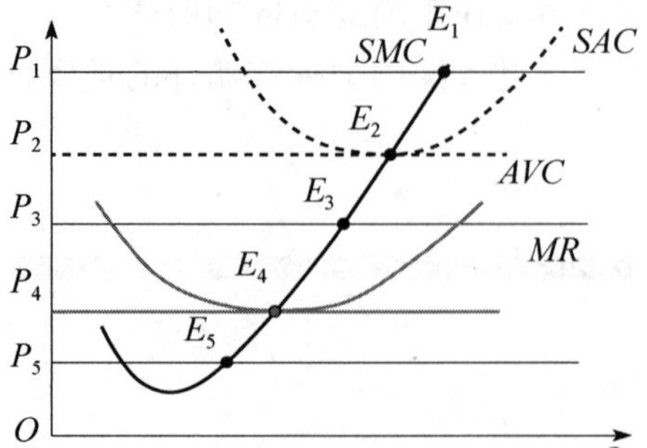

A. E_1、E_2　　B. E_2、E_3　　C. E_2、E_4　　D. E_3、E_4

9. 完全竞争市场长期均衡状态是超额利润为（　　）。

A. 正数　　B. 负数　　C. 零　　D. 不确定

10. 不同品牌的牛奶差别化打破了完全竞争市场格局，因此这时超额利润是（　　）。

A. 正数　　B. 负数　　C. 零　　D. 不确定

二、多选题

1. 长期平均成本曲线的重要特征是（　　）。

A. *LAC* 的最低点恰好也是某个 *SAC* 的最低点

B. 最低点的左侧，*SAC* 与 *LAC* 相切于 *SAC* 的左侧

C. 最低点的右侧，*SAC* 与 *LAC* 相切于 *SAC* 的右侧

D. 长期平均成本线是由无数个短期平均成本线包络而成的

2. 企业应该生产多少数量的产品，从而使自己的利润最大化？（　　）

A. 企业只会选择在 $MR=MC$ 时停止生产

B. 当企业的 $MR>MC$ 时，企业还要继续扩大产量

C. 当企业的 $MR<MC$ 时，企业就会减少产量

D. 平均成本等于平均收益

3. 根据竞争程度不同，可以划分为哪几类市场类型？（　　）

A. 完全竞争市场　　B. 完全垄断市场

C. 垄断竞争市场　　D. 寡头垄断市场

4. 以下属于完全竞争市场特征的是（　　）。

A. 市场上有众多的消费者和众多的厂商

B. 消费者需求和厂商供给的产品没有任何差异

C. 消费者和厂商具有完全信息

D. 从长期来看，厂商可以自由地进入或退出这一行业

5. 企业供给曲线不包括 E_5 的理由有（　　）。

A. $MC=MR$　　B. $MR>AVC$

C. 此处亏损了可变成本　　D. 此处亏损了固定成本

三、判断题

1. 在短期，平均可变成本曲线是一条先下降而后上升的U形曲线。（　　）

2. 某厂商每年从企业的总收入中取出一部分作为自己所提供生产要素的报酬，这部分资金被视为固定成本。（　　）

3. 经济学中短期和长期的划分取决于时间长短。（　　）

4. 厂商增加一单位产量时，所增加的总成本是边际成本。（　　）

5. 边际成本低于平均成本时，平均成本上升。（　　）

四、问答题

1. 经济成本与会计成本的区别是什么？

2. 当企业亏损时，为什么还要生产？

课堂实训

［**实训名称**］市场竞争案例分析。

［**实训目的**］进行头脑风暴式的训练，通过课堂上讨论，训练自己的逻辑思维，学会理解市场竞争的类型和航空企业的经营模式，分析临空经济现象。

［**课前准备**］资料查询。

［**实训内容**］学生分组，讨论以下问题：

中国南方航空公司和中国国际航空公司在经营模式方面有哪些异同？

学习情境五

临空经济政策

学习目标

知识目标：

- 熟悉经济增长的含义，理解经济增长的源泉。
- 熟悉经济周期的含义及类型。
- 理解主要的财政政策工具及其政策效应。
- 理解主要的货币政策工具及其政策效应。
- 熟悉临空经济区产业政策、金融税收政策及人才政策。

能力目标：

- 能正确运用经济增长理论、经济周期理论解释和判断宏观经济运行情况。
- 能准确判断一国现行宏观经济政策的内容、预期目标。
- 能客观分析判断一国现行宏观经济政策的实际效果。
- 能客观分析某一临空经济区产业政策、金融税收政策及人才政策的效果。

素养目标：

- 增强对国内外经济发展现状和趋势的分析、判断能力。
- 增强在新时期对新知识、新技能的应变能力和创新能力，全面辩证地看待我国当前的宏观经济形势。

情境引入

2024 年 12 月 11 日至 12 日，中央经济工作会议在北京举行。会议强调做好明年经济工作，要以习近平新时代中国特色社会主义思想为指导，全面贯彻落实党的二十大和二十届二中、三中全会精神，坚持稳中求进工作总基调，完整准确全面贯彻新发展理念，加快构建新发展格局，扎实推动高质量发展，进一步全面深化改革，扩大高水平对外开放，建设现代化产业体系，更好统筹发展和安全，实施更加积极有为的宏观政策，扩大国内需求，推动科技创新和产业创新融合发展，稳住楼市股市，防范化解重点领域风险和外部冲击，稳定预期、激发活力，推动经济持续回升向好，不断提高人民生活水平，保持社会和谐稳定，高质量完成“十四五”规划目标任务，为实现“十五五”良好开局打牢基础。

思考： 2024 年中央经济工作会议精神说明了什么？

提示： 感知宏观经济发展，理解宏观经济政策。

学习任务一 经济增长与经济周期

一、经济增长的含义和特征

（一）经济增长的含义

经济增长（economic growth）通常是指在一个较长的时间跨度上，一个国家人均产出（或人均收入）水平的持续增加。通常以实际GDP或实际人均GDP的持续增加来表示。

美国经济学家西蒙·库兹涅茨曾给经济增长下了这样定义："一个国家的经济增长，可以定义为给居民提供种类日益繁多的经济产品的能力长期上升，这种不断增长的能力是建立在先进技术以及所需要的制度和思想意识之相应调整的基础上的。"这个定义由三部分组成：

第一，经济增长集中表现在经济实力的增长上，而这种经济实力的增长就是商品和劳务总量的增加，即国内生产总值的增加。所以，经济增长最简单的定义就是国内生产总值的增加。这里需要注意的是，经济增长仅仅是国民生产总值的增加，而不是其他。

第二，技术进步是实现经济增长的必要条件。也就是说，只有依靠技术进步，经济增长才是可能的。"科学技术是第一生产力"这句话是对科学技术重要性的最好诠释。

第三，经济增长的充分条件是制度与意识的相应调整。只有社会制度与意识形态适合于经济增长的需要，技术进步才能发挥作用，经济增长才是可能的。

（二）经济增长的特征

（1）按人口计算的产量的高增长率和人口的高增长率。这一特征在经济增长过程中是十分明显的。

（2）生产率本身的增长也是迅速的。包括所有投入生产要素的产出率是快速提高的，经济增长反映了由技术进步引起的生产效率的提高。这也是产量高增长率及在人口增长迅速的情况下，人均产量增长率高的原因。

（3）经济结构的变革速度是高的。产业结构从农业转移到非农产业上，以及从工业转移到服务业，还包括生产规模的变化、劳动职业状况的变化和消费结构的变化等。

（4）社会结构与意识形态的迅速改变。如城市化、传统风俗习惯的改变等。

（5）经济增长在世界范围内迅速扩大。经济增长快速的国家要向其他国家争取市场和原料。

（6）世界各国经济增长不平衡。经济增长慢的国家与经济增长快的国家之间的增长率有差距，不发达国家与发达国家之间的人均产出水平有很大差距，贫富差距在国际范围内拉大。

六个特征是密切相关的，前两个特征属于数量方面的变化，中间两个特征属于结构方面的变化，最后两个特征属于世界范围的变化。

二、经济增长的源泉

经济增长问题是人类社会所面临的共同问题，那么经济增长的良方是什么呢？纵观人类社会200多年的经济发展史，成功的国家并非经由同一条发展道路，例如，英国最早开始进行工业革命，包括发明蒸汽机、修建铁路、强调自由贸易等，并在19世纪成为世界经济的领导者。日本则相反，它加入经济增长竞赛的时间较晚。它最初是通过模仿外国技术，限制进口、保护国内工业，然后大力发展自己的制造业和电子业，最终成功地发展了本国经济。

虽然发展途径各不相同，但所有曾经快速发展的国家都有一些共同点，也就是可供人们生存和发展所需的产品和劳务是通过某些已知的生产技术利用自然资源、劳动力和资本生产出来的，也就是说一个社会在一定时期内所能生产出来的最大产出水平，是由技术和资源状况决定的。事实上，研究经济增长的经济学家也已经发现：无论是像印度一样的发展中国家，还是像英国一样的发达国家，经济增长的发动机必定安装在相同的四个轮子上，这四个轮子分别是：

- 人力资源（劳动力的供给、教育、纪律、激励）；
- 自然资源（土地、矿产、燃料、环境质量）；
- 资本（机器、工厂、道路）；
- 技术（科学、工程、管理、企业家才能）。

现在，让我们来分析这四个因素对经济增长分别作出的贡献。

（一）人力资源

劳动力投入包括劳动力数量和劳动大军的技术水平。很多经济学家认为，所投入的劳动力的质量，如劳工的技术、知识和纪律性，是一国经济增长最重要的因素。一个国家可以购买最先进的通信设备、计算机、发电装置和战斗机，但是，这些先进设备只有那些有技术、受过训练的劳动力才能使用。提高劳动力的知识水平、健康程度和纪律意识，以及操作技能，都将极大地提高劳动生产率。

（二）自然资源

自然资源包括耕地、石油和天然气、森林、水力及矿产资源等。一些高收入国家，如加拿大和挪威，就是凭借其丰富的资源，在农业、渔业和林业等方面获得高产而发展起来的。与它们类似，美国因拥有广阔的良田，才成为当今世界最大的谷物生产和出口国。但在当今世界，自然资源的拥有量并不是经济发展取得成功的必要条件。许多自然资源缺乏的国家，如日本，通过大力发展劳动密集型和资本密集型产业使得经济昌盛。

（三）资本

经济增长必然要有资本积累。19世纪，横跨北美大陆的铁路将工商业引至美国的心脏地带，而在此之前，那里还处于与世隔绝的状态。20世纪以来，对汽车、公路和电厂的投资浪潮不仅大大提高了生产率，而且为创建整个新工业体系提供了基础设施。许多人都认为，电脑和信息高速公路对21世纪的作用，将如同铁路和高速公路在当年起过的作用一样巨大。

从经济学角度看，积累资本需要牺牲许多当前消费。经济快速增长的国家一般都在新资本品上大量投资；在大多数经济高速发展的国家，10%～20%的产出都用于净资本的形成。

说到资本，我们不应该局限于电脑和工厂。许多为新兴的私人投资部门提供基础设施的投资只能由政府来承担。这些投资称作社会基础资本（social overhead capital），其中重要的项目如公路、灌溉和引水工程、公众医疗保健事业等。这里所涉及的各类大型投资一般都是整体性的、不可细分的，有时还具有规模效应。这些工程一般都具有外部经济或溢出效应，私人公司无法投资经营，所以政府必须介入，以保证这些社会基础设施投资能够有效进行。

（四）技术

随着经济的发展，技术进步的作用越来越大。一个国家人民生活水平的快速提高依赖技术的进步。历史上，一个国家经济发展从来不是一种简单复制的过程，像增加钢铁厂或电厂的数目那么容易。事实上，使欧洲、北美和日本的生产力获得巨大提高的正是永无止境的发明和技术创新。

技术进步主要是以一种无声的、不为人察觉的方式，不断以微小的改进来提高产品质量和产出数量。偶尔也会有些技术变革产生了划时代的影响，给人们留下难以磨灭的印象。在1991年的海湾战争中，整个世界都为一种强烈的科技水平对比所震惊。美国及其盟国使用了高科技武器——隐形飞机、智能炸弹、反弹道导弹等，赢得了巨大优势，而它们的对手使用的却是技术上落后许多年的武器装备。民用技术进步，如电脑、远程通信技术，还有其他高科技产品等，相对来说影响虽没有那么巨大，但对市场经济中生活水平的提高却作出了极大的贡献。

由于技术进步对于提高生活水平十分重要，长期以来经济学家一直都在考虑如何促进技术进步。人们日益明确地认识到，技术进步并不只是简单机械地找到更好的产品和工艺流程；相反，快速创新需要培育一种企业家精神。

三、经济周期理论

资本主义经济发展的历史表明：经济的增长方式从来都不是按部就班、一成不变的，而是繁荣与萧条、衰退与复苏不断循环往复的过程。一个国家可以享受好几年令人兴奋的经济扩张和繁荣，就像20世纪90年代的美国。2008年，美国遭遇了金融危机，并由此引发了全世界经济危机。有可能在极少数情况下，出现人们最不愿看到的长期经济衰退，以及由此而导致的国民产出下降，利润和实际收入减少，大批工人失业等。最后，衰退逐渐落到谷底，然后开始复苏，速度可快可慢，可能恢复不到从前，也可能启动下一轮的经济增长。

（一）经济周期的含义

经济周期（business cycle），也称商业周期、景气循环，一般是指经济活动沿着经济发展的总体趋势所经历的有规律的扩张和收缩。

即问即答

如何理解经济周期的内涵？

理解经济周期的内涵需注意以下三点：第一，经济周期的中心是国民收入的波动，由于这种波动而引起了失业率、一般物价水平、利率以及对外贸易活动的波动，所以研究经济周期的关键是研究国民收入波动的规律与根源；第二，经济发展的周期性波动是客观存在的经济现象，任何国家的经济发展都无法避免；第三，虽然每次经济周期并不完全相同，但它们却有共同之处，即每个周期都是扩张与收缩的交替。

（二）经济周期的阶段

一个完整的经济周期包括两个大的阶段：扩张阶段和收缩阶段。扩张阶段是总需求和经济活动增长的时期，通常伴随着就业、生产、工资、利率和利润的上升；而收缩阶段则是总需求和经济活动下降的时期，通常伴随着就业、生产、工资、利率和利润的下降。

这两个阶段可以再细分，扩张阶段可以分为复苏和繁荣两个阶段，收缩阶段可以分为衰退和萧条阶段，其中繁荣和萧条是两个主要的阶段，衰退和复苏是两个过渡性阶段。如图 5-1 所示。

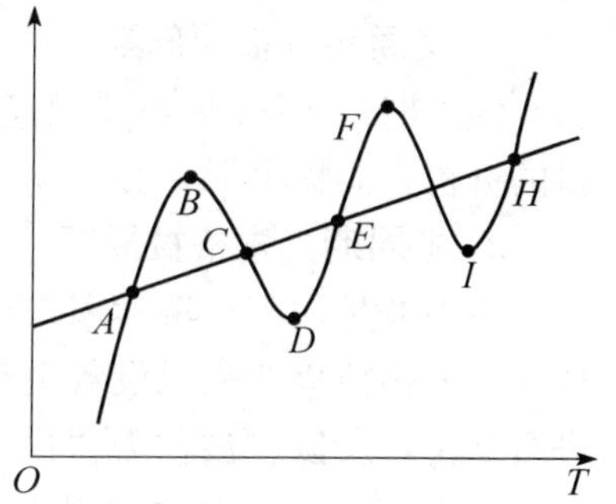

图 5-1 经济周期的阶段

1. 繁荣阶段（*AB*）

投资和消费的不断扩张，产出增加，刺激产品的价格会迅速上涨到较高水平，这个阶段就业率比较高，工人工作任务饱满，利润丰厚，人们对未来乐观。

2. 衰退阶段（*BC*）

衰退阶段出现在繁荣之后，这个时候会出现供过于求，市场需求开始萎缩，企业的盈利能力较弱，商品价格下跌，经济增长速度减缓。

然而，经济的衰退既有破坏作用，又有自动调节作用。在经济衰退中，一些企业破产，退出市场；一些企业亏损，陷入困境，寻求新的出路；一些企业顶住恶劣的环境，在逆境中站稳了脚跟，并求得新的生存和发展。这就是市场经济下优胜劣汰的企业生存法则。

3. 萧条阶段（*CD*）

供给和需求处于较低水平，经济前景迷茫，社会需求不足，资产缩水，失业率处于较高的水平。通常这段经济低迷的时期是短暂而温和的。

衰退和萧条虽然都是指经济活动的下降，但在概念上有所区别。衰退阶段经济活动呈下降趋势，但从经济活动的水平看，仍在平均水平以上，而萧条时期的经济活动水平却远低于长期经济活动的平均水平。

4. 复苏阶段（*DE*）

萧条之后便是复苏，政府通过政策刺激经济发展，刺激效果开始显现，需求开始恢复，生产逐渐活跃，价格进入上升区间。

随着经济恢复的不断完善，经济上升的速度也不断加快，到一定程度进入下一个高涨时期。至此，整个经济就完成了一个周期的循环，开始进入下一个周期。

历史上没有两个完全相同的经济周期，也没有任何精确的公式来预测经济周期的发生日期和持续时间，相反，经济周期就像天气一样变化无常。然而，它们通常具有一种家族式的相似性，即每一个经济周期都可以分为扩张上升和收缩下降两个阶段，也可以更细分为繁荣、衰退、萧条和复苏四个阶段。其中繁荣、萧条是两个主要阶段，而衰退和复苏是两个过渡性阶段。

（三）经济周期的类型

西方的经济学者不仅分析了经济周期波动的阶段，还分析了经济活动中长短各异的波动现象，根据经济周期波动的时间长度的不同，分为四个类型，分别是 3～4 年的基钦周期、7～10 年的朱格拉周期、15～25 年的库兹涅茨周期、50～60 年的康波周期。但四个周期不是独立存在的，而是相互影响，周期重合的时候，会产生周期共振或者周期抵消的结果。

1. 短周期（基钦周期）

短周期是 1923 年由英国经济学家约瑟夫·基钦基于对物价、生产和就业的统计资料的分析，而提出的一种为期 3～4 年的小经济周期。

2. 中周期（朱格拉周期）

中周期是法国经济学家朱格拉提出的，资本主义市场经济中存在着 7～10 年的周期波动。朱格拉周期是以设备更替和资本投资为主要驱动因素，主要是基于设备投资维度进行分析，所以也被称为“投资周期”。朱格拉认为生产力水平反映了制造业企业的核心竞争力，而生产力的提升是一个持续的过程，需要企业不断对设备进行更新和再投资。

3. 长周期（康波周期）

长周期是 1926 年由经济学家康德拉季耶夫提出的，一种时间跨度为 50～60 年的经济周期。康德拉季耶夫在考察资本主义经济中发现，全世界的资源商品和金融市场都会按照一个 50～60 年的周期进行波动。

4. 另一种长期（库兹涅茨周期或建筑业周期）

美国库兹涅茨发现经济中存在 20 年左右的长周期波动，平均 15 年上涨，5 年下跌。这种波动在美国的建筑行业和房地产行业中表现尤为明显，所以库兹涅茨周期也被用来描述建筑业和房地产业的兴衰波动。而地产的变化，往往又与人口繁衍和迁移密不可分，所以库兹涅茨周期在某种程度上也反映了人口周期。

在现实生活中，对经济运行影响较大且较为明显的是中周期，人们最关注的也是中周期，国内外经济文献中所提到的经济周期或商业循环也大多指中周期。

四、经济周期成因分析

对于经济周期现象，经济学家们提出了多种解释，根据他们提出原因的来源不同，将经济周期原因的理论分成两大类型：内生经济周期理论和外生经济周期理论。

（一）内生经济周期理论

内生经济周期理论认为，周期源于经济体系内部——收入、成本、投资在市场机制作用下的必然现象。

1. 纯货币理论

该理论主要由英国经济学家霍特里（R. Hawtrey）在1913—1933年的一系列著作中提出的。纯货币理论认为货币供应量和货币流通速度直接决定了名义国民收入的波动，而且极端地认为，经济波动完全是由于银行体系交替地扩张和紧缩信用造成的，尤其是短期利率起着重要的作用。现代货币主义者在分析经济的周期性波动时，几乎一脉相承地接受了霍特里的观点。但可以肯定的是，把经济周期性循环唯一地归结为货币信用扩张与收缩是欠妥的。

2. 投资过度理论

投资过度理论把经济的周期性循环归因于投资过度。由于投资过多，与消费品生产相比，资本品生产发展过快。资本品生产的过度发展促使经济进入繁荣阶段，但资本品过度生产从而导致的过剩又会促进经济进入萧条阶段。

3. 消费不足理论

消费不足理论的出现较为久远。早期有西斯蒙第和马尔萨斯，近代则以霍布森为代表。该理论把经济的衰退归因于消费品的需求赶不上社会对消费品生产的增长。这种不足又源于国民收入分配不公所造成的过度储蓄。该理论有一个很大的缺陷，它只解释了经济周期危机产生的原因，而未说明其他三个阶段。因而在周期理论中，它并不占有重要位置。

4. 心理理论

心理理论和投资过度理论是联系紧密的。该理论认为经济的循环周期取决于投资，投资大小主要取决于业主对未来的预期。而预期是一种心理现象，心理现象又具有不确定性的特点。因此，经济波动的最终原因取决于人们对未来的预期。当预期乐观时，增加投资，经济步入复苏与繁荣；当预期悲观时，减少投资，经济则陷入衰退与萧条。随着人们情绪的变化，经济也就会周期性地发生波动。

（二）外生经济周期理论

与内生经济周期理论不同，外生经济周期理论认为，经济周期的根源在于经济之外的某些因素的变动。如战争、革命、选举；石油价格、发现金矿、移民；新土地和新资源发现；科学突破和技术创新；甚至太阳黑子活动和气候；等等。

1. 太阳黑子理论

太阳黑子理论把经济的周期性波动归因于太阳黑子的周期性变化。因为据说太阳黑子的周期性变化会影响气候的周期变化，而这又会影响农业收成，而农业收成的丰歉又会影响整个经济。太阳黑子的出现是有规律的，大约每十年出现一次，因而经济周期大约也是每十年一次。

2. 创新理论

所谓创新是指一种新的生产函数，或者说是生产要素的一种“新组合”。生产要素新组合的出现会刺激经济的发展与繁荣。当新组合出现时，老的生产要素组合仍然在市场上存在。新老组合的共存必然给新组合的创新者提供获利条件。而一旦用新组合的技术扩散，被大多数企业获得，最后的阶段——停滞阶段也就临近了。在停滞阶段，因为没有新的技术创新出现，因而很难刺激大规模投资，从而难以摆脱萧条。这种情况直到新的创新出现才被打破，才会有新的繁荣出现。

学习任务二 宏观经济政策

宏观经济政策是指国家或政府有意识、有计划地运用一定的政策工具，调节控制宏观经济的运行，以达到一定的政策目标。

一、宏观经济政策概述

（一）宏观经济政策目标

任何一项经济政策都是根据一定的经济目标而制定的。经济学家认为，宏观经济政策应同时达到四个目标：充分就业、物价稳定、经济持续均衡增长、国际收支平衡。

1. 充分就业

充分就业这一概念有广义和狭义之分。其中，广义的充分就业是指包括劳动资源在内的一切资源都已经被充分利用的状态；狭义的充分就业特指劳动就业。由于劳动资源之外的其他资源是否已经被充分利用难以衡量，故通常用充分就业来表示经济资源被充分利用的状况，即在经济学分析中，充分就业是指狭义的充分就业。

失业意味着稀缺资源的浪费或闲置，从而使经济总产出下降，社会总福利受损。因此，失业的成本是巨大的，降低失业率、实现充分就业就常常成为西方宏观经济政策的首要目标。

2. 物价稳定

物价稳定是指物价总水平的稳定。一般用价格指数来衡量一般价格水平的变化。价格稳定不是指每种商品价格的固定不变，也不是指价格总水平的固定不变，而是指价格指数的相对稳定。价格指数又分为消费物价指数（CPI）、批发物价指数（PPI）和国民生产总值平减指数（GNP deflator）三种。物价稳定并不是指通货膨胀率为零，而是允许保持一个低而稳定的通货膨胀率，所谓低，就是通货膨胀率在1%～3%，所谓稳定，就是指在相当时期内能使通货膨胀率维持在大致相等的水平上。这种通货膨胀率能为社会所接受，对经济也不会产生不利的影响。

3. 经济持续均衡增长

经济增长是指在一个特定时期内经济社会所生产的人均产量和人均收入的持续增长。经济增长通常用一定时期内实际国民生产总值年均增长率来衡量。经济增长会增加社会福利，但并不是增长率越高越好。这是因为经济增长一方面要受到各种资源条件的限制，不可能无限地增长，尤其是对于经济已相当发达的国家来说更是如此。另一方面，经济增长也要付出代价，如造成环境污染，引起各种社会问题等。因此，经济增长就是实现与本国具体情况相符的适度增长率。持续、稳定、长期的增长是经济社会所追求的理想状态。

4. 国际收支平衡

随着国际上经济交往的密切，平衡国际收支也成为一国宏观经济政策的重要目标之一。一国的国际收支状况不仅反映了这个国家的对外经济交往情况，还反映出该国经济的稳定程度。当一国国际收支处于失衡状态时，就必然会对国内经济形成冲击，从而影响该国国内就业水平、价格水平及经济增长。

即问即答

宏观经济四大目标之间有什么关系？

以上四大目标相互之间既存在互补关系，也存在交替关系。互补关系是指一个目标的实现对另一个目标的实现有促进作用。如为了实现充分就业水平，就要维护必要的经济增长。交替关系是指一个目标的实现对另一个目标有排斥作用。如物价稳定与充分就业之间就存在两难选择。为了实现充分就业，必须刺激总需求，扩大就业量，这一般要实施扩张性的财政和货币政策，由此就会引起物价水平的上升。而为了抑制通货膨胀，就必须实施紧缩财政和货币政策，由此又会引起失业率的上升。又如经济增长与物价稳定之间也存在着相互排斥的关系。因为在经济增长过程中，通货膨胀是难以避免的。再如国内均衡与国际均衡之间也存在着交替关系。这里的国内均衡是指充分就业和物价稳定，而国际均衡是指国际收支平衡。为了实现国内均衡，就可能降低本国产品在国际市场上的竞争力，从而不利于国际收支平衡。为了实现国际收支平衡，又可能不利于实现充分就业和稳定物价的目标。

（二）宏观经济政策工具

宏观经济政策工具是指用来达到宏观经济政策目标的手段。政策工具的选择与运用是一种艺术。宏观经济政策工具常用的有需求管理、供给管理和国际经济政策。

1. 需求管理

需求管理是指通过调节总需求来达到一定政策目标的宏观经济政策工具。它包括财政政策和货币政策。需求管理政策是以凯恩斯的总需求分析理论为基础制定的，是凯恩斯主义所重视的政策工具。

需求管理是要通过对总需求的调节，以实现总需求等于总供给，达到既无失业又无通货膨胀的目标。在总需求小于总供给时，经济中会由于需求不足而产生失业，这时就要运用扩张性的政策工具来刺激总需求。而在总需求大于总供给时，经济中会由于需求过度而引起通货膨胀，这时就要运用紧缩性的政策工具来抑制总需求。

2. 供给管理

供给管理是通过对总供给的调节来达到一定的政策目标。供给即生产，在短期内，影响供给的主要因素是生产成本，特别是工资成本。在长期内，影响供给的主要因素是生产能力。

3. 国际经济政策

现实经济中，每一个国家的经济都是开放的，各国经济之间存在着日益密切的往来与相互影响。一国的宏观经济政策目标中有国际经济关系的内容（即国际收支平衡），其他目标的实现不仅有赖于国内经济政策，也有赖于国际经济政策。因此，在宏观经济政策中应该包括国际经济政策。

在完成了对宏观经济政策的理论说明之后，接下来将重点论述实践当中的两种宏观经济政策，即财政政策和货币政策。

二、财政政策

（一）国家财政的构成

要了解财政政策的内容，有必要了解国家财政的基本构成。国家的财政由政府收入和政府支出两个方面构成。

1. 政府收入

政府收入是指整个国家中各级政府收入的总和。政府收入包括税收和公债两部分。

税收是政府收入中最主要的部分，它是国家为了实现其职能按照法律预先规定的标准，强制地、无偿地取得财政收入的一种手段，因此税收具有强制性、无偿性、固定性三个基本特征。税收依据不同标准可以作不同的分类。根据课税对象，税收可分为三类：财产税、所得税和流转税。财产税主要指对不动产即土地和土地上建筑物等所征收的税。所得税是对个人和公司的所得征税。在西方政府税收中，所得税占有很大比重，因此所得税税率的变动对经济活动会产生重大影响。流转税则是对流通中商品和劳务买卖的总额征税。增值税是流转税的主要税种之一。

公债也叫国债，指的是政府为了筹集资金，向信誉较好的投资者提供的到期偿还本金和利息的债权凭证。公债是财政收入的补充形式，是解决财政困难的有效手段，是筹集建设资金的较好途径。公共债务分为国内债务和外债。国内债务是国家从国内公民那里借入的债务，通常通过发行公共债券筹集。外债是一种借到国外的债务。其基本形式是对外借款和发行国际债券。

2. 政府支出

政府收入是国家为了保证实现政府职能的需要，通过税收等渠道集中的公共性资金收入；政府支出则是为满足政府执行职能需要而使用的财政资金，主要可以分为政府购买和政府转移支付两类。

政府购买直接表现为政府购买商品和服务的活动，包括购买进行日常政务活动所需的或者国家投资所需的商品和服务的支出。如政府各部门的事业经费，或政府各部门的投资拨款；政府转移支付是政府在社会福利保险、贫困救济和补助等方面的支出，与政府购买不同，政府转移支付直接表现为资金无偿的、单方面的转移，它所体现的是政府的非市场性再分配活动，不存在相互交换。

政府购买是通过支出使政府掌控的资金与微观经济主体提供的商品和服务进行交换，政府直接以商品和服务的购买者身份出现在市场上，因而对社会的生产和就业有直接影响，并且是间接地影响着分配；而政府转移支付则是通过支出过程使政府所掌控的资金转移至领受者手中，是资金使用权的转移，即资金转移后，已经脱离政府控制，因此这种支出直接影响收入分配，但对于生产和就业的影响却是间接的。

（二）财政政策的应用

财政政策主要是为了抑制、避免通货紧缩。通货膨胀时，市面流通货币过多，所以政府应减少市面流通货币量；通货紧缩时，市面流通货币过少，所以政府应增加市面流通货币量，刺激消费。

1. 通货紧缩（经济萧条）——扩张性财政政策

财政收入方面，减少税收，增加居民可支配收入，刺激居民消费欲望；增发国债，以发行国债的方式将人们的闲置资金集中到政府，再由政府将资金投入市场。

财政支出方面，增加政府购买和政府转移支付，提高政府投入市场的货币量。

2. 通货膨胀（经济过热）——紧缩性财政政策

财政收入方面，增加税收，减少居民可支配收入，抑制居民消费欲望；减发国债，市面流通货币过多，不需要政府再次投入货币。

财政支出方面，减少政府购买和政府转移支付，降低政府投入市场的货币量。

拓展阅读

历史上的通货膨胀案例

一、德国威玛共和国通货膨胀（1921—1924 年）

背景：第一次世界大战后，德国为了支付巨额赔款，大量印刷纸币，导致货币供应量急剧增加。

影响：物价持续飞涨，经济陷入混乱。这一时期的通货膨胀被认为是历史上最严重的恶性通货膨胀之一。

应对措施：德国央行最终进行了货币改革，发行了新的货币，并重新控制了通胀。

二、日本战后通货膨胀（1945—1951 年）

背景：第二次世界大战后，日本经济遭受重创，货币供应量激增以满足战后重建的需求。

影响：物价飞涨，给民众生活带来巨大压力。

应对措施：日本政府通过控制物价、增加税收等手段来应对通货膨胀问题，逐渐恢复了经济稳定。

三、拉美国家通货膨胀危机（1970 年代—1990 年代）

背景：许多拉美国家如阿根廷、巴西和委内瑞拉等在 1970 年代至 1990 年代期间经历了严重的通货膨胀。

原因：政府过度开支、债务问题以及货币政策不当等因素共同作用。

影响：经济陷入混乱，民众生活受到严重影响。

应对措施：这些国家采取了紧缩政策和货币改革来控制通胀，但效果不一。

（三）财政政策的应用效果

1. 内在稳定器

财政政策本身具有自动抑制经济波动的作用，即经济的自动稳定器作用。自动稳定的财政政策，就是随着经济形势的周期性变化，一些政府支出和税收自动发生增减变化，从而对经济的波动发挥自动抵消的作用。之所以称为自动稳定的财政政策，是因为它不是政府斟酌经济形势变化后所决定的，而是一种非人为的自动调节。这种财政政策不需要政府预先做出判断和采取措施，而是依靠财政税收制度本身所具有的内在机制，自行发挥作用，起到稳定经济的效果。正因为如此，这种自动稳定的财政政策也被称作“内在稳定器”。财政的这种内在稳定经济的功能主要通过下述三项制度得到发挥：

（1）政府税收的自动变化。当经济衰退时，国民产出水平下降，个人收入减少；在税率不变的情况下，政府税收自动减少，留给人们的可支配收入也会自动地少减少一些，从而使消费和需求也自动地少下降一些。

（2）政府支出的自动变化。当经济出现衰退与萧条时，失业增加，符合救济条件的人数增多，失业救济和其他社会福利开支就会相应增加，这样就可以抑制人们收入特别是可支配收入的下降，进而抑制消费需求的下降。当经济繁荣时，失业人数减少，失业救济和其他福利费支出也会自然减少，从而抑制可支配收入和消费的增长。

（3）农产品价格维持制度。经济萧条时，国民收入下降，农产品价格下降，政府依照农产品价格维持制度，按支持价格收购农产品，可使农民收入和消费维持在一定水平。经济繁荣时，国民收入水平上升，农产品价格上升，这时政府减少对农产品的收购并抛售农产品，限制农产品价格上升，抑制农民收入的增长，从而也就减少了总需求的增加量。

内在稳定器自动地发生作用，调节经济，无须政府作出任何决策，但是，这种内在稳定器调节经济的作用是十分有限的。它只能减轻萧条或通货膨胀的程度，并不能改变萧条或通货膨胀的总趋势；只能对财政政策起到自动配合的作用，并不能代替财政政策。因此，尽管某些财政政策具有内在稳定器的作用，但仍需要政府有意识地运用财政政策来调节经济。

2. 乘数效应

财政政策的乘数效应是指研究财政收支变化对国民经济的影响程度，财政政策的乘数包括财政支出乘数、税收乘数和平衡预算乘数。

乘数效应包括正反两方面。当政府投资或公共支出扩大、税收减少时，对国民收入有加倍扩大的作用，从而产生宏观经济的扩张效应，而当政府投资或公共支出削减、税收增加时，对国民收入有加倍收缩的作用，从而产生宏观经济的紧缩效应。

3. 挤出效应

挤出效应是指政府的支出增加引起利率、税收、物价、外贸等市场宏观环境的连锁变化，进而引起私人消费或投资降低的效果。

在充分就业的经济中，政府支出增加会使私人投资出现抵消性减少，会对私人投资完全挤出；在非充分就业的经济中，政府推行增加支出的扩张性财政政策，同样对私人投资有挤出效应，但不是完全挤出。

拓展阅读

挤出效应和溢出效应

挤出效应是政府为了平衡财政预算赤字，采取发行政府债券的方式，向私人借贷资金市场筹措资金，从而使市场利率上升，私人投资和支出因而相应地下降。简言之，挤出效应指政府支出增加所引起的私人消费减少，本质是一种扩张性的财政政策。

溢出效应指一个组织在进行某项活动时，不仅会产生活动所预期的效果，而且会对组织之外的人或社会产生的影响。简言之，溢出效应就是事物一个方面的发展带动了该事物其他方面的发展。

三、货币政策

货币政策是指中央银行通过对货币供给量的调节来调节利息率，再通过利息率的变动来影响总需求。货币政策的根本目标是帮助经济达到无通货膨胀、充分就业条件下的总产出水平。通过改变经济中的货币供给，帮助稳定总产出、就业和价格水平。

（一）货币和银行

任何一种可以执行交换媒介、价值尺度、延期支付标准和完全流动的财富储藏手段等功能的商品，都可被看做是货币；从商品中分离出来固定地充当一般等价物的商品，就是货币；货币是商品交换发展到一定阶段的产物。货币的本质就是一般等价物，具有价值尺度、流通手段、支付手段、贮藏手段、世界货币的职能。

银行是经营管理货币的单位。市场经济国家的银行是以中央银行为核心、由中央银行与商业银行共同构成的银行体系。另外，还有一些投资信托银行、储蓄银行等金融中介机构。而影响货币供应量的主要是中央银行和商业银行。

1. 中央银行

中央银行是一国最高金融当局，它统筹管理全国金融活动，实施货币政策以影响经济。中央银行身处一国金融体系的核心地位，作为领导和管理国家货币金融的首脑机构，代表国家发行货币，制定和执行货币金融政策，处理国际性金融事务，对金融体系进行监管，通过货币政策影响经济活动。

即问即答

中央银行的三大基本职能是什么？

一是发行的银行，是指国家赋予中央银行集中与垄断货币发行的特权，中央银行是国家唯一的货币发行机构；二是银行的银行，是指作为国家的金融管理机构，中央银行在整个金融体系中居于领导地位，并与商业银行和其他金融机构进行存、放、汇等业务上的往来；三是政府的银行，是指中央银行代表国家贯彻执行货币金融政策，代为管理政府财政收支以及为政府提供各种金融服务。

2. 商业银行

商业银行是以获取利润为经营目标、以多种金融资产和金融负债为经营对象、具有综合性服务功能的金融企业。在各类金融机构中，是历史最悠久、业务范围最广泛、对社会经济生活产生的影响最为深刻的一种。

我国的主要商业银行有中国工商银行、交通银行、中国建设银行、中国农业银行、中国银行、兴业银行、招商银行等。

3. 中央银行与商业银行的关系

一个国家从事存款业务的是商业银行，在一定的时间内，既有客户来提款，也有客户来存款，因为总是有资金留存在银行，银行将存留资金用于放贷是它们获利的一种手段。但是商业银行并不能完全掌握储户对于现金的需要，当很多储户在同一时间取款时，会发生存留资金不足现象。所以商业银行必须留存一部分资金，而不能放贷出去，这实际上相当于商业银行存放在中央银行的“存款准备金”。存款准备金越少，用于投资的资金所占存款的比例就越高，银行的盈利就越多。部分银行为了眼前利益，愿意持有过少的存款准备金，其余资金全部用于放贷。当危机来临，大量的客户因为恐慌同时到银行提取现金，而银行的存款准备金不足以支付，就出现了“银行挤兑”现象，使银行陷入流动性危机，导致银行破产倒闭。为了保护存款人的利益，保障金融体系的稳定，就需要有一家权威的金融机构，把银行的一部分现金集中起来，并在危机来临时给银行提供贷款。中央银行就是这样的机构，它规定各大商业银行要在中央银行开设户头，按规定的比例存入一笔应急资金，也就是“法定存款准备金”。通过集中保管存款准备金，中央银行保证了商业银行的清偿能力，也维护了金融体系的稳定。

除了集中保管存款准备金，中央银行还充当所有银行的“最后贷款人”角色。当商业银行发生资金周转困难时，可使用高质量的有价证券和票据作为抵押向中央银行申请贷款。有时危机会袭击整个行业，由于银行之间往往存在信用关系链，一家银行发生支付困难，很可能累及其他银行，即使是经营健全良好的银行，也可能由于大部分存款人听信传闻提现而面临倒闭。此时银行之间能够相互拆借的资金在危机中就是杯水车薪，中央银行及时提供贷款来满足挤兑时的流动性需求，防止信用危机的发生。

综上所述，中央银行凭借在商业银行和金融机构中的作用被称作“银行的银行”。中央银行与商业银行有着显著的不同，中央银行不以营利为目的，它只与商业银行和其他金融机构发生业务往来，并不与工商企业和个人发生直接的信用关系；它集中保管商业银行的准备金，并对其发放贷款，充当“最后贷款人”。

（二）货币政策工具及其运用

货币政策是国家宏观经济调控的重要手段之一，货币政策的三大工具是公开市场业务、再贴现和存款准备金。

1. 公开市场业务

所谓公开市场业务，是指中央银行在公开市场上买进或卖出有价证券以增加或减少基础货币的一种政策手段。公开市场业务是中央银行稳定经济的最经常使用的手段，也是最灵活的政策手段。

根据经济形势的发展，当中央银行认为需要收缩银根时，便卖出证券，相应地收回一部分基础货币，减少金融机构可用资金的数量；相反，当中央银行认为需要放松银根时，便买入证券，扩大基础货币供应，直接增加金融机构可用资金的数量。

2. 再贴现

通常把中央银行给商业银行的贷款称为再贴现，把中央银行对商业银行的贷款利率称为再贴现率。中央银行可以根据经济情况调整再贴现率。在对宏观经济的控制以间接控制为主的国家，中央银行是通过控制再贴现率来控制再贴现从而控制货币供给量的。当国内出现通货膨胀趋势或已有的通货膨胀加剧时，中央银行就提高再贴现率，加重商业银行的筹资成本，迫使其紧缩信贷，从而抑制物价上升。

3. 存款准备金

存款准备金是指金融机构为保证客户提取存款和资金清算需要而准备的资金。金融机构按规定向中央银行缴纳的存款准备金占其存款总额的比例，就是存款准备金率。央行通过调整法定存款准备金率影响流动性。当中央银行认为需要采取紧缩性货币政策时，它可以提高存款类金融机构的存款准备金率，从而减少商业银行的超额准备金，信用条件紧缩。当需要采取扩张性货币政策时，央行可以降低法定存款准备金率，使得银行更有可能扩大贷款规模，从而有助于扩大货币供给量，刺激总需求。

（三）货币政策的应用

不同经济形势下，中央银行要运用不同的货币政策来调节经济。了解完货币政策的三大工具之后，我们就要看看在宏观经济中是如何运用这些工具的。

1. 通货膨胀

通货膨胀意味着市场当中货币量太多而引起的货币贬值、物价上涨的现象，中央银行就要把钱都收上来，此时法定存款准备金率要提高，再贴现率要提高，要卖出证券，存贷款利率也要提高来抑制居民需求。所以在通货膨胀时要对经济进行限制，这一系列做法就是紧缩性货币政策。

2. 通货紧缩

通货紧缩意味着市场当中人们的购买力不足而导致的经济萧条，中央银行应当放宽对于货币的控制去刺激需求，此时法定存款准备金率要降低，再贴现率要降低，要买入证券，存贷款利率要降低来提高居民购买力。所以在通货紧缩时要对经济放宽，这一系列做法就是扩张性货币政策。

四、政策的应用

综上所述，财政政策与货币政策所采取的措施、政策遇到的阻力、政策产生效应的时滞、政策所起的作用均不同，因此财政政策和货币政策应当互相协调，以起到宏观经济调控的作用，实现宏观经济政策的既定目标。

由于不同的政策对社会总需求的影响不同，因此，决策者在决定选择哪种政策时，首先要考虑产生社会总需求不足的主要原因是什么，然后对症下药，以促使经济回升。

在不同的经济环境下，两种政策的搭配使用情况如下：

（1）当经济萧条时，可以把扩张性财政政策与扩张性货币政策混合使用，这样能更有力地刺激经济。扩张性财政政策使总需求增加但提高了利率水平，采用扩张性货币政策就可以抑制利率的上升，以消除或减少扩张性财政政策的挤出效应，使总需求增加。

（2）当经济出现严重通货膨胀时，可实行“双紧”组合，即采用紧缩性财政政策与紧缩性货币政策来降低需求，控制通货膨胀。一方面采用紧缩性财政政策，从需求方面抑制了通货膨胀；另一方面采用紧缩性货币政策，从货币供给量方面控制通货膨胀。由于紧缩性财政政策在抑制总需求的同时会使利率下降，而紧缩性货币政策使利率上升，从而避免利率下降刺激总需求。

（3）当经济萧条但又不太严重时，可采用扩张性财政政策与紧缩性货币政策相配合。这样在刺激总需求的同时又能抑制通货膨胀。这种混合的结果往往是对增加总需求的作用不确定，但却使利率上升。

（4）当经济中出现通货膨胀又不太严重时，可采用紧缩性财政政策与扩张性货币政策相配合。一方面用紧缩性财政政策压缩总需求，另一方面用扩张性货币政策降低利率，刺激投资，以免因财政过度紧缩而引起衰退。

总之，财政政策与货币政策是相互影响又是相互渗透的，因此在实施过程中应当相互配合、相互协调，以实现两种政策的目标，即既无失业又无通货膨胀的经济运行状态。

学习任务三 临空产业政策

一、产业政策的内容和特征

产业政策是国家制定的，引导国家产业发展方向、引导推动产业结构升级、协调国家产业结构、使国民经济健康可持续发展的政策。产业政策主要通过制订国民经济计划（包括指令性计划和指导性计划）、产业结构调整计划、产业扶持计划、财政投融资、货币手段、项目审批来实现。

（一）产业政策的内容

（1）产业政策的对象是产业结构和产业组织。这是产业政策与其他经济政策的主要区别，也是产业政策能够比其他经济政策更加深入社会经济运行的内部结构，直接干预产业间和产业内部资源配置的原因。

（2）产业政策的核心是经济结构转换问题，特别是促进产业结构优化和升级问题。通过对产业结构进行自觉设计和调整，实现经济社会持续、快速、协调、健康发展。

（3）产业政策通过政府介入资源分配，来弥补市场机制的不足，实施某种程度的计划引导。但它不排斥市场机制，而是以市场机制为基础发挥其作用。

（4）产业政策的目标是产业结构的优化和升级以及各产业内部运营的高效化。因而，产业政策的效果往往是中长期的，它对短期经济活动的影响比较有限。

（5）产业政策包含的往往不是一项或几项经济政策，而是一组具有相互关联的经济政策和措施。它涉及财政、货币、国际贸易、收入分配、市场结构等多个领域，需要综合运用法律、经济、行政等各种手段。

（二）产业政策的特征

1. 协调性

产业政策通过制定具体的行业规划、行业政策，运用投资结构、财政信贷结构、支持政策等措施调节产业结构，促进产业内部、产业之间、行业之间协调发展。

2. 时效性

产业政策的目标具有明显的时效性，是同一定的经济发展阶段、一定的经济运行态势相对应的。经济发展的阶段不同，经济运行的态势不同，产业政策的具体目标不同，措施和力度亦不同。

3. 导向性

产业政策根据产业结构演进的规律，对产业间不等速增长的动态结构做出准确、及时、适度的超前导向，以预防不均衡产生。但产业政策一般只诱导投资方向，不控制投资规模。

4. 组合性

产业政策将政府调节与市场调节有机地体现在产业政策的实施体系中，具有经济运行机制的组合功能。

二、临空产业相关政策文件

2017 年 2 月，习近平总书记在考察北京大兴国际机场时指出，新机场（北京大兴国际机场）是国家发展的一个新的动力源，将机场及临空经济区的地位和作用首次上升到国家战略层面。

“十三五”“十四五”期间，临空经济区作为地区经济发展“增长极”和“催化剂”的作用不断增强，成为国家和区域各类战略性新兴产业的“集聚地”，获得各地政府高度重视和政策支持的“聚光灯”。

（一）国家层面

国家层面出台了一系列的规划，下面介绍几个较为重要的，部分现在已失效，但当时对临空经济的发展起到了很大的作用。

（1）2016 年 12 月，经国务院批复，国家发展和改革委员会正式发布《促进中部地区崛起“十三五”规划》（国函〔2016〕204 号），临空经济首次被列入国家区域功能性平台，说明临空经济在建设国家级新区、促进区域经济发展和推动区域经济转型中将发挥至关重要的作用。

（2）2017 年 2 月，民航局出台《中国民用航空发展第十三个五年规划》，明确指出要发展和建设临空经济，鼓励地方政府在业务规模较大的机场周边规划设立临空经济区，引导各临空经济区差异化发展。这也是民航局首次将临空经济纳入民航五年发展规划。

（3）2017 年 2 月，国务院印发《“十三五”现代综合交通运输体系发展规划》（国发〔2017〕11 号），明确指出，建设北京新机场、郑州航空港等临空经济区，聚集航空物流、跨境电商、商务会展、科技创新等产业，形成临空经济新兴增长极。这是我国首次将临空经济正式纳入国家综合交通运输体系发展规划。

（4）2019 年 2 月，中共中央、国务院印发了《粤港澳大湾区发展规划纲要》，再一次提出“推进广州、深圳临空经济区发展”，以枢纽机场为核心的临空经济区迎来新的发展机遇。

(5) 2020 年 1 月，民航局印发了《中国民航四型机场建设行动纲要（2020—2035 年)》，明确指出要“积极鼓励和引导临空经济发展”“打造‘机场+’生态圈”，以机场为核心的临空经济区已成为全球经济要素资源重新组合的“战略节点”。

(6) 2022 年 1 月，民航局发布《智慧民航建设路线图》（以下简称《路线图》)，《路线图》描绘了民航与相关产业深度融合的产业协同发展新格局：通过吸纳数字产业新技术和开拓数字经济增长点，构建“民航+数字产业”共同体；通过推动装备研制转型升级和打造装备应用全新体系，完善“民航+先进制造”产业链；通过推进绿色技术产品研发和提升绿色运行能力上线，形成“民航+绿色低碳”生态圈。

(二) 国内地方

(1) 2022 年 8 月，首都国际机场临空经济区管委会发布《“十四五”时期首都机场临空经济区发展建设规划》，该规划提出，构建高端临空产业体系，围绕主导产业，布局建设 35 个重量级项目，总投资 1 396 亿元；整理可利用土地 4 000 亩、楼宇资源 140 万平方米，为产业扩容升级提供空间；制定完善临空经济示范区综合性产业促进政策，全面加快首都机场临空经济高质量发展。

(2) 2022 年 5 月，天津市人民政府办公厅印发《天津市航空物流发展“十四五”规划》，该规划提出，到 2025 年，全面落实国家关于国际航空货运枢纽发展定位，各项制度逐渐完善，建成“空陆”“空铁”“空海”等多式联运服务通道，打造空空中转服务品牌，进出港服务水平居国内领先地位。国际快件、跨境电商、冷链物流等产业大力发展，航空物流产业竞争力显著提升，航空货邮吞吐量达到 40 万吨，全货机货邮吞吐量占比达到 60%，国际及地区货邮吞吐量占比达到 50%，中国国际航空物流中心地位基本确立。

三、北京“一市两场”临空经济区产业发展

(一) 北京大兴国际机场临空经济区概况及产业发展

1. 北京大兴国际机场临空经济区概况

2016 年 8 月国家发展改革委批复设立北京大兴国际机场临空经济区（简称大兴机场临空区)，临空经济区总体管控面积 1 028 平方千米，规划面积 150 平方千米，其中北京区域 50 平方千米，河北部分 100 平方千米，规划了航空物流区、科技创新区和服务保障区三大组团。临空区的战略定位是“国际交往中心功能承载区、国家航空科技创新引领区、京津冀协同发展示范区”。

临空经济区北京部分分为东西两个片区。西片区约 26 平方千米，布局国际生命健康产业、国际科技创新、国际学校、国际医院、生活配套等功能。东片区约 24 平方千米，布局中央生态公园、国际会展中心、国际会议中心、国际消费枢纽、综合保税区等功能。

临空经济区充分利用北京大兴国际机场“国家发展新的动力源”的优势，发挥联通国内国际双循环的枢纽节点作用，最大限度释放国家服务业扩大开放综合示范区、自由贸易试验区等政策红利，实现临空区、自贸区、综保区“三区”耦合发展，立足新发展

阶段，持续打造践行新发展理念的示范区、先行区，推动高质量发展的战略增长极，打造全球创新资源接驳地，构建京津冀协同发展的高水平对外开放平台。

2. 北京大兴国际机场临空经济区产业发展

（1）1＋2＋2 产业体系。

2019 年 9 月，备受瞩目的《北京大兴国际机场临空经济区总体规划（2019—2035 年）》正式获批，标志着大兴机场临空区正式进入实质性建设阶段。经过这几年的高速发展，大兴机场临空区不断朝着国际交往中心功能承载区、国家航空科技创新引领区和京津冀协同发展示范区的目标前进。结合区域经济发展要求和资源禀赋，紧抓临空指向和国际交往两大属性，大兴机场临空区持续发力、多点布局，产业发展风生水起。

瞄准驱动未来的世界航空城的目标，北京大兴国际机场临空经济区坚持创新、开放、可持续的发展理念，着力发展以生命健康为主导产业，以航空枢纽和航空服务保障为两大基础产业，以新一代信息技术和智能装备为补充的“1＋2＋2”临空产业发展体系，努力打造国际一流的现代化临空经济区。截至 2025 年 6 月，临空经济区内共有注册企业 14 500 家，产业集聚效应显现。

即问即答

“1＋2＋2”临空产业发展体系是什么？

“1”是生命健康产业。重点引进以提供国际前沿医疗服务为主的专科医院群和生命健康产业集群；积极引进从事精准医疗、干细胞技术、基因治疗和医疗高值耗材等前沿领域研究和服务的企业，并提供政策支持和应用场景；与大兴生物医药基地、亦庄生物医药产业园和昌平生命科学园形成互动发展。第一个“2”是航空服务保障和航空枢纽服务两大基础产业。航空服务保障产业重点发展航空总部、航材、航油、航食、维修、航空金融、设备租赁和公务机运营维护等航空运输服务保障产业链。航空枢纽服务业重点发展航空物流、国际会展、技术咨询与培训等产业。第二个“2”是新一代信息技术和智能装备两大新兴产业，这两大产业作为储备产业，是战略留白区域的重点发展方向。如图 5－2 所示。

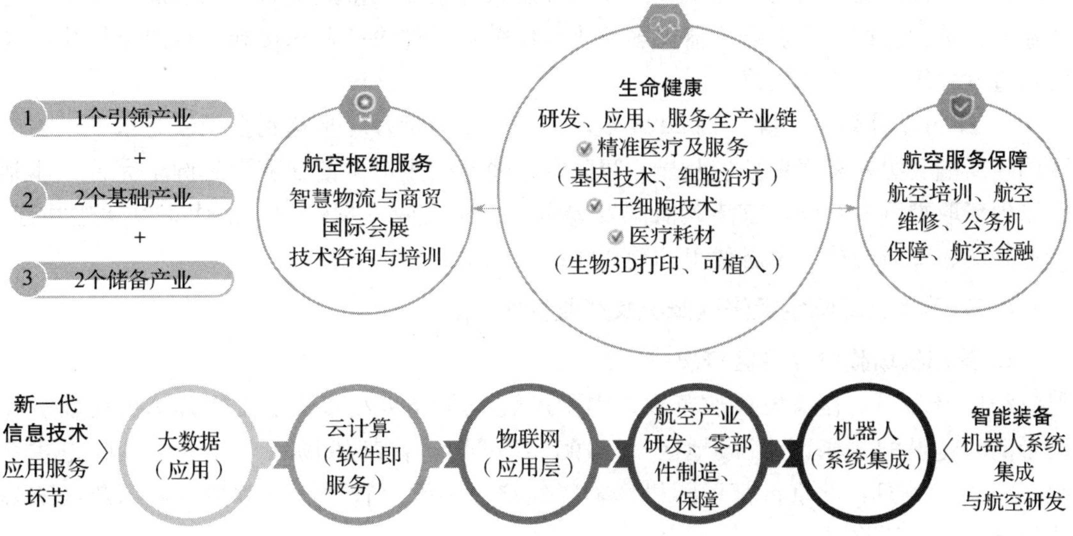

图 5－2　临空经济产业

（2）三年行动计划。

2023年，经北京大兴国际机场临空经济区京冀联合工作领导小组批准，《北京大兴国际机场临空经济区建设发展三年行动计划（2023—2025年）》（以下简称《三年行动计划》）正式印发，聚焦五大方面工作任务，助推大兴机场临空区高质量发展。

《三年行动计划》是北京大兴国际机场临空经济区设立以来，京冀两省市立足临空区发展实际，紧密围绕"国际交往中心功能承载区、国家航空科技创新引领区、京津冀协同发展示范区"三大定位，首次统一出台的省级层面计划指导文件。《三年行动计划》以产业发展和区域协同为重点，谋划部署了高水平开放合作、培育高质量产业集群、推进港产城融合发展、加强区域一体化合作、加大改革创新和政策支持等五大方面工作任务。

大兴机场临空区内的综合保税区规划面积4.35平方千米，是目前全国唯一一个跨省市建立的综合保税区。一期封关运行以来，通关效率显著优于全国平均水平。《三年行动计划》提出，京冀两省市要强化综保区开放门户地位，完成综保区二期建设和封关验收，加快推进综保区区港联络道、一级货站建设运营。此外，临空区还要打造国际消费桥头堡，探索"会展＋消费"的商业综合开发模式；推动自贸试验区制度创新清单任务落地，推出不少于10项最佳实践案例。

在高质量产业集群的培育上，《三年行动计划》提出，京冀两省市要发展高附加值的航空保障服务业；打造专业化的生命健康产业空间，推动创新疫苗和智能医疗等项目建成落地；大力发展跨境电商业务，积极构建多式联运体系；开展工业互联网集成创新应用试点示范，建设贸易数字化示范区。

在民生保障方面，京冀两省市将推进临空区进京检查站优化设置，推动跨省界道路互联互通；在教育、医疗、商业、住房等民生领域补短板；打造绿色低碳发展示范区，建设一批新型能源供应示范工程；至2025年新建绿色建筑比例达到100%。

京冀两省市还将推动临空区加强与雄安新区、北京城市副中心、中关村国家自主创新示范区、天津滨海新区、北京经济技术开发区等京津冀重点地区协同发展，探索共建产业园、平台公司、产业孵化器等多元化合作模式，加快产业承接和科技成果转化，合力打造世界级先进产业集群。

《三年行动计划》明确，到2025年，大兴机场客货吞吐量达到全国领先水平；临空区国际高端资源要素集聚效应凸显，智慧绿色便捷的生产生活配套设施健全完善；体制机制创新取得重大突破，京津冀协同发展示范作用有效发挥；初步形成京冀共建共管、产业高端、交通便捷、生态优美的现代化绿色临空经济区。

（二）首都机场临空经济区概况及产业发展

1. 首都机场临空经济区概况

2019年2月，国家发展改革委、中国民航局联合印发《关于支持首都机场临空经济示范区建设的复函》（发改地区〔2019〕375号），首都机场临空经济示范区正式获批。2022年4月，北京首都国际机场临空经济区工委、管委会挂牌成立，示范区统筹协调发展迈入新阶段。

国家临空经济转型升级示范区、国家对外开放重要门户区、国际交往中心功能核心区和首都生态宜居国际化先导区。

2. 首都机场临空经济区产业发展

作为首都国际机场所在地，依托首都国际机场世界级航空枢纽建设，首都机场临空经济区已经成为我国航空服务业企业数量最多、产业链条最全、产业规模最大的机场临空区。航空服务业是首都机场临空经济区重点发展的龙头产业，党的二十大报告指出要建设现代化产业体系。近年来首都机场临空经济区积极推动航空服务业创新发展，为区域发展提供持续动力源。

（1）完善顶层设计，发展规划指引示范区建设。

根据国家发展改革委和中国民航局联合印发的《关于支持首都机场临空经济示范区建设的复函》，北京市及顺义区有序推进示范区建设，并编制印发了《首都机场临空经济示范区总体方案》作为引导示范区有序开发建设的行动纲领和编制相关规划的重要依据。2022 年 8 月，示范区发布了《“十四五”时期首都机场临空经济区发展建设规划》，提出到 2025 年，基本建成国际一流的世界级航空枢纽，成为区域经济融入全球经济体系、参与全球产业分工和资源要素配置的核心节点，示范区年度总收入达到 6 800 亿元，服务业占比达到 85%以上的建设目标。

（2）依托“双场＋双区”，示范区打造国际消费桥头堡。

2022 年 3 月，北京市人民政府办公厅正式对外公布《打造“双枢纽”国际消费桥头堡实施方案（2021—2025 年）》，确定了 5 个方面共 24 项重点任务，提出依托“双场＋双区”，即大兴机场和首都机场以及两个临空经济区，集中力量建设国际消费功能区、打造国际消费桥头堡。首都机场临空经济示范区依托临空特色消费功能，积极布局和激活区内的若干消费微中心，形成国际消费中心城市建设的强大牵引力，并进一步优化国际航空资源配置，畅通国内国际双循环。在首都机场北部打造具有服务贸易特色的国际消费新高地，充分发挥天竺综保区政策优势，拓展医疗健康、文化贸易等主导产业；在机场西部打造新国展会展商务区，提升临空消费资源承载能力；积极培育航空服务、保税免税、商务会展、电商直播等消费业态。

（3）构建具有竞争力的产业政策支持体系。

顺义区发挥属地职责，强化政策联动，以科技创新为核心，以产业融合为方向，构建特色与活力兼备的现代化经济体系，打造首都发展新增长极，制定实施了具有竞争力的支持政策体系。2022 年 8 月《北京首都国际机场临空经济区产业促进政策措施清单》（以下简称《政策措施清单》）发布，对园区投资环境、产业发展资源做了全面系统的整合，《政策措施清单》分为 8 个部分，包含重点政策 49 条。第 1～4 部分主要围绕临空经济区四个重点产业进行支持，包括：促进航空服务产业发展壮大；提升物流贸易企业经营活力；鼓励科技服务企业创新发展，主要涉及支持建设类项目落地、支持平台类项目发展、鼓励企业开展创新创业活动、支持企业智能转型升级；推动产业金融聚集，大力吸引多种金融机构入驻。第 5 部分培育特色产业，对医药健康企业给予 200 万元至 1 000 万元奖励，对文化贸易企业给予通关、投资便利化措施；第 6～7 部分将营商环境和人才服务纳入清单范围，在持续完善营商环境方面着重推进政务服务数字化、智能化水平，便捷企业经营发展，多措并举提升人才服务水平；第 8 部分大力吸引临空产业项目入驻，对产业项目的建设、竣工验收、购买厂房楼宇、租赁办公用房等方面提供一定比例的资金支持和补贴。

学习任务四 临空金融税收政策

在当前严峻复杂的国际经济形势下，以枢纽经济、创新动能和“开放高地”等为特征的临空经济区已成长为推动实现高质量发展的新动能之一，大力发展临空经济也成为许多省区市打通“双循环”的突破口。为推动临空经济区的建设和发展，营造良好的营商环境，实现地方经济、金融普惠、银企等发展互利共赢，各省市制定金融税收政策来支持临空产业发展。

一、金融税制

金融税制是政府针对金融活动而制定的一系列税收政策法令的总称。主要包括三部分：一是金融业税收，即对金融机构课征的各类税收，通常由流转税、公司所得税和其他税构成；二是金融资产税收，是对持有和遗赠金融资产课征的各类税收，一般包括财产税、遗产与赠与税和以股息、红利、利息为征税对象的所得税；三是金融市场税收，主要有证券交易税和资本利得税。

二、临空经济区金融税收政策的问题

主要问题是缺乏金融支持，融资渠道不足。大多数临空经济区的规划中，财政拨款与地方税收统筹构成了主要的资金来源。缺乏在资本市场的活跃度，有待于提高社会资本的参与度。

三、临空经济区金融税收政策

（一）大兴机场临空区金融政策

1. 大兴机场临空区发布 4 条金融政策支持临空产业发展

2021 年，大兴机场临空区发布 4 条金融政策支持临空产业发展，覆盖中国（北京）自由贸易试验区高端产业片区大兴组团和中国（河北）自由贸易试验区大兴机场片区（北京大兴）范围。重点涉及外资金融机构开办补助、私募股权投资基金入区投资支持、金融及类金融机构经营支持及跨境金融业务支持等 4 个方面。

（1）开办补助。

对在临空经济区注册的外资法人金融机构及其具有独立结算功能的分支机构，或经临空经济区管委会认定的其他外资金融机构，给予资金补助。

按照外方入资实收资本规模，2 000 万（含）～2 亿元的，最高补助 400 万元；2 亿（含）～4 亿元的，最高补助 500 万元；4 亿（含）～10 亿元的，最高补助 1 000 万元；10 亿

（含）～20 亿元的，最高补助 2 000 万元；20 亿（含）～30 亿元的，最高补助 3 000 万元；30 亿元（含）以上的，最高补助 6 000 万元。

（2）投资支持。

鼓励私募股权投资基金支持临空经济区产业发展，根据其在临空经济区实际投资规模，对基金管理人给予激励。实际投资累计规模达到 5 000 万（含）～1 亿元的，给予资金支持 50 万元；1 亿（含）～5 亿元的，给予资金支持 100 万元；5 亿（含）～10 亿元的，给予资金支持 150 万元；10 亿（含）～30 亿元的，给予资金支持 200 万元；30 亿（含）～50 亿元的，给予资金支持 500 万元；50 亿元（含）以上的，给予资金支持 750 万元。

成功实现退出并支持临空经济区企业挂牌上市的私募股权投资基金，根据其在临空经济区的实际投资规模，对基金管理人给予激励。实际投资累计规模在 30 亿（含）～50 亿元的，给予资金支持 500 万元；50 亿元（含）以上的，给予资金支持 750 万元。

鼓励私募股权投资基金引导符合临空经济区产业发展定位的产业项目落户临空经济区。引进的单个产业项目实收资本达到 3 000 万元（含）以上，且工商税务关系同时落户临空经济区，自引入之日起 5 年内，单个产业项目上年度实现区级综合贡献达到 100 万元（含）以上的，将单个产业项目上年实现区级综合贡献的 1%给予基金管理人作为激励。同时，引进的产业项目经临空经济区管委会认定后，按照引进项目数量对基金管理人给予奖励。引进 3（含）～5 个的，奖励 50 万元；5（含）～10 个的，奖励 80 万元；10 个（含）以上的，奖励 100 万元。

（3）经营支持。

对新注册在临空经济区，且注册后三年内任意一个年度区级综合贡献达到 50 万元（含）以上的金融及类金融机构，最高按照上年度区级综合贡献的 80%，给予享受政策年度起连续三年的资金支持。

对私募股权投资基金的自然人合伙人（或股东），根据其在临空经济区实现的区级综合贡献的 80%，给予资金支持。

（4）跨境金融业务支持。

鼓励区内企业开展包括合格境外有限合伙人（QFLP）、合格境内有限合伙人（QDLP）在内的跨境股权投资；支持符合条件的机构探索本外币资金池、跨境发债、跨境金融资产交易等创新业务，有序推进创新资本项下国际合作业务。

2. 大兴机场临空区发布资金扶持政策支持临空产业发展

2023 年 11 月，北京大兴国际机场临空经济区（大兴）管理委员会发布《中国（北京）自由贸易试验区高端产业片区大兴组团 中国（河北）自由贸易试验区大兴机场片区（北京大兴）关于支持外贸新业态新模式发展的若干措施（试行）》（以下简称《若干措施（试行）》），旨在推动临空区加速聚集发展，试行期为 3 年。

（1）发挥综合保税区政策优势，推动外贸创新发展。支持企业依托综合保税区公共库等产业载体，建设冷链仓库、加工车间，支持跨境电商销售医药产品等创新政策试点以及“网购保税＋线下自提”“保税展示＋跨境电商”等创新模式落地实践，对上一年度进出口额突破 1 000 万美元的企业，经评审可按不超过项目设备购置实际发生金额或场地适应性改造成本的20%，给予单个企业最高不超过100万元人民币的一次性支持。

(2) 北京鼓励外商投资在双自贸试验区域内发展外向型重点产业。对在双自贸试验区域内新设的外资项目，实际使用外资用于发展外向型商贸服务业等重点产业（房地产业、工业或物流地项目、外方股东贷款等除外）不少于100万美元，或增资不少于50万美元的，经评审可按照年度实际利用外资金额每50万美元奖励不超过2万元人民币的标准予以奖励，单个企业每年最高不超过100万元人民币。

(3) 鼓励企业开展数字产品、数字服务等数字贸易业务。对企业上一年度数字贸易出口额增长100万美元、300万美元、500万美元以上，分别给予一次性不超过10万元人民币、30万元人民币、50万元人民币的奖励。

2024年《若干措施（试行）》进行了修订，支持内容包括：发挥综合保税区政策优势，推动外贸创新发展；鼓励外贸新业态新模式发展；鼓励外商投资发展外向型重点产业。

（二）哈尔滨临空经济区金融政策

哈尔滨临空经济区，是黑龙江省发挥哈尔滨“中蒙俄经济走廊”核心枢纽优势，深入融入共建“一带一路”，打造“天空开放”新平台的重要举措。黑龙江监管局全力支持黑龙江省地方经济发展、转型腾飞，深入贯彻落实党中央国务院、国家金融监督管理总局和省委省政府关于金融支持实体经济发展的相关要求，立足省委省政府战略规划，加大金融支持力度，积极跟进哈尔滨市临空经济区的建设进展，指导辖内银行保险机构做好哈尔滨临空经济区建设金融服务工作。

即问即答

什么是中蒙俄经济走廊？

中蒙俄经济走廊，是在多国共建“一带一路”的主体框架下的国际经济合作六大经济走廊之一，也是丝绸之路经济带的重要组成部分。中蒙俄经济走廊有两个通道，一是华北通道，从京津冀到呼和浩特，再到蒙古和俄罗斯；二是东北通道，沿着老中东铁路从大连、沈阳、长春、哈尔滨到满洲里和俄罗斯赤塔。

1. 发挥监管引领作用，全力推动临空经济区金融服务工作

2022年黑龙江银保监局印发《黑龙江省银行业保险业支持实体经济高质量发展指导意见》，指导银行保险机构立足省情实际，优化投融资布局，精准对接重点工程和重大项目。多家银行机构积极响应，主动营销，全力支持哈尔滨市临空经济区项目建设，为哈尔滨市经济高质量发展提供金融服务。国家开发银行黑龙江省分行多次与道里区政府、临空经济区管委会等主要负责人就临空经济区规划及发展进行沟通交流，了解临空经济区实施情况、项目规划、基础设施建设及招商情况；工商银行黑龙江省分行定期进行高层走访，省、市、支行联动营销，靠前发力，协同发力，精准发力，全力支持哈尔滨太平国际机场二期扩建工程项目建设；交通银行黑龙江省分行建立专业服务团队，通过设计金融服务方案，建立沟通机制，以最快的速度、优惠的价格为哈尔滨临空经济区企业提供最优质的服务。

2. 坚持高质量导向，全力保障信贷资金供给

哈尔滨太平国际机场扩建是哈尔滨市临空经济区建设的重要基础，机场二期扩建工程项目总投资 98.07 亿元，列入国家“十四五”规划 102 项重点工程。黑龙江监管局指导银行机构加大向总行沟通汇报力度，注重同业合作，探索以银团贷款等形式推动项目融资落实落地，发挥金融促进区域经济优化的功能作用。多家机构参与黑龙江省机场管理集团有限公司太平国际机场二期扩建工程投标工作，开发银行黑龙江省分行作为牵头行拟提供银团融资 49.03 亿元，农业银行黑龙江省分行拟提供 14.7 亿元，工商银行黑龙江省分行拟提供 14.71 亿元。交通银行黑龙江省分行为哈尔滨机场二通道项目提供 48 亿元授信额度支持。

3. 致力深化特色服务，鼓励金融创新先行先试

鼓励银行保险机构以创新引领发展，积极开展金融产品、服务创新，推进银行保险机构精准对接哈尔滨临空经济区基础设施建设项目，进一步完善金融服务长效机制，纵深推进金融能力建设。交通银行黑龙江省分行创新单独机场高速项目收费权质押，为哈尔滨市城市建设投资集团提供 9.99 亿元固定资产贷款，帮助完成哈尔滨机场高速收费权回购工作，并通过匹配合理的贷款期限和利率降低了企业财务负担，缓解了财政支付压力。

4. 搭建银企合作平台，助力提供综合金融服务

指导加强银企对接，充分运用金融服务队等形式，持续开展线上线下对接活动，畅通银企对接通道，精准服务哈尔滨临空经济区重点项目和企业融资需求。招商银行哈尔滨分行与道里区临空产业局保持紧密合作关系，实地解读专项债发行政策，指导可研机构设计项目可行性研究方案，梳理项目收益点，确定发行额度，完成项目从生成、包装到发行的全流程服务工作，累计发行专项债券 13.9 亿元。

学习任务五　临空人才政策

人才是实现民族振兴、赢得国际竞争主动的战略资源。习近平总书记强调：“国家发展靠人才，民族振兴靠人才。”[①] 我国已经形成了一支规模宏大、素质优良的人才队伍。2023 年全国人才资源总量超过 2 亿人，专业技术人才总量达 8 000 多万人，高技能人才超过 6 000 万人，人才队伍快速壮大，人才效能持续增强，人才比较优势稳步提升[②]。发挥好人才优势、持续优化人才发展环境，在改革人才培养、使用、评价、服务、支持、激励等机制方面下功夫，将持续增强人才效能。

一、人才的重要性

“致天下之治者在人才”，人才是科学发展第一资源，是一切事业兴旺发达的根本，中国特色社会主义事业需要各个行业、各个领域的基础人才，更需要站在时代前沿的“高精尖缺”人才。深化人才发展体制机制改革，让人才充分涌流，才能为实现伟大复

---

① 习近平．深入实施新时代人才强国战略 加快建设世界重要人才中心和创新高地．求是，2021（24）．

② 中国组织人事报新闻网，2024－01－22。

兴中国梦提供足够的人才支撑。

二、国家重视人才发展

党的二十大报告强调，培养造就大批德才兼备的高素质人才，是国家和民族长远发展大计。实施人才强国战略是增强国际人才竞争力、增强现代化建设人才支撑的根本举措，也是全面建设社会主义现代化国家、实现人才引领发展的重要抓手。

2023 年 8 月，中共中央办公厅、国务院办公厅印发了《关于进一步加强青年科技人才培养和使用的若干措施》（以下简称《若干措施》）。《若干措施》提出，要引导支持青年科技人才服务高质量发展。鼓励青年科技人才深入经济社会发展实践，结合实际需求凝练科学问题，开展原始创新、技术攻关、成果转化，把论文写在祖国大地上。落实事业单位科研人员创新创业等相关政策，支持和鼓励高等学校、科研机构等选派科研能力强、拥有创新成果的青年科技人才，通过兼职创新、长期派驻、短期合作等方式，到基层和企业开展科技咨询、产品开发、成果转化、科学普及等服务，服务成效作为职称评审、职务晋升等的重要参考①。

2024 年 7 月，中国共产党第二十届中央委员会第三次全体会议通过的《中共中央关于进一步全面深化改革　推进中国式现代化的决定》提出，深化人才发展体制机制改革。其中包括：加快建设国家高水平人才高地和吸引集聚人才平台；加快建设国家战略人才力量；建立以创新能力、质量、实效、贡献为导向的人才评价体系等内容。

三、临空经济区人才政策

千秋基业，人才为本。各省市临空经济区牢固树立“人才第一资源”意识，立足“聚人、营城、兴产”阶段特征，牢固树立“产城人”融合发展的系统思维，做强现代化产业人才支撑，以开放的胸怀和求贤若渴的诚意，打造人才“蓄水池”，做强人才竞争优势，营造“近者悦、远者来”的人才生态。

（一）廊坊临空经济区

2023 年以来，廊坊市坚持招商引资和招才引智“双招双引”，以项目引人才，以人才兴产业，加快推进临空经济区建设成为京津冀对外开放新高地、协同发展先行区。

随着武汉光谷生物、国际智慧细胞谷、国药科技城等一大批科技创新型企业入驻，1 600 多名高学历高素质人才和产业领域专家集聚廊坊临空经济区创新创业。

1. 兴廊计划

为提高对创新人才的吸引力，廊坊临空经济区在已出台“1＋6＋5”政策体系的基础上，于 2022 年启动实施“兴廊计划”，进一步研究制定了“黄金 30 条”招商引才举措，对关键研发岗位硕士、博士一次性给予个人补助奖励，对符合要求的高级管理人才租赁人才公寓给予租金补贴，对符合产业政策的创客团队和创新项目给予资金支持等，全面打造“类海外”人才生态环境，人才政策与产业政策实现同频共振。

---

① 中共中央办公厅 国务院办公厅印发《关于进一步加强青年科技人才培养和使用的若干措施》. 中国政府网，2023 - 08 - 27.

2. 举办人才交流活动

为集聚高端人才智力汇聚廊坊临空经济区，先后举办第五届中国国际临空经济发展高端会议、第七届中国民用航空培训产业国际论坛等人才交流高端活动，多位嘉宾和知名航空领域专家，通过主题演讲、互动讨论、展览展示、一对一商务洽谈等形式进行深度交流。同时，他们积极拓宽人才引进渠道，与清华、北大等国内知名院校开展合作，组织开展高校临空行等招才引智活动 5 场，并通过网络媒体平台公开发布、公开竞聘专业人才来廊坊临空经济区干事创业，持续发展壮大人才队伍。

3. 优化人才生态环境

在引进人才的同时，廊坊临空经济区持续优化人才生态环境留住人才。建设临空经济区独具国际特色的首个地标性建筑和首个亿元楼宇项目——廊坊临空服务中心创新基地，成为全国首批 16 家“科创中国—国际创新基地”之一，为各类人才提供关键技术研发、科技成果转移转化、国际科创项目落地等全方位服务。

4. 服务设施攻坚行动

此外，廊坊临空经济区启动公共服务设施三年攻坚行动，持续实施 73 个市政及公共服务设施项目，建设廊坊临空国际会展中心，打造涵盖“展览＋会议＋餐饮＋住宿”多业态会展产业区，为各类人才交流活动提供高端国际空港会展平台。同时，加快推进 1 500 套人才公寓、4 所学校以及临空医院等配套设施建设力度，有效提升临空经济区人才承载力。

（二）鄂州市临空经济区

鄂州市临空经济区为深入实施人才强区战略，加快推进国际一流航空货运枢纽建设，努力打造湖北内陆开放新高地和鄂州未来高质量发展主引擎，从 2023 年 8 月 15 日起实施七大系列举措共计 29 项政策红利，用来引人聚才。

1. 大力引育“新临空人”

释放政策红利，吸引市外非鄂州户籍人口来临空经济区安居乐业，大力引进培育“新临空人”（“新临空人”指市外非鄂州户籍人口，来临空经济区购买商住房的人员或与临空经济区企业签订 1 年以上劳动合同并按规定缴纳 1 年以上社会保险费的人员）。针对在临空经济区无房且按规定缴纳社会保险费的“新临空人”，可优先申请保障性租赁住房；对“新临空人”在辖区内购买首套新建商品房，面积 90 平方米及以下的每套补贴 2 万元，面积 90 平方米以上的每套补贴 3 万元；对在鄂州登记结婚、夫妻双方或一方为“新临空人”的，给予 1 000 元结婚“贺礼”；对“新临空人”每生育一胎并将小孩户口落在该区的，给予 2 000 元奖励；对“新临空人”随迁子女义务教育一视同仁，以公办学校为主接受义务教育基本公共服务；“新临空人”可享受 3 年免费乘坐公交优惠；与“新临空人”签订 1 年以上劳动合同并按规定缴纳 1 年以上社会保险费的用工企业，按每增 1 人给予企业 500 元标准的就业补贴。

2. 大力引进临空产业和对外开放专业人才

紧盯打造国际一流航空货运枢纽，针对鄂州保税区建设发展，精准引进培育一批航空运输、航空制造、飞机改装维修及零部件制造等民航类专业性人才，以及保税加工、保税物流、货物贸易、服务贸易、国际商务等保税区发展急需的专业性人才。对于鄂州保税区、光电子信息产业园、智能制造和航空物流产业园、医疗健康产业园、鄂州航空物流产业园等“一区四园”的专业性人才，且人才与企业签订3年以上劳动合同或合作协议并缴纳社会保险费的，按全日制博士、重点高校（科研院所和海外知名大学）全日制硕士、重点高校全日制本科分别额外给予3万元/年、2万元/年、1万元/年的区级补贴，累计不超过3年。采用市场化用人方式，积极为区管国有平台公司猎聘综合保税、口岸开放等急需紧缺高层次人才。对临空经济区“一区四园”企业吸纳就业见习的，给予发放就业见习补贴，补贴标准由该市最低工资标准的70%提高至100%。

3. 大力支持临空偏好型企业招用蓝领技能人才

针对临空经济偏好型企业，将新入职企业的具有技能等级或职称证书的高中、中专毕业生等蓝领人才纳入临空经济区就业补贴范围，对签订1年以上劳动合同并按规定缴纳1年以上社会保险费的，给予相应企业1 000元/人一次性吸纳就业补贴。对参加临空经济区组织的外出招聘活动的企业，给予省内2 000元/次、省外4 000元/次一次性补助。鼓励临空经济偏好型企业与各类技工（职业）院校开展订单培养班，对符合条件的10人以上的订单培养班给予1万元一次性补助。

4. 大力开展柔性引才

积极柔性引进一批高端人才智力，属省级领军人才及以上层次的，给予政府补贴、周转住房等政策支持。实行“政府下单＋社会合作”模式，用人单位柔性引进省级领军人才及以上层次的，按用人单位实付引进人才年薪的50%给予补助，每年补助最高不超过20万元，累计不超过3年；第三方机构为该区重点平台及企业柔性引进市级高端人才及以上层次的，按国际级、国家级、省级、市级层次类别，分别给予4万元、3万元、2万元、1万元的经费奖励。

5. 大力引建高端高效孵化器

大力打造具有临空产业特色的“双创”平台，建立健全“孵化器＋加速器＋产业园区”创新创业生态链，努力打造全国大学生科技成果转化基地、青年人才直播带货基地。对引入并建设的高端高效孵化平台，采取“一事一议”方式，从场地、资金等方面支持建设科技“双创”生态馆、大赛成果孵化空间等工程，支持打造科技创新服务平台、创新人才促进平台等载体，支持举办国家级、省级创新创业大赛、产学研协同创新峰会等赛会。对于获得国家级创新创业大赛一、二、三等奖，并在该区注册落地转化的项目，分别给予项目转化方100万元、50万元、20万元的奖励；获得省级奖项的，分别给予50万元、25万元、10万元的奖励。

6. 大力打造人力资源服务产业园

秉持“集聚产业、培育市场、孵化企业、服务人才”理念，积极培育省、市级人力资源服务产业园，临空经济区3年免费提供1 000～3 000平方米场地，努力打造人力资源公共服务基地和创新发展平台，吸引一批有核心产品、成长性好、竞争力强的人力资源服务企业进驻。经人力资源服务产业园引进的高层次人才等符合相应条件的，按鄂州市人才政策规定予以奖励。被认定为市级、省级人力资源服务产业园的，在市级、省级奖补资金外（10万元、100万元），由区级按照1：1比例进行配套奖励。

7. 大力提升人才服务能级

扩大义务教育保障范围，高层次人才以及事业单位“人才池计划”高水平人才、博士研究生、正高级职称人才的子女，在临空经济区范围内可自主选择学校入学。在区政务服务大厅设立人才综合服务窗口，实行“一窗式”受理，全面提升人才办事效率。支持各地各单位打造一批“人才驿家”，开展丰富多彩的人才联谊活动。大力建设保障性租赁住房，切实解决人才住房问题，对入住的高层次人才给予全额租金补贴，对入住的党政机关引进生人才、事业单位“人才池计划”人才和企业副高级及以上职称、全日制研究生、高级技师人才连续3年给予全额租金补贴。设立区级人才发展专项资金，用于解决人才补贴、项目资助、招才费用、引才奖励等方面的支出。

拓展阅读

中国经济腾飞，临空经济行业得到快速发展

经济增长是推动航空需求增长的最重要因素，一般来说，经济增长越快，人们的收入水平越高，对于航空出行的需求也越强。2022年全球经济增长率达到4.9%，其中中国、印度等新兴市场的增长率超过6%，为民用飞机市场带来巨大的需求潜力。

快速成长的民航为临空经济发展创造了有利条件。长期以来，我国民航保持着良好的快速发展态势。近年来，我国境内运输机场数量不断增加，2023年，我国境内运输机场（港澳台地区数据另行统计）共有259个，其中定期航班通航运输机场259个，定期航班通航城市（或地区）255个。此外，2023年，全行业完成运输总周转量1 188.34亿吨公里、旅客周转量10 308.98亿人公里、货邮周转量283.62亿吨公里，比上年分别增长98.3%、163.4%、11.6%。快速增长的市场需求、便捷通达的航线网络、为数众多的千万级机场、持续优化的政策环境，为中国临空经济蓬勃发展创造了更为有利的条件。

政策春风利好临空经济发展。围绕机场集聚而成的临空经济区，对于吸引产业高端资源和创造发展新动能具有十分重要的意义。因此，全国各地在建设新的大型机场的同时，大多推出临空经济区开发计划，对它们进行整体规划。目前，政府正在加大对临空经济行业的投资力度，以支持其发展。同时，政府也将继续改善市场环境，为临空经济行业的发展提供更多机会和支持。在各地大力规划下，我国临空经济有望持续蓬勃发展。

本章练习

一、单选题

1. 朱格拉周期是一种（　　）。

A. 短周期　　　　B. 中周期

C. 长周期　　D. 不能确定

2. 库兹涅茨周期是一种（　　）。

A. 短周期　　B. 中周期

C. 长周期　　D. 不能确定

3. 中央银行的紧缩性货币政策引起了（　　）。

A. 总供给冲击，通胀率上升　　B. 总供给冲击，通胀率下降

C. 总需求冲击，通胀率上升　　D. 总需求冲击，通胀率下降

4. 内在稳定器的功能（　　）。

A. 旨在减少经济的周期性波动

B. 可以稳定收入，但会导致价格波动

C. 足够保持经济的充分稳定

D. 可以取代财政政策

5. 扩张性财政政策对经济的影响是（　　）。

A. 缓和了经济萧条但增加了政府债务

B. 缓和了经济萧条也减轻了债务

C. 加剧了通货膨胀但减轻了政府债务

D. 缓和了通货膨胀但增加了政府债务

6. 经济萧条时，中央银行采用的货币政策包括（　　）。

A. 卖出有价证券　　B. 降低贴现率，放松贴现条件

C. 提高法定准备率　　D. 减少税收

7. 从谷底扩张至经济增长的正常水平称为（　　）。

A. 繁荣　　B. 衰退　　C. 危机　　D. 复苏

8. 属于内在稳定器的项目是（　　）。

A. 政府购买　　B. 税收

C. 政府转移支付　　D. 政府公共工程支出

9. 属于紧缩性财政政策工具的是（　　）。

A. 减少政府支出和减少税收　　B. 减少政府支出和增加税收

C. 增加政府支出和减少税收　　D. 增加政府支出和增加税收

二、多选题

1. 下面关于经济增长的说法，正确的有（　　）。

A. 经济增长是一种经济长期的趋势

B. 一般采用 GDP 来衡量经济增长

C. 经济增长也可以定义为人均实际 GDP 的增长

D. 经济增长着重研究总供给在长期中的变动

2. 50～60 年一次的周期称为（　　）。

A. 朱格拉周期　　B. 基钦周期

C. 康德拉季耶夫周期　　D. 长周期

3. 与其他货币政策工具相比，公开市场业务的优点有（　　）。

A. 对准备金和基础货币影响精确　　B. 政策操作具有灵活性

C. 中央银行具有主动性　　D. 可以进行微调

4. 一般地，影响货币政策效果的因素有（　　）。

A. 经济体制　　B. 微观主体预期

C. 货币流通速度　　D. 货币政策时滞

三、判断题

1. 使经济摆脱缓慢增长的状态并使国民生产总值大大提高的唯一途径就是鼓励投资。（　　）

2. 在经济周期的四个阶段中，经济活动高于正常水平的是繁荣和复苏，经济活动低于正常水平的是萧条和衰退。（　　）

3. 在经济繁荣时期，总需求大于总供给，经济中存在通货膨胀，政府通过紧缩性的财政政策来压抑总需求，可以实现物价稳定。（　　）

4. 经济周期的四个阶段依次是繁荣、衰退、萧条、复苏。（　　）

5. 内在稳定器能保持经济的稳定。（　　）

四、简答题

经济周期的类型有哪些?

课堂实训

【实训名称】分析当前宏观经济政策对某产品需求和供给产生的影响。

【实训目的】以小组为单位进行讨论，增强团队合作意识，学会根据当前宏观经济政策，分析与生活息息相关的产品受到的影响及应对措施。

【课前准备】选定与生活相关的某一产品；了解当前货币政策及走向。

【实训内容】以小组为单位，分析：

1. 在当前货币政策趋势下，该产品受到的影响及应对措施。

2. 在当前财政政策趋势下，该产品受到的影响及应对措施。

企业实际案例

铭亿国际依托综保区发展保税电商出口模式

一、大兴机场综保区实现跨境电商全模式通关功能

北京大兴国际机场临空经济区联合管委会结合海关通关便利支持、机场地面优质保

障服务以及大兴机场持续增长的国际运力资源优势，对接企业需求，与北京海关、首都机场集团和京冀两地政府部门共同联手，充分释放大兴机场临空区、综保区区域政策优势、资源优势，助力大兴机场国际货运枢纽功能全面提升。

1. 开通跨境贸易电子商务直邮出口模式

2023 年 12 月，北京大兴国际机场综合保税区作为京冀协同发展的前沿阵地，跨境贸易电子商务直邮出口模式（海关监管代码：9610）正式开通，境内商品可直接邮寄至境外消费者手中。以国内货物卖到美国芝加哥为例，今后可从大兴机场直邮，无须再经过韩国、日本、越南等地的国际仓，中转运输时间从 9 天缩短至 4 天。

大兴机场综合保税区跨境贸易物流中心内的崭新的跨境仓占地 10 000 平方米，内部所有海关查验设施设备均已投入使用。大型货车车厢对准跨境仓入口，叉车将货物分批次运出，这些货物再依次经过安检、海关申报和查验，即可装上飞机发往海外市场。

跨境贸易电子商务直邮出口模式具有时效快、成本低、需求大的特点，直邮出口模式的开通很好地弥补了北京跨境电商相关业务空白，可以实现双机场交货，也使首都双枢纽机场的国际航空运力资源同步得到更充分发挥，可有效帮助我国跨境电商企业提高在全球市场的竞争力，促进我国跨境电子商务出海发展。

2. 开通跨境电商“1210 保税出口”模式

2024 年 6 月，在临空区大兴片区管委会、北京大兴国际机场海关等部门的支持下，北京关区首单跨境电商“1210 保税出口”货物顺利在大兴机场综保区完成 1210 出口通关手续，170 个电商包裹投递至国外消费者手中，这标志着大兴机场综保区跨境电商“1210 保税出口”模式顺利开通。

保税电商出口（1210）与跨境直邮出口（9610）两种模式均可在北京口岸申请退税，企业可根据经营品类选择最适合的申报方式，与海外仓备货模式相比，跨境电商保税备货模式的货物入区即可申请退税，退税流程简单、周期短、效率高，销售出货更灵活，同时，国内仓库托管成本低，能够规避和减少一些境外风险因素，提升跨境货物流通的安全性和稳定性。

北京大兴国际机场临空经济区（大兴）管委会将全力支持综保区跨境贸易物流中心做大做强，服务更多企业，推动综保区和临空经济区跨境电商产业链逐步完善，促进机场口岸货邮吞吐量和跨境贸易规模同步增长。

二、铭亿国际开通保税电商出口模式

1. 企业介绍

北京铭亿国际供应链管理有限责任公司（下称铭亿国际）注册于北京市大兴区自贸试验区大兴机场片区综合保税区，是首批入驻北京大兴国际机场综合保税区的企业，公司主要经营项目包括货物进出口、保税航材、跨境电商清关场站、国际干线等全物流供应链服务。

2023 年第四季度，铭亿国际在大兴机场综保区顺利开通跨境零售电商（海关监管方式 9610）出口业务后，于 2024 年 5 月在大兴机场综保区顺利开通保税电商（海关监管方式 1210）出口业务，是北京首家开通保税电商出口模式的企业。

2. 铭亿国际开通跨境贸易电子商务直邮出口模式

2023 年 12 月，北京大兴国际机场综合保税区跨境贸易电子商务直邮出口模式（海关监管代码：9610）正式开通。开通当天，北京航城兴晟商贸有限公司与铭亿国际联合搭建的北京大兴国际机场综合保税区跨境贸易物流中心里，所有场地建设以及海关查验设施设备均已到位，10 000 平方米的跨境仓同步投入使用。

作为首批入驻北京大兴国际机场综合保税区的企业代表，铭亿国际主要从事保税航材、跨境电商、国际供应链、国际贸易等代理服务。该公司表示，北京跨境贸易电子商务直邮出口模式的开通和北京大兴国际机场综合保税区跨境物流中心的投入使用，极大地便利了公司业务的开展。新模式的开通很好地弥补了北京跨境电商相关业务空白。通过实现双机场交货，首都双枢纽机场的国际航空运力资源也得到了更加充分的利用。

过去这家公司的跨境贸易电子商务货物往往依托货运航班先运输到韩国、日本、越南等地，再等待合适的班机转运到目的地。如今，跨境贸易电子商务直邮出口模式的开通帮助企业极大地缩短了货运时间。依托北京地区两座国际机场丰富的客运航线和腹舱资源，在新模式的帮助下，跨境商品从出厂至到岸的时间大大缩短。以从中国东莞到美国芝加哥的商品运输为例，最快仅需 96 小时，较此前减少了近 5 天。

未来，铭亿国际计划以跨境贸易物流中心为基础，依托北京大兴国际机场和首都国际机场便利的航空运输条件，进一步拓展国际业务。

3. 跨境出口贸易保税备货模式对企业的优势

优势 1	功能优势	0110 一般贸易、1210 电商出口，都是合规申报的方式，货物可 2B，也可 2C，关务灵活，滞销可流转回国内，没有全部货损的风险，保跨联动，充分发挥保税政策和电商政策航线优势。
优势 2	航线优势	北京双枢纽机场航线丰富，密度高，客班腹舱价格更优，贸易货、电商货均有适配方案，且价格对比华南更有优势。
优势 3	合规优势	在合规操作的基础上，可多方面缓解现金流压力，充足的经营资金才能做更多的业务，更有抗风险能力。
优势 4	位置优势	北京大兴国际机场综合保税区，规划面积 4.35 平方千米，包含保税功能和口岸功能，其地处河北自由贸易试验区大兴机场片区和北京大兴机场临空经济示范区，横跨京冀两地，是京津冀地区中心位置，距离北京大兴国际机场 20 分钟车程，距离北京首都国际机场 1 小时车程，辐射华北、华中地区。
优势 5	场地优势	2 条海关跨境小包查验线。 7×24 小时北京双机场海关预约通关和延时服务。

学习情境六

临空经济区发展概况

学习目标

知识目标：

- 理解临空经济和临空经济区两个概念。
- 了解临空产业的含义和种类。
- 了解临空经济区发展背景。
- 了解临空经济区的发展演变。
- 了解临空经济区的发展条件。
- 掌握临空经济区存在的问题和发展趋势。

能力目标：

- 能分析临空经济区的发展现状和趋势。
- 能分析临空经济区的产业发展。
- 能客观分析我国各个临空经济区存在的问题和发展对策。
- 能从临空经济发展指数的视角来分析临空经济的发展情况。

素养目标：

- 增强在新时期对新知识、新技能的应变能力和创新能力，全面辩证地看待我国当前的宏观经济形势。
- 增强对国内外临空经济区发展现状和趋势的分析、判断、决策能力。

情境引入

自第一架喷气式客机开航运营以来，航空运输凭借快速、便捷、通达广等优势，以其他任何一种运输方式都无法比拟的增长量迅速发展，渐渐成为各个国家经济乃至全球经济发展的重要支柱，近年来每年也带来了世界范围内数千亿美元的总收入，如此巨大的经济体量为临空经济的发展奠定了雄厚的经济基础，从爱尔兰香农国际航空港自由贸易区的设立，到新加坡樟宜临空产业园（涵盖工业、商业、物流、货运），再到韩国仁川航空城（涵盖商务、休闲、住宅），优秀成功的临空经济圈不断涌现，临空经济的发展不断成熟，同时对地方经济及区域经济的产业结构、对全球供应链也产生了深远的影响。临空经济是以机场为核心，整合物流、人流、资金流、信息流，在机场周边形成经济发展走廊、临空制造业产业集群以及航空运输相关的产业集群，并形成了以临空指向产业为主导、多种产业有机关联的独特经济发展模式。这种经济发展模式可以有效帮助企业降低运输成本，实现集聚经济的规模效应。作为一种新兴的经济形态，临空经济在我国展现出了巨大的发展潜力。《中国临空经济发展指数 2023》报告显示，我国获国家批复支持建设发展的临空经济示范区共有 17 个，全国 31 个省份明确规划和开始建设的临空经济区达到 89 个。

我国临空经济区域不仅规模可观，在区域经济一体化发展格局中的地位也日益突出。临空经济区的建设已经成为国家经济战略部署的重要组成部分。

思考：我国临空经济发展的背景是什么？

提示：经济发展的大环境推动了临空经济的发展。

学习任务一　临空经济区和临空经济的概念辨析

一、临空经济区

"临空经济区"一词最早来自麦金利·康威（Mckinley H. Conway），他给出了与"临空经济区"极为相似的"航空综合体"（airport complex）概念，指以机场为核心综合开发航空运输、物流、购物、休闲及工业开发等多项功能于一体的大型机场综合体，后来在我国这一概念逐渐衍化为"临空经济区"，我国学者曹允春、踪家峰指出，"临空经济区是由于机场对周边地区产生的直接或间接的经济影响，促使在机场周围生产、技术、资本、贸易、人口的聚集，形成的具备多功能的经济区域"，而后在其他文献讨论临空经济区的概念时，此概念被逐渐沿用。但这样的定义只强调了临空经济区中生产要素的聚集，没有强调企业、产业的聚集，也没有反映产业聚集过程中，临空经济在以机场为核心的区域范围内的结构变化。本书中临空经济区的定义如下："具有临空指向性的产业在机场周边集聚所形成的区域，对所在区域经济发展及产业结构调整具有影响带动作用，是传统机场与经济产业聚集区的功能结合。"从这一概念可知，临空经济区主要包含两个层次的区域范围（见图 6－1）：一是以机场主业和辅业为主的核心功能区，客货运输、机场辅助服务是临空经济区的功能核心；二是位于机场周边，汇聚了高新技术、研发设计等"临空导向性"产业的产业功能区。

以上两个区域的分布和构成，决定了临空经济区具有以下特征：

（1）产业指向性。临空经济区的产业具有明显的航空枢纽指向性，主要依赖于便捷的航线连接、运输的快速性和时效性以及所运输产品的高价值性。这些因素使得临空经济区的产业能够充分利用航空运输的优势，实现高效、快速的物流和客流传输。

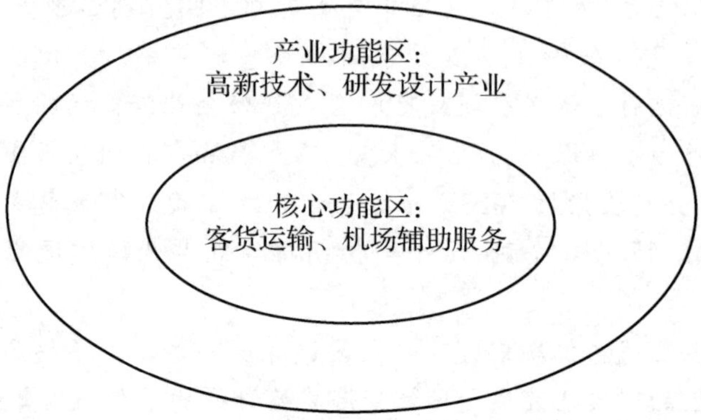

图 6－1　临空经济区的区域范围

（2）产业聚集性。临空经济区能够吸引资金、技术和劳动力等生产要素在机场周边地区聚集，形成产业集群。这种聚集效应不仅促进了临空经济区内部产业的发展，还带动了周边地区的经济增长。

（3）空间圈层性。临空经济区呈现出明显的空间圈层结构，通常以机场为中心，向外依次形成航空枢纽环、临空服务环、展贸制造环和外围环等不同层次的影响区域。每个层次都有其特定的产业分布和发展重点。

（4）全球易达性。临空经济区依托航空枢纽，具有全球易达性的特点。这使得临空经济区能够更容易地融入全球产业链供应链，参与国际竞争和合作。

（5）技术先导性。临空经济区通常注重技术创新和高新技术产业的发展，推动产业结构升级和经济转型。这些高新技术产业的发展不仅提升了临空经济区的竞争力，还为区域经济发展注入了新的活力。

（6）市场速达性。临空经济区利用航空运输的快速性优势，能够迅速将产品送达目标市场，满足市场需求。这种市场速达性使得临空经济区在市场竞争中具有更大的优势。

（7）外向型经济。临空经济区通常具有较强的外向型经济特征，积极参与国际贸易和投资活动。通过发展外向型经济，临空经济区能够拓展国际市场，提升国际竞争力。

（8）政策支持性。为了促进临空经济区的发展，政府通常会出台一系列政策措施，包括税收优惠、土地政策、金融支持等。这些政策措施为临空经济区的发展提供了有力的保障和支持。

二、临空经济

临空经济是一种依托国际枢纽型机场，利用航空运输的客流、物流和信息流优势而发展起来的区域经济形态。它以航空运输（包括人流和物流）为核心指向，形成了具有自我增强机制的聚集效应，并不断吸引周边产业进行结构调整和趋同。临空经济能够吸引资金、技术和劳动力等生产要素在机场周边地区聚集，形成产业集群。临空经济区通常呈现出明显的空间圈层结构，以机场为中心向外依次形成不同的功能区。它依托航空枢纽，具有全球易达性的特点，具有较强的外向型经济特征，积极参与国际贸易和投资活动，更容易融入全球产业链供应链。

临空经济的正常发展需要满足三个条件：其一，作为临空经济区运行核心的机场，其货邮吞吐量应达到一定数量，为发展临空经济提供基础；其二，腹地经济须达到一定的发展程度，对资本、技术、人口有足够的吸引力，保证发展临空经济的基本要求；其三，机场周边须有足够数量的能够可持续发展的企业，形成临空指向型产业集聚，这是形成临空经济的重要条件，也是临空经济健康发展的关键因素。

三、临空产业

临空产业是临空经济的核心，目前国内外临空产业发展得越来越多元化，按照不同产业与航空运输或空港资源的依赖程度，大致可将临空产业分为三种类型：航空核心产业、航空关联产业和航空引致产业。

（1）航空核心产业主要指的是航空运输业和制造业，它们的共同特点是直接依赖机场的相关设施或服务进行自己的生产或运营，如航空制造、物流、快递等。机场的跑道、货站等设施是保障其日常运行的基础，因此它们往往需要紧邻机场。此外，核心产业还包括航空食品、航空维修、航油航材、航空培训等，它们属于为运输和制造业提供保障的相关产业，其发展强度直接依赖航空运输和制造业的发展规模，通常也需要紧邻机场布置。

（2）航空关联产业指的是对航空运输效率要求较高，希望利用机场的交通和设施优势提高其运转速度，降低运营成本的产业。一般包括两类：一是高科技制造、轻工制造、现代农业等，它们有较高的生产附加值，对运输的时效性要求较高；二是信息、技术和资金密集型现代服务业，如企业总部、商务会展等。航空关联产业虽然不直接依赖机场的设施和服务进行生产运营，但是机场的运输优势可以提高它们的运营效率，节约时间成本，这类产业往往会综合考虑时间和租金成本选择在机场周边适合区域布局。

（3）航空引致产业主要指由核心产业和引致产业所引发和吸引的各类辅助配套和支持产业，如居住、教育、消费、购物、休闲娱乐、研发培训、金融服务等。这类产业主要是为了给前两种产业所带来的各类人员（旅客、机场员工和各类企业办公人员）提供必要的生活、学习和消费服务，基本属于现代服务业的范畴。它们受机场运输业务的直接影响较小，但是受其他产业的影响较大。

学习任务二 临空经济区的发展背景

一、我国民用航空产业获得快速发展

机场是临空经济区发展的主要载体，国内民用航空业的快速发展为临空经济的产生提供了动力。2000年以后，我国民航业增势十分迅猛。航空客运量和货运量是评价民航业发展概况的重要指标，也是临空经济发展的重要指标。图6-2显示了1999—2023年中国民航客运量年度合计值，从图中数据可看出，1999—2019年民航客运量年度合计值一直呈现逐年快速增长，1999年仅为0.61亿人，而2019年则达到了6.60亿人，达到10倍之多。受到新冠疫情、全球经济增长放缓等综合因素的影响，我国的民航客运量在2020年出现了大幅回落，较2019年下降了2.42亿人，跌幅达到37%。2021年较2020年有所提升，但涨幅不大，从4.18亿人增长到4.41亿人，增幅仅为5.5%；2022年又出现大幅下跌，从4.41亿人跌至2.52亿人，跌幅为43%；2023年又提升到和2020年几乎持平的水平。

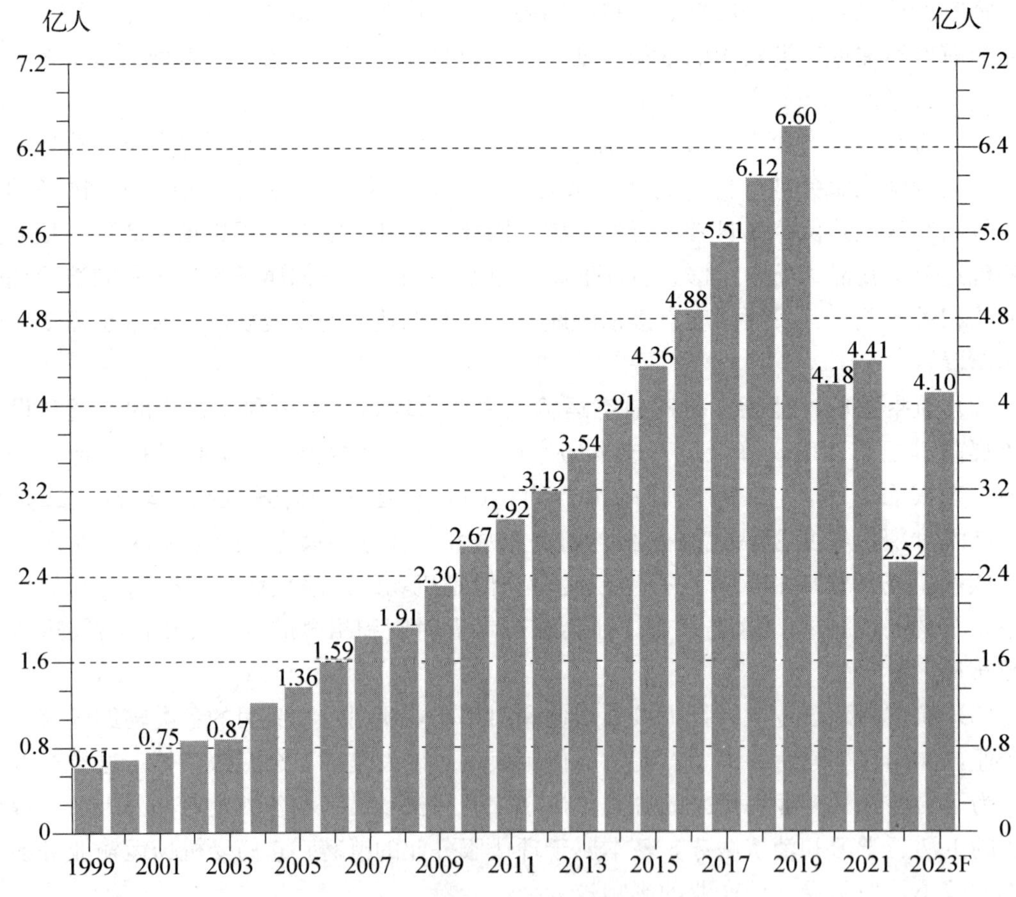

图6-2　中国民航客运量年度合计值

（数据来源：万德数据库。）

中国民航货运量年度合计值亦可折射出这20多年来中国民航的快速发展概况。如图6-3所示，2013—2022年，虽然也受到新冠疫情和全球经济发展放缓等因素的影响，但相比民航客运量在2020—2022年期间出现大幅度浮动，民航货运量受到的影响相对较少，总体呈现增长的态势，新冠疫情期间，货运量出现了下降。

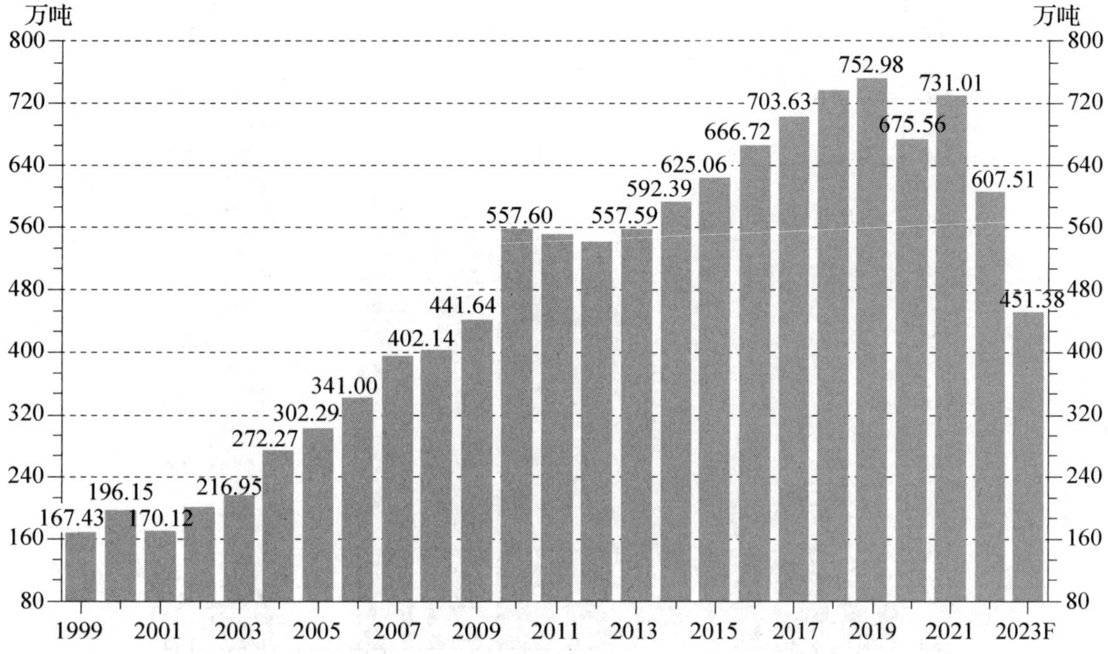

图 6-3　中国民航货运量年度合计值

（数据来源：万德数据库。）

除了航空客运量和货运量的快速增长，我国民用航空产业的迅猛发展还体现在机场数量、机场规模、航线数量、航线种类的变化上。据统计，如图 6-4 所示，2013—2022 年，中国民用航空机场数量（颁证）从 193 个增长到 254 个，增幅为 32%。机场的发展不但体现在数量的增长上，还体现在机场等级的提升上。2007 年及以前，我国尚没有 4F 等级的机场，我国 4F 级机场的数量（颁证）从 2008 年的 3 个增长到 2022 年的 15 个，增幅为 400%（见图 6-5）。机场数量、航线数量的增加为临空经济的发展提供了重要保障。

在通航城市数量方面，国内通航城市的数量在 2006 年为 140 个，到 2022 年已经增加到 249 个，增幅达到了 78%，如图 6-6 所示。这与我国大力支持修建机场有很大关系，机场设施的改善与增加，为通航城市的数量打下良好基础。国际航线通航的城市数量同样也实现了快速增长，2006 年为 91 个，到 2019 年达到了 167 个，增幅为 84%，受到新冠疫情、全球经济增速放缓等因素的影响，2020 年较 2019 年有所下降，从 167 个削减到 153 个，到 2022 年更是减少到 77 个，跌幅较 2020 年为 50%，如图 6-7 所示。通航国家的数量在 2006 年为 42 个，到 2018 年增加到 65 个，2020 年削减到 62 个，至 2022 年更是进一步减少到 50 个，如图 6-8 所示。疫情之后，通航国家的数量逐步增加，截止到 2025 年 5 月，我国通航国家达 79 个。

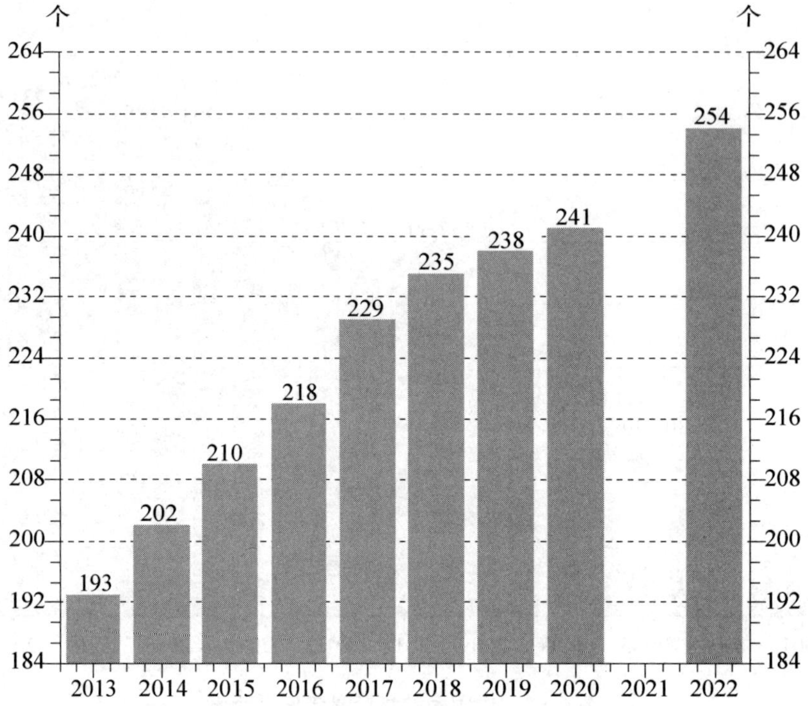

图 6-4　中国民用航空机场数量（颁证）

（数据来源：万德数据库，其中 2021 年数据没有公布。）

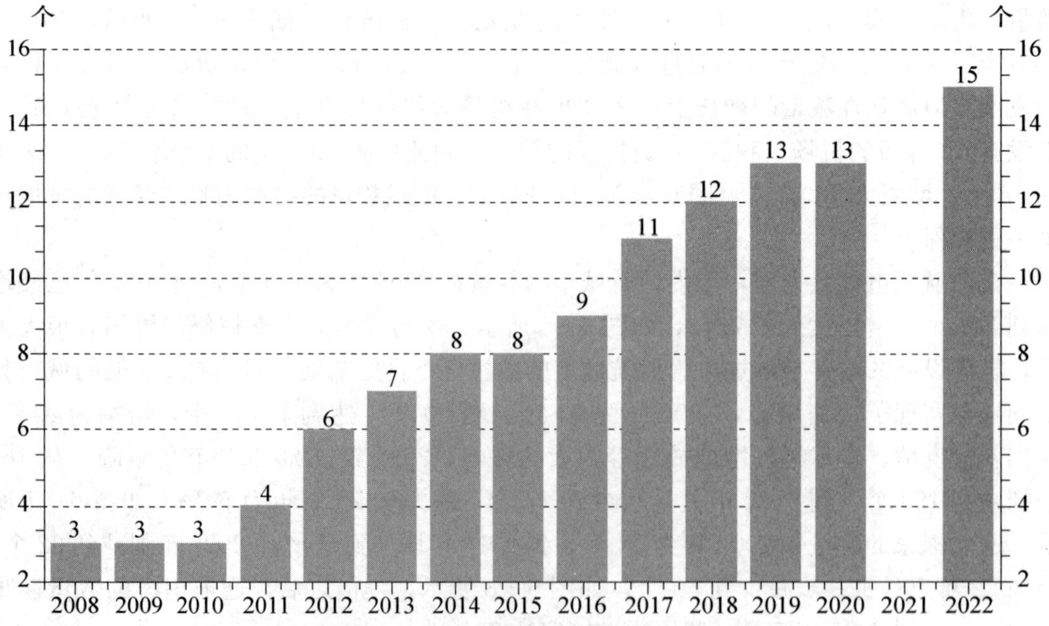

图 6-5　中国 4F 级机场数量（颁证）

（数据来源：万德数据库，其中 2021 年数据没有公布。）

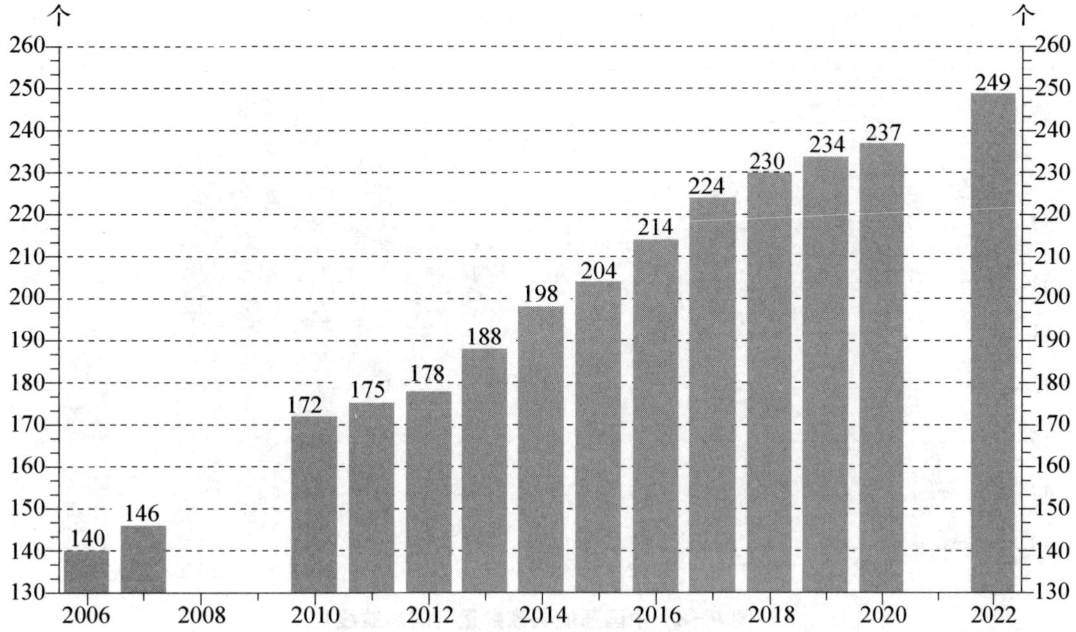

图 6－6　中国国内通航城市的数量

（数据来源：万德数据库。）

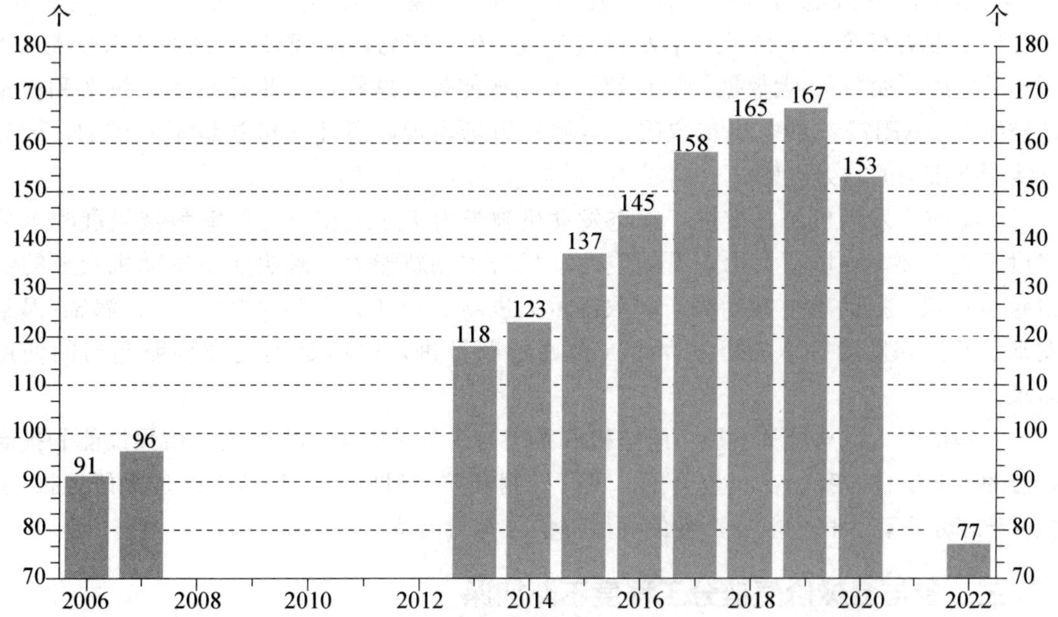

图 6－7　中国通航城市的数量（国际航线）

（数据来源：万德数据库。）

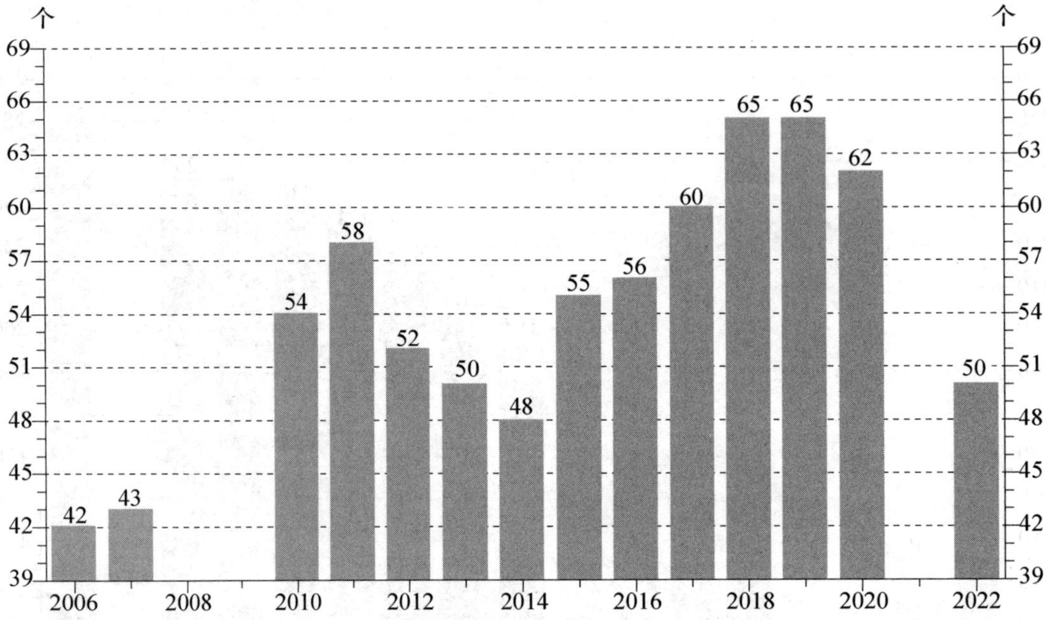

图 6-8 中国通航国家数量（国际航线）

（数据来源：万德数据库。）

二、航空装备获得快速发展

一是飞机制造能力提升：我国成功研制了多款民用飞机，如 C919 大型客机、ARJ21 支线客机等。C919 大型客机已具备批量生产能力，围绕 C919 的新技术新成果正在不断应用，如 5G、大数据、云计算、人工智能等，这将进一步提高生产效率和质量把控能力。ARJ21 支线客机也取得了良好的市场表现，累计交付数量不断增加，成为支线航空市场的主力机型。

二是航空发动机研发推进：航空发动机被誉为工业之花，对国家科技发展和国防建设至关重要。我国正大力提升航空发动机自主创新能力，解决航空发动机发展的动力瓶颈问题，推动航空发动机产业取得重大进步。例如涡扇/涡喷发动机、涡轴/涡桨发动机及活塞发动机等的研发和生产都在不断推进，以满足不同类型航空器的使用需求。

三是机载系统与设备发展：航空机载系统与设备是确保飞机安全、增强性能和提高效能的重要支柱。我国在航空电子、飞行控制和航空机电三个领域不断加大研发投入，提升技术水平，为民用航空产业的发展提供了有力支持。

三、参与全球价值链分工程度不断加深

随着全球化的发展，企业通过国际合作，如合资、并购、战略联盟等方式，进一步扩大了在全球价值链中的分工范围和深度。企业在全球价值链中的参与度加深，不仅在生产过程中与全球价值链上的其他参与者建立了更加紧密的前后向联系，即在供应链的上游和下游环节都有更深入的参与，其在国内创造的附加值比重也有所提高，这表明企

业在价值链中的地位越来越重要。体现在前后向联系增强、附加值比重提升、服务化趋势、国际合作扩大、技术和管理创新、市场多元化、供应链优化、环境与社会责任以及数字化转型等方面。这些方面的深化不仅促进了企业的国际化发展，也为全球经济的融合和发展做出了贡献。

在大环境的影响之下，临空经济企业（如航空运输企业、航空物流企业、航空制造企业、航空维修企业等）参与全球价值链分工的程度也不断加深，造成这一趋势的主要原因可能是：

一是园区发展模式。临空经济区通常采用园区发展模式，这种模式能够有效促进产业、企业、人才和资金的集聚。在园区内，企业可以享受到政策优惠、税收减免等激励措施，这些都有助于降低企业的运营成本，提高其在全球价值链中的竞争力。

二是地理位置优势。临空经济区通常位于交通枢纽附近，如大型机场或高速公路网，这使企业能够快速便捷地将产品和服务运送到全球各地。这种地理优势使企业更容易融入全球供应链，加深了它们在全球价值链中的分工程度。

三是产业集群效应。临空经济区的发展往往伴随着产业集群的形成。同一产业或相关产业的企业聚集在一起，可以实现资源共享、信息互通和技术协同，从而提高整体产业的竞争力和创新能力。这种集群效应不仅吸引了更多的企业加入，也促进了企业在价值链中的专业分工和协作。

四是政策支持。政府对临空经济区的支持也是推动企业参与全球价值链分工的一个重要因素。通过提供优惠政策、财政补贴、税收减免等措施，政府鼓励企业加强技术创新和市场拓展，从而提升企业在全球价值链中的地位。

五是数字化与智能化转型。民用航空产业正在积极推进数字化和智能化转型，通过引入先进的信息技术和管理方法，提高生产效率和管理水平。例如，利用大数据技术进行航班调度和运营管理，利用人工智能技术进行故障诊断和维护决策等。

六是深化国际交流合作。一方面我国积极拓展国际航线，与世界各国的航空运输联系不断加强。目前，我国已与多个国家签署了航空运输协定，开通了大量的国际航线，为我国的经济发展和对外交流提供了便利。另一方面我国积极参与国际民用航空组织的活动，与世界各国开展广泛的技术交流与合作。通过引进国外先进技术和管理经验，提高我国民用航空产业的技术水平和管理能力；同时，也将我国的民用航空产品和技术推向国际市场，提升了我国民用航空产业的国际影响力。

四、对外开放发展面临新格局

2022 年 11 月 5 日，习近平主席在第五届中国国际进口博览会开幕式上鲜明地提出，“开放是人类文明进步的重要动力，是世界繁荣发展的必由之路”，“我们要以开放纾发展之困、以开放汇合作之力、以开放聚创新之势、以开放谋共享之福，推动经济全球化不断向前，增强各国发展动能”。这一重要论述，为我们在新时代新征程上进一步推进高水平对外开放指明了方向。党的二十大报告对推进高水平对外开放作出了具体部署，内容涵盖加快建设贸易强国，提高利用外资质量，推动共建“一带一路”高质量发展，优化开放布局，稳步推进制度型开放，实施自由贸易试验区提升战略等。

在临空经济区发展成长的过程中，除了民航业的快速发展以及全球产业价值链分工新模式的转变外，所在地区的对外开放也是促进当地临空经济区发展的重要背景因素。随着全球经济一体化的加速发展，我国对外开放的程度不断加深。通过参与国际经济合作和竞争，推动国内外资源优化配置，提高我国在全球产业链价值链中的地位。我国提出的共建“一带一路”倡议旨在加强共建国家的基础设施建设、贸易往来、金融合作等领域的合作，推动区域经济一体化，为我国对外开放提供新的发展机遇。我国提出构建以国内大循环为主体、国内国际双循环相互促进的新发展格局，旨在优化国内市场供给，提高消费水平，同时扩大对外开放，吸引外资，促进国际贸易平衡发展。我国积极参与和推动自由贸易区的建设，与多个国家和地区签署自由贸易协定，降低贸易壁垒，促进贸易自由化和便利化，提高我国在全球经济中的地位。

即问即答：

如何理解“所在地区的对外开放也是促进当地临空经济区发展的重要背景因素”这一观点？

对外开放有助于民航业的快速发展以及全球产业价值链分工新模式的转变；通过参与国际经济合作和竞争，推动国内外资源优化配置，可提高我国在全球产业链价值链中的地位；优化国内市场供给，提高消费水平，同时扩大对外开放，吸引外资，促进国际贸易平衡发展都有助于促进临空经济区发展。

外贸依存度是指一个国家的进出口总额占国内生产总值（GDP）的比重，这个指标反映了一个国家经济对外开放的程度。随着我国经济的快速增长，外贸依存度方面也经历了相应的变化，体现在以下几个方面：

一是贸易总量的增长。过去 20 年间，我国的货物贸易实现了快速扩张。出口和进口的年均增速分别达到了 13.67%和 13.01%，这显著高于同期世界货物贸易的平均增速 6.38%。这一增长使得我国在全球贸易中的地位显著提升。

二是顺差规模的扩大。随着我国制造业的发展和出口能力的增强，贸易顺差规模也有所扩大，我国已成为世界第一大货物贸易国。

三是外贸依存度的变化。从统计数据上看，中国的外贸依存度经历了一个先上升再回落的过程。1998 年中国外贸依存度为 31.8%，2007 年达到历史峰值为 66.2%，此后内需成为中国各界的关注焦点，外贸依存度逐步回落，2019 年重新回到 31.8%，2021 年为 34%。根据国家统计局公布的数据，2023 年中国外贸依存度约为 33%。

四是结构调整的影响。随着国内外经济形势的变化，我国在对外贸易上也进行了一系列的结构调整，比如推动贸易方式的多样化、优化贸易商品结构等，这些都对外贸依存度产生了影响。

五是国际环境的挑战。全球化背景下，国际贸易环境的不确定性增加，如贸易保护主义的抬头等因素，也对我国的外贸依存度造成了挑战。

六是内部经济转型。我国正在推进经济结构的转型升级，从过度依赖出口转向更加均衡的内外需拉动经济增长的模式，这种转型也在一定程度上影响了外贸依存度的变动。

在这样的背景之下，我国临空经济的发展也将面临新的挑战和机遇。

五、临空经济发展环境不断改善

临空经济发展环境不断改善主要体现在以下几个方面：

（一）加强规划与政策支持

2021 年 12 月，国家出台了《“十四五”民用航空发展规划》，明确了未来五年民航发展的指导思想、基本原则和发展目标，为多领域民航强国建设开启了新征程。其中对临空经济的发展也提出了具体的部署和要求，为临空经济区的发展提供了政策方向和支持。各地方政府积极出台相关政策，因地制宜地推动临空经济发展。例如，有的地方制定了临空经济区发展规划，明确了发展目标、产业定位和重点任务；有的地方提供了财政补贴、税收优惠等政策支持，吸引企业入驻临空经济区。

2001 年以来，国家民航总局等相关部门在机场、空管和空运方面出台了一系列加大国内航空运输对外开放、促进航空运输业健康发展的政策文件。其中，包括进一步优化市场，放宽相关企业进入国际航空市场的准入标准，经营许可管理、航线权开放、空域管理等相关政策文件。例如《国务院办公厅关于促进通用航空业发展的指导意见》《航空运动产业发展规划》《关于做好通用航空示范推广有关工作的通知》《国内投资民用航空业规定》《国家发展改革委关于建设通用航空产业综合示范区的实施意见》《关于进一步提高通用航空行政审批事项办事效率的通知》《“十四五”航空物流发展专项规划》等。

（二）基础设施建设与升级

一方面，各地机场新建、迁建、改扩建工程有序推进，提升了机场的保障能力和运营效率。例如，鄂州花湖机场作为我国首个专业性货运枢纽机场顺利通航，为临空经济发展提供了重要的基础设施支撑。另一方面，以机场为核心的现代综合交通运输体系建设加快推进，机场周边城市轨道交通、铁路、公路等设施持续完善，“空空”“空铁”“空公”“空水”等多式联运模式创新发展，提高了临空经济区的交通便利性和物流效率。

（三）产业集聚与转型升级

一方面，产业聚集效应增强。各地临空经济区立足本地产业特色，大力引进链主型企业项目，推动产业建圈强链。以航空运输为基础、航空关联产业为支撑的临空高端产业集群加速形成，如航空制造、航空维修、航空物流、航空服务等相关产业在临空经济区内得到了快速发展。另一方面，临空经济区的产业结构不断优化，高附加值、高技术含量的产业占比逐渐提高。例如，一些临空经济区大力发展电子信息、生物医药、智能制造等高新技术产业，以及商务会展、文化旅游等现代服务业，提升了临空经济区的产业竞争力。

（四）营商环境不断优化

一方面，临空经济区在管理运营模式方面进行了创新，进一步理顺了管理运营模式，加强了省、市等各级地方政府政策支持力度。例如，一些临空经济区实行了“管委会＋公司”的管理模式，提高了管理效率和服务质量。另一方面，临空经济区不断完善区域内公共交通、教育、医疗、商贸、娱乐休闲等城市服务配套，优化营商环境，保障临空经济区高质量发展。同时，加强了与企业的沟通和服务，及时解决企业在发展中遇到的问题，为企业提供了良好的发展环境。

（五）对外开放水平持续提升

临空经济区作为我国对外开放新高地的功能持续强化，自由贸易试验区、综合保税区、跨境电商综合试验区及空港型国家物流枢纽等重点对外开放平台协同发展。国际消费中心城市、国家服务业扩大开放综合示范区（试点）、国家进口贸易促进创新示范区等服务创新平台快速布局，多重国家级开放平台在空间上和政策上的“叠加效应”不断放大。

全国保税区总规划面积超过 445 平方千米，其中综合保税区覆盖了全国 31 个省、自治区、直辖市，以不到十万分之五的国土面积，实现全国七分之一强的外贸进出口值①。除了少数保税区是 2010 年前批准设立的以外，多数综合保税区在 2010 年后批准设立，而且近几年批准设立的频率不断提升，显示了各地对降低通关手续等贸易成本以拉动地方经济发展的重视。

截至 2024 年，全国海关特殊监管区域共 174 个，其中保税区 5 个、保税港区 1 个、跨境工业区 1 个、综合保税区 167 个。5 个保税区为：大连保税区、上海外高桥保税区、宁波保税区、福田保税区、珠海保税区。1 个保税港区为：海南洋浦保税港区。1 个跨境工业区为：珠澳跨境工业区珠海园区。②

伴随相关部门促进航空运输政策文件的不断出台（见表 6－1），国内航空业务领域的开放程度也不断提高，对于各地区以机场为主要依托的临空经济区发展而言，将有利于临空产业的入驻及相关航空服务水平的提高，从而为相关企业经营能力的提升提供动力；同时也引进了高素质人才和先进的经营管理理念，为临空经济区的发展注入了新活力。而且，航空业务多层次开放，可以吸引国际航空公司及物流公司开展业务，并带来更多的客货吞吐量，进一步催生与客货流相关的餐饮、住宿等产业的发展，进而推动临空经济区的发展。随着航权开放程度的加深，临空经济区与外界的贸易成本也将进一步降低，从而可以增强临空经济区的辐射能力，扩大其参与市场的广度和深度，为临空产业的进一步发展打下坚实基础。

表 6－1　中国航空运输业政策汇总一览表

发布时间	发布部门	政策名称	主要内容
2025－01	中国民航局	国际客运航权市场准入和配置规则	聚焦建设国际航空枢纽和世界级机场群、打造世界一流空运企业、构建国际航线网络三个维度的愿景和目标，进一步细化航权资源、航空枢纽和空运企业的分级分类，提升航权配置管理科学性和精准性；科学设置准入条件和要求，合理调控市场准入；引导空运企业聚焦国际枢纽和主基地建设等。

① 海关总署。

② 重庆市国际物流口岸服务协会网站。

续表

发布时间	发布部门	政策名称	主要内容
2024-03	中国民航局	中国民航国内航线航班评审规则	聚焦服务国家战略，助力行业高质量发展，优化调整核准航线范围，给予新疆、西藏自治区航空运输发展政策倾斜；促进行业提质增效，出台“干支通，全网联”国内通程航班支持政策；规范国内航线航班管理，落实全过程监管要求，严格申请条件等。
2023-12	中国民航局	通用航空短途运输运营服务管理办法	增加了航线航班管理内容，对短途运输航线选择、航线航班备案和航班换季管理等提出具体要求；要求相关单位保障短途运输航线航班的执行率和正常性；细化了旅客运输服务管理要求，完善了运输服务标准、客票销售等方面的管理要求；明确了局方监管工作要求等。
2022-05	国务院办公厅	关于推动外贸保稳提质的意见	促进外贸货物运输保通保畅。加强航空口岸机场海关及作业人员保障，用好航空货运运力，保障重要零部件、装备和产品运输。
2021-12	国务院	关于印发“十四五”国家应急体系规划的通知	引导和鼓励大型民航企业、航空货运企业建设一定规模的专业航空应急队伍，购置大型、重型航空飞行器，提高快速运输、综合救援、高原救援等航空应急能力。
2021-12	国务院办公厅	关于促进内外贸一体化发展的意见	完善内外联通物流网络。加强国际航空货运能力建设，提升国际海运竞争力，推动中欧班列高质量发展，加快推进国际道路运输便利化。
2021-12	国务院	关于印发“十四五”现代综合交通运输体系发展规划的通知	增强国际航空货运能力，提高航权、时刻等关键资源配置效率，支持航空公司构建国际货运航线网络，打造具有全球竞争力的航空物流企业，提升航空物流全球响应能力。
2021-11	国务院办公厅	关于印发“十四五”冷链物流发展规划的通知	健全支撑水产品消费的冷链物流体系。支持口岸机场建设具有国际货运、冷链仓储、报关、检验检测检疫等功能的水产品航空货运冷链物流服务通道。

续表

发布时间	发布部门	政策名称	主要内容
2021-03	全国人民代表大会	中华人民共和国国民经济和社会发展第十四个五年规划和2035年远景目标纲要	建设现代物流体系，加快发展冷链物流，统筹物流枢纽设施、骨干线路、区域分拨中心和末端配送节点建设，完善国家物流枢纽、骨干冷链物流基地设施条件，健全县乡村三级物流配送体系，发展高铁快运等铁路快捷货运产品，加强国际航空货运能力建设，提升国际海运竞争力。
2021-02	中共中央、国务院	国家综合立体交通网规划纲要	加快航空物流发展，加强国际航空货运能力建设。培育壮大一批具有国际竞争力的现代物流企业，鼓励企业积极参与全球供应链重构与升级，依托综合交通枢纽城市建设全球供应链服务中心，打造开放、安全、稳定的全球物流供应链体系。
2021-01	交通运输部	关于服务构建新发展格局的指导意见	建立安全可靠的国际物流供应链体系。增强国际航空货运运力，鼓励扩大全货机规模。加快国际寄递能力建设，畅通国际寄递物流供应链。培育壮大具有国际竞争力的现代物流企业。
2020-11	国务院办公厅	关于推进对外贸易创新发展的实施意见	加强国际物流保障。确保国际海运保障有力，提升国际航空货运能力，促进国际道路货运便利化。
2020-09	国务院	关于深化北京市新一轮服务业扩大开放综合试点建设国家服务业扩大开放综合示范区工作方案的批复	建设国际航空货运体系，制定促进北京航空货运发展政策，支持扩大货运航权。优化完善货运基础设施设备，鼓励航空公司在北京大兴国际机场投放货运机队。完善航空口岸功能，提升高端物流能力，扩展整车、平行进口汽车等进口功能。
2020-06	国务院办公厅	转发国家发展改革委交通运输部关于进一步降低物流成本实施意见的通知	降低铁路航空货运收费。精简铁路货运杂费项目，降低运杂费迟交金收费标准，严格落实取消货物运输变更手续费。
2016-07	国务院办公厅	关于推动中央企业结构调整与重组的指导意见	鼓励通信、电力、汽车、新材料、新能源、油气管道、海工装备、航空货运等领域相关中央企业共同出资组建股份制专业化平台，加大新技术、新产品、新市场联合开发力度，减少无序竞争，提升资源配置效率。

学习任务三　临空经济区的发展演变

一、起步阶段

1959 年，爱尔兰香农国际航空港自由贸易区的成立意味着世界首个临空经济区的诞生。我国临空经济研究的知名学者曹允春教授对临空经济区的形成进行了说明，指出机场直接影响了区域生产的空间分布，机场区域的空间收敛性降低了运输的空间成本和时间成本，导致区域的生产要素和产品的流动性更强，于是区域的经济开放度就会增加，产业就会围绕机场在该区域集聚。产业集聚带来的正反馈的自我强化机制，导致临空经济区域逐渐成为核心，而其他区域逐渐沦为外围。

在这个阶段，主要是进行机场的建设和初步的运营。机场作为临空经济发展的核心基础设施，其建设规模、航线网络的完善程度以及运营效率等，对后续临空经济区的发展起着至关重要的作用。机场的建设不仅包括跑道、航站楼等基础设施，还包括相关的交通连接设施，如快速铁路、高速公路等，以便更好地实现客货运输的集散。这个阶段还会形成航空相关产业的初步聚集。随着机场的建设和发展，一些直接为航空运输服务的产业开始在机场周边聚集，如航空物流、航空食品供应、飞机维修等。这些产业利用机场的便利条件，开展与航空运输相关的业务，形成了临空经济的雏形。

二、发展阶段

这一阶段的临空经济区可以概括为以机场为核心，由航空产业吸附相关商务活动、休闲娱乐活动等协同发展，从而集聚人气形成的城市新形态，是由以机场为基础的机场城和航空相关产业集聚的周边区域共同组成的区域。

在这个阶段，临空产业得到进一步发展和聚集，开始形成“节点”，并以沿线交通为“轴”，“点-轴”反向拉动城市腹地的人流、物流、信息流加速向临空经济区集聚，形成规模效应。此时，临空经济区内的产业不再局限于航空相关产业，而是逐渐扩展到高新技术产业、现代服务业等领域。例如，一些电子信息制造、生物医药制造等高附加值的产业开始在临空经济区布局，利用便捷的航空运输条件，满足其对时效性和物流效率的高要求。

在这个阶段，临空经济区与城市的互动加强。临空经济区的发展促进了机场运量的增长和机场运作效率的提升，同时也激活了所在城市的经济活动，使机场与城市水乳交融，联系更加频密，形成机场城市结合体。城市的基础设施和服务功能不断完善，为临空经济区的发展提供了更好的支撑。同时，临空经济区的发展也为城市带来了新的经济增长点和就业机会。

这一阶段临空经济对区域经济的影响不再局限于对产出和就业指标的拉动，而是使区域资金、人才、技术的配置更加优化，从而使区域的开放程度更高、对外资吸引力更强。临空经济区对腹地区域的影响逐步从运输经济发展到集聚经济，与航空运输相关的企业在机场附近自发集聚、融合，航空客货吞吐量快速增长，经济的正外部性效应（规模经济、知识溢出等）显现。例如广告、商业会展以及休闲娱乐产业的快速发展和物流、加工企业、高新技术企业的经济规模不断扩大。

三、成熟阶段

随着航空技术的进步与经济全球化的客观推动，一些地方的临空经济区进入了成熟阶段。部分大型国际机场枢纽已经从单纯的临空产业集聚模式发展到了以临空产业为先导的多产业协同发展模式，并与所在腹地区域经济逐渐融合，呈现多层次、一体化的发展特征。

成熟阶段的标志之一是航空城的形成。临空经济区将发展成为航空城，即临空经济区的发展最终必须以常驻的人、物、器为最终考虑点，实现从“城市的机场”向“机场的城市”过渡。此时的临空经济区已经和城市没有明显的区别，成为日常生活居住的场所。

在成熟阶段，产业链不断完善和升级，形成了完整的产业生态系统。各个产业之间相互协作、相互促进，形成了良好的产业发展氛围。同时，临空经济区的产业也不断向高端化、智能化方向发展，提高了产业的附加值和竞争力。

临空经济区在成熟阶段承载的功能更加多元化，不仅是所在区域的经济增长极，而且这种多产业协同发展下形成的新型经济形态也对腹地区域拓宽发展空间并优化产业结构等方面起到了重要作用。在长三角地区，虹桥空港经济区和浦东空港经济区已成为上海经济发展的强力引擎，中国商用飞机企业就布局在浦东空港经济区。同时，在成熟阶段中，临空经济区还承载着促进、带动知识创新的功能。

综上所述，可以得出以下结论：其一，临空经济区在起步阶段、发展阶段和成熟阶段的演进过程中存在着一脉相承、循序渐进的特点，其依序演进是腹地区域经济支撑、航空产业发展、政府政策支持、当地资源禀赋以及技术进步等多方面因素共同作用的结果；其二，随着临空经济区集聚能力的自我强化，区内要素的整合优化将会与腹地区域经济发展之间存在更深刻的互助互补关系。

西南航空港经济开发区是我国临空经济发展的雏形，成立于1992年，现已成为成都市发展战略规划中南部副中心和产业基地的重要组成部分。2004年机场属地化改革之后，全国各地开始了临空经济的规划浪潮，我国临空经济进入快速发展期。目前，全国已初步形成了以北京、上海、广州等枢纽机场的临空经济区为中心，以成都、昆明、重庆、西安、深圳、杭州、武汉、沈阳、天津等省会或重点城市的特色临空经济为骨干，其他城市相继顺势规划发展临空经济的基本格局。据中国民航局数据，2023年，我国获国家批复支持建设发展的临空经济示范区目前共有39个，国家级临空经济示范区17个，包括郑州、北京大兴机场、青岛、重庆、广州、上海虹桥、成都、长沙、贵阳、杭州、宁波、西安、南京、首都机场、长春、南宁、福州等临空经济区。

拓展阅读

廊坊临空经济区简介

一、空间布局

北京大兴国际机场临空经济区位于北京市大兴区与河北省廊坊市交界地带，北京中轴线最南端，距北京中心城区46千米，距天津中心城区80千米，距雄安新区55千米，规划面积150平方千米，其中廊坊区域100平方千米，包括航空物流区和科技创新区两个区域，定位为国际交往中心功能承载区、国家航空科技创新引领区和京津冀协同发展示范区，聚焦打造航空物流、科技创新、服务保障、高端服务业“四大产业集群”。中国（河北）自由贸易试验区大兴机场片区（含综保区）位于航空物流区内，总面积19.97平方千米（廊坊10平方千米）；综合保税区内保税功能区3.513平方千米（廊坊1.757平方千米），口岸功能区0.834平方千米（位于机场红线内）。廊坊临空经济区建设用地46.8平方千米，其中产业用地21.9平方千米，占比46.8%；公共服务、市政设施及绿化用地19.2平方千米，占比41.1%；居住用地5.7平方千米，占比12.1%。

二、发展定位

紧紧依托北京大兴国际机场国家发展新动力源的重大机遇，坚持世界眼光、国际标准、中国特色、高点定位，全面建设开放创新、人才汇聚、智慧生态、产城融合、宜居宜业的世界一流航空城，打造全市乃至全省新的经济增长极。

三、建设目标

围绕目标定位，聚焦高端高新、集群集约发展，统筹规划科研创新区、高端产业制造区、航空服务功能区三大功能区，构建高质量产业链和创新链。

科研创新区，以北部的科创基地为主要载体，同时辅以孵化器，南部则以产业组团为单位形成产业研发创新和中试的布局，同时在专业会展中心打造创新成果体验展示中心。

高端产业制造区，主要布局在南部，重点发展航空装备制造、智能制造、生物医药、新一代信息技术等高科技制造业，同时北部的物流服务片区对高端制造形成全球供应链配套支撑。

航空服务功能区，主要布局在北部，围绕机场形成航空维修保障产业，围绕保税区形成航空保税仓储物流服务，并依托空港形成临空总部基地和相关产业及生活人员的城市功能配套服务业。

到2025年，建成直接为大兴国际机场服务的交通运输、综合保税、口岸物流等生产生活配套设施，机场服务保障功能基本到位，国际航空物流枢纽初步建立，科技创新基地形象初步显现，常住人口约16.7万人，城镇建设用地规模约20平方千米，地区生产总值达到800亿元，航空关联产业收入占比超过50%，建成区绿化覆盖率达到40%、路网密度达到8～10千米/平方千米，绿色出行比例超过75%，初步形成京冀共建共管、经济社会稳定、产业高端、交通便捷、生态优美的现代化、绿色临空经济区。

到2035年，常住人口约28万人，城镇建设用地约46.8平方千米，地区生产总值达到2 000亿元，航空关联产业收入占比超过60%，建成区绿化覆盖率达到48%，形成航空物流区“一廊两带”、科技创新区“一园四带”的空间格局，建成基础设施和公共服务国际一流，资金、人才、技术、信息等高端要素聚集，现代产业体系成熟，人与自然环境和谐的开放型临空经济区，成为具有较强国际竞争力和影响力的重要区域。

学习任务四 我国临空经济发展概况

一、临空经济区分布概况

从我国临空经济区发展现状来看，目前主要呈现出紧密围绕核心城市、东密西疏的发展状态。我国临空经济区的分布概况如下所述。

（1）数量与级别：截至 2024 年，我国已明确并进行建设的临空经济区达 89 个。其中，包括郑州、南京、北京等在内的 17 个被确定为国家级临空经济区。

（2）发展成熟期预期：预计到 2035 年，我国的临空经济区有望进入成熟期，这将进一步加强区域经济的发展和综合竞争力。

（3）空间分布格局：从空间分布来看，我国临空经济区基本形成了东部密集、西部相对稀疏的发展状态。特别是华东地区，临空经济区布局密集。

（4）省级覆盖：根据《中国临空经济发展指数报告》，全国 31 个省份中有 89 个临空经济区已经开始建设或明确规划，其中 39 个临空经济区依托的机场在 2022 年旅客吞吐量超过 400 万人次。

（5）发展优势：国家级临空经济示范区在发展中具有明显的优势，其总指数平均得分高于全部临空经济区的总平均分，并且与非国家级临空经济区的差距有所扩大。

（6）主导产业：我国临空经济区主要发展航空、航空物流、高新产品制造、国际商务会展以及康体娱乐休闲业等五大产业，这些产业的发展有助于形成良性互动和协同效应。

综上所述，我国临空经济区的建设和发展呈现出以核心城市为中心、东部地区密集、西部地区相对分散的特点，且国家级临空经济区在发展进程中展现出较强的竞争优势。

二、我国临空经济的发展特点

我国临空经济的发展特点可以从以下几个方面进行阐述：

（一）产业集聚与升级

临空经济区以机场为核心，围绕物流、人流、资金流、信息流等要素，形成了经济发展走廊和产业集群。这些集群通常包括临空制造业、航空运输相关产业以及其他多种产业的有机关联，推动了产业的集聚与升级。

（二）区域经济增长极

临空经济依托国际枢纽型机场的优势，成为全球产业分工与资源组合的重要节点。在 21 世纪，它已经成为国家和地区新的经济增长极，对区域经济的发展起到了推动作用。

（三）城市发展的新动力

城市的发展历来与交通方式紧密相关，临空经济区作为一种新型的经济形态，正在成为城市发展的新动力。随着航空城的概念引入，临空经济区不仅是经济活动的集中地，也是城市发展的未来趋势。

（四）黄金发展期

我国已成为全球第二大航空运输系统，未来十几年仍将是民航业及临空经济发展的黄金时期。临空经济与全球价值链和区域产业链的高度融合，为我国带来了巨大的发展机遇和广阔的前景。

（五）不同等级体系构建

自20世纪90年代起，我国临空经济区开始萌芽，经过多年的发展，已经构建了不同等级的临空经济区体系。这些经济区不仅在地理上分布广泛，而且在功能上也各有侧重，形成了一个多层次、多功能的经济体系。

（六）形成多式联运模式

截至2022年底，我国42个大型机场临空经济区基本布局了铁路、城市道路、高速公路及轨道交通四大基本通路方式。具体来看，42个大型机场临空经济区中基本实现了城市道路与高速公路的全覆盖，36个已运行或规划建设了轨道交通运输方式，30个已运行或规划建设了铁路交通方式。

综上所述，我国临空经济的发展特点是多方面的，不仅包括产业集聚与升级、区域经济增长极的形成，还涉及城市发展的新动力、黄金发展期的把握以及不同等级体系的构建。这些特点共同推动了临空经济的快速成长，为我国的经济发展注入了新的活力。

三、中国临空经济发展指数

临空经济是推动地区经济发展的重要引擎。2024年9月26日，《中国临空经济发展指数报告2024》（以下简称《报告》）在2024年中国国际服务贸易交易会第六届“空中丝绸之路”国际合作峰会上发布。

《报告》显示，上海浦东、广州和北京首都机场临空经济区连续四年位列前三，深圳、郑州航空港区、上海虹桥、北京大兴、重庆、成都双流和杭州临空经济区分别位第四至第十位。前十名与上年保持一致，其中广州首超北京首都机场位居第二，而成都双流下降四个位次跌至第八，上海虹桥总指数提升较为显著，排名上升两个位次、超越北京大兴位居第六，重庆临空经济示范区则稳扎稳打，连续两年一年提升一个位次上升至第八位，与上海虹桥一起成为前十位中表现最亮眼的临空经济区。排在后五位的也与上年保持一致，仍然是兰州、呼和浩特、太原、大连和石家庄临空经济区。其余临空经济区中，成都天府排名上升七个位次，提升幅度最高。海口、乌鲁木齐和珠海临空经济区，均上升了四个位次，是表现最好的四个临空经济区。

与上年相比，2023年17家国家临空经济示范区总指数平均为66.22分，比其余23家非国家级临空经济区高5.5分，排名前十的临空经济区中，国家临空经济示范区达8个，除区域影响力和绿色发展两个分项指数外，在总指数以及其余7个分项指数上，国家临空经济示范区指数平均分均高于23家非国家级临空经济区，特别是在总指数、枢纽带动指数、国际开放指数、体制机制创新指数以及协调发展指数上具有较为显著的领先优势，这表明国家临空经济示范区优势依旧明显，这也意味着国家临空经济示范区建设对于推动临空经济区的发展具有显著的作用。

四、临空经济示范区简介

（一）分布区域

从临空经济区空间分布格局来看，我国临空经济区基本形成了东密西疏的发展状态。临空经济示范区是我国推动经济发展和优化产业布局的重要举措，它们依托航空枢纽，以现代产业为核心，通过高效的航空运输方式促进区域经济增长。我国自 2015 年开始建设临空经济示范区，截至 2025 年 8 月，我国有 17 个国家级临空经济示范区（见表 6-2）。从我国六大区域来看，华东地区临空经济区分布最为密集，东北地区临空经济区分布最为稀疏，全国占比为 6.9%。17 个国家级临空经济区示范区分布较为分散，大多集中在南方较发达省份的省会城市。从面积来看，17 个国家级临空经济区示范区中，除郑州外，大部分面积控制在 150 平方千米以内，虹桥临空经济示范区较为特殊，只有 13.89 平方千米。

表 6-2　临空经济示范区名单（截至 2023 年 12 月）

序号	示范区名称	核心机场	所属城市	获批时间
01	郑州航空港经济综合实验区	郑州新郑国际机场	郑州	2013 年 3 月 7 日
02	北京大兴国际机场临空经济示范区	北京大兴国际机场	北京	2016 年 10 月 12 日
03	青岛胶东临空经济示范区	青岛胶东国际机场	青岛	2016 年 10 月 20 日
04	重庆临空经济示范区	重庆江北国际机场	重庆	2016 年 10 月 20 日
05	广州临空经济示范区	广州白云国际机场	广州	2016 年 12 月
06	上海虹桥临空经济示范区	上海虹桥国际机场	上海	2016 年 12 月
07	成都临空经济示范区	成都双流国际机场	成都	2017 年 3 月 3 日
08	长沙临空经济示范区	长沙黄花国际机场	长沙	2017 年 5 月 17 日
09	贵阳临空经济示范区	贵阳龙洞堡国际机场	贵阳	2017 年 5 月 18 日
10	杭州临空经济示范区	杭州萧山国际机场	杭州	2017 年 5 月 23 日
11	宁波临空经济示范区	宁波栎社国际机场	宁波	2018 年 4 月
12	西安临空经济示范区	西安咸阳国际机场	西安	2018 年 4 月 25 日
13	南京临空经济示范区	南京禄口国际机场	南京	2019 年 3 月
14	首都机场临空经济示范区	北京首都国际机场	北京	2019 年 3 月
15	长春临空经济示范区	长春龙嘉国际机场	长春	2020 年 7 月 24 日
16	南宁临空经济示范区	南宁吴圩国际机场	南宁	2020 年 7 月 24 日
17	福州临空经济示范区	福州长乐国际机场	福州	2020 年 11 月 27 日

这些示范区通常位于大型机场周边，利用机场的运输优势，发展现代产业，如高端制造业、现代服务业等。临空经济示范区的发展目标是形成具有高时效、高质量、高附加值产品和服务的经济区域，这有助于提升城市经济的竞争力和空间格局的重塑。例如，杭州临空经济示范区位于浙江省杭州市萧山区东部，是一个典型的以机场为核心的特殊经济区域。它已经制订了“十百千万”计划，旨在打造标志性成果、增加公共预算收入、提高地区生产总值，并为临空产业发展腾出大量产业空间。2023 年，为满足广大旅客的出行需求，贵阳龙洞堡国际机场依托贵阳临空经济示范区的发展优势，已累计开通国内航线 198 条、国际地区航线 6 条，国内通航城市 107 个、国际地区通航城市 7 个，共完成旅客吞吐量 1 947.06 万人次、货邮吞吐量 9.13 万吨、航班起降 14.4 万架次，单日旅客吞吐量先后两次刷新历史纪录，运输生产势头明显向好。

临空经济示范区不仅促进了民航业的发展，还优化了经济发展格局，并深化了对外开放。随着全球经济格局的变化，临空经济示范区在城市竞争中扮演着越来越重要的角色。目前，全国已规划和开始建设的临空经济区超过 80 个，显示出我国对于这一新型经济模式的重视和发展的决心。

（二）面积和吞吐量

临空经济示范区面积统计见图 6－9。

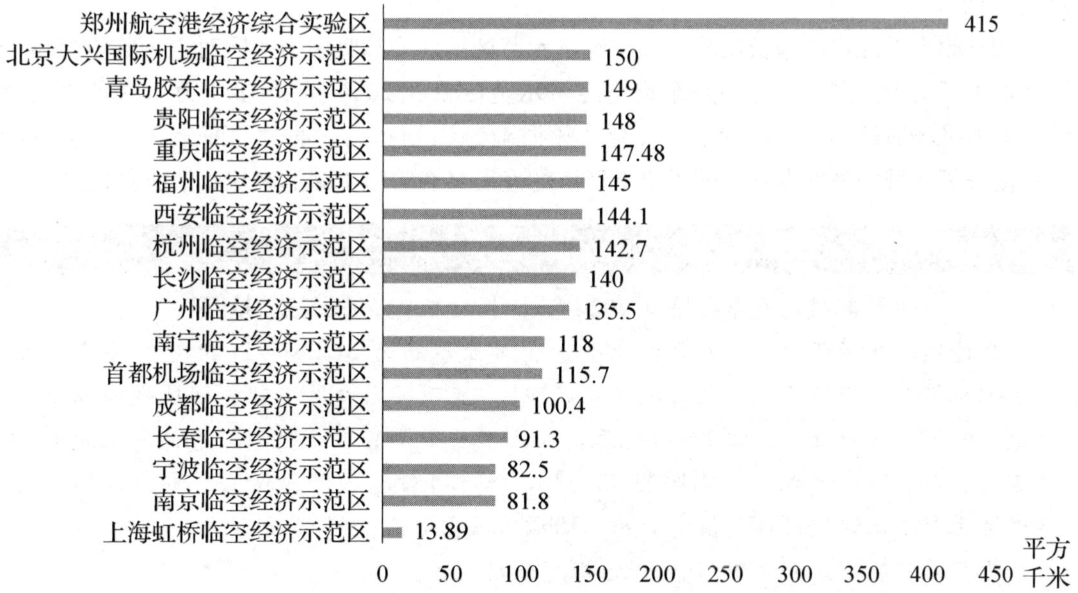

图 6－9　临空经济示范区面积统计（截至 2023 年 12 月）

我国临空经济示范区近 2 年旅客吞吐量数据呈现出以下特点：

一是临空经济示范区的旅客吞吐量在 2023 年至 2024 年期间呈现出明显的增长趋势。例如，广州白云国际机场 2023 年完成旅客吞吐量 6 317.35 万人次，同比增长 1.4 倍，夺得全国单体机场年度“四连冠”。2024 年更是再创新高，全年完成旅客吞吐量 7 636.9 万人次，比上年同期增长 20.89％，单月最高峰月旅客量达 703.38 万人次，日旅客最高峰日吞吐量达 26.71 万人次，连续多年在旅客吞吐量方面表现优异。北京首都国际机场在 2023 年旅客吞吐量为 5 287.915 6 万人次，同比大幅增长 316.3%，全国排名第 3 位。在 2024 年，首都机场旅客吞吐量成绩斐然。全年首都机场累计完成旅客吞吐量 6 738 万人次，同比增长 27.4%。青岛胶东临空经济示范区 2023 年旅客吞吐量为 2 142 万人次，2024 年达到 2 618.1 万人次，同比增长 22.2%。

二是不同临空经济示范区的旅客吞吐量存在较大差异，形成了明显的梯队。例如北京首都、广州白云等临空经济示范区所在机场属于第一梯队，旅客吞吐量处于较高水平，都在 5 000 万人次以上。西安咸阳、上海虹桥、重庆江北、杭州萧山等属于第二梯队，年旅客吞吐量在 4 000 万～5 000 万人次。南京禄口、郑州新郑、长沙黄花、青岛胶东、贵阳龙洞堡等属于第三梯队，年旅客吞吐量在 2 000 万～3 000 万人次。南宁吴圩、长春龙嘉、宁波栎社等属于第四梯队，年旅客吞吐量在 1 000 万～1 500 万人次。

三是机场基础设施的建设和航线网络的拓展对旅客吞吐量增长起到了重要的推动作用。以重庆临空经济示范区为例，2024 年江北国际机场 T3B 航站楼及第四跑道建成后，形成了 4 条跑道、4 座航站楼的布局，满足年旅客吞吐量 8 000 万人次的需求，2023 年江北国际机场旅客吞吐量为 4 465.7 万人次，2025 年上半年旅客吞吐量就达到 2 484 万人次，同比增长 3.9%。青岛胶东国际机场截至 2024 年底累计开通客运航线 217 条，货运航线 16 条，并与多个机场实现“双枢纽”战略合作，促进了旅客吞吐量的增长。

四是旅客吞吐量的增长反映了临空经济示范区的活力和吸引力，同时也为临空经济的发展提供了动力。例如，青岛胶东临空经济示范区依托 2024 年 2 618.1 万人次的客流优势，加强机场航站楼及周边商业、文化、旅游业态谋划布局，通过“商旅文+”创新模式，促进了区域经济的发展，同时临空经济的发展又会吸引更多的客流，形成良性循环。

拓展阅读

首都机场临空经济区 2024 年上半年多项经济指标“抢眼”

交通运输业强势领跑，医药健康产业、工业等高速增长……2024 年上半年，北京首都机场临空经济区多项经济指标“抢眼”，呈现强劲发展态势。园区规模以上企业达 509 家，营业收入突破 1 600 亿元，同比增长 14%；交通运输、仓储和邮政业实现营业收入 920 亿余元，同比增长 23.9%，领跑并带动各产业增长。首都机场临空经济区上半年累计进出口总值突破 800 亿元，同比增长 11.7%。

唱好航空服务业“大戏”，增强经济发展动力源。

2024 年以来，随着民航业的快速复苏，首都机场临空经济区航空服务业快速增长。上半年，实现营业收入 916.8 亿元，同比增长 28.8%，累计引进航空及关联企业 88 家；运输收入达 62.7 亿元，其中客运收入超 60 亿元，同比提升 15%，货运收入超 2 亿元，同比提升 145%。下半年，针对暑运旅客出行需求特点进行了航线网络结构调整，通过机型优化、运力调配等方式，新开、加密、恢复多条国内国际航线。

创新医药政策，让老百姓尽快用上“创新药”。

推进跨境电商销售医药产品试点，开设进口生物制品检验绿色通道，建立罕见病药品保障先行区……近年来，首都机场临空经济区进口医药产业发展势头强劲，多项创新政策激发增长活力，成为首都机场临空经济区发展新引擎。

2024 年以来，首都国际机场临空经济区管委会会同医疗机构、医药贸易企业密切协作，探索进口未在国内注册上市的罕见病药品，由特定医疗机构指导药品使用，让政策惠及更多罕见病患者。目前，科园信海（北京）医疗用品贸易有限公司和综保区（北京）国际医药分拨中心有限公司分别完成了罕见病药品伏索利肽和地夫可特的进口、保税存储及交付使用的临床急需全流程操作，实现了“人等药”到“药等人”的转变。

首都机场临空经济区还与中国罕见病联盟签署战略合作协议，共同推进罕见病药品保障先行区建设，于 2024 年 3 月 16 日共同揭牌设立了全市首个罕见病专属诊所——北京罕萌诊所。诊所开诊以来，已组织多场罕见病义诊活动和研讨活动，进一步提高了罕见病诊疗和药品的可及性。园区现已聚集了罕萌诊所、北大口腔天竺门诊部、友谊医院等多所医疗机构，上药、国药、华润、强生、默克雪兰诺等国内外知名医药企业 30 余家，从综保区口岸通关的药物品类已增至 200 种。

推进科技创新，让临空智造赋能产业发展。

上半年，园区共引入科技型企业 71 家，其中亿元以上项目 4 家。新申报国家高新技术企业 58 家，外资研发中心增至 10 家，工业产值超 130 亿元。管委会积极协助企业申请北京市数字化车间、智能转型升级项目等相关政策支持，持续为企业发展赋能。

引来金融“活水”，让实体经济发展“血脉畅通”。

作为首都产业金融中心建设的重要承载区之一，首都机场临空经济区依托国家、市区级各类优质政策，聚焦产业金融、航空金融等领域，着力打造特色金融产业集群，为实体经济发展“输氧供血”。

上半年，园区引进金融类项目注册资本超 50 亿元。其中，央企子公司 5 个，新增实际利用外资约 1 亿美元。投放飞机租赁资产约 5 亿元，航空金融项目规模进一步扩大，为区域金融产业发展增添活力。

园区搭建了产融对接合作平台，上半年，聚焦物流、医药、金融等重点产业领域，开展“首都临空产融大讲堂”等产融对接活动，覆盖人群 5 000 余人次；积极发挥首都临空产融合作创新发展联盟作用，从普及金融知识、提供金融服务、防范金融风险三个方面入手，持续为实体经济引灌金融“活水”，覆盖企业近 300 家。

资料来源：北京市顺义区人民政府网站，https://bjshy.gov.cn/web/ztlm/zt/sylqjs/lqzx/1546950/index.html.

学习任务五　临空经济区的发展条件

目前我国获批的临空经济示范区共有 17 个。出于优化布局、集约节约、保护耕地等原则的考虑，除郑州外，我国临空经济示范区面积均在150平方千米以内（北京大兴国际机场为150平方千米）。郑州航空港经济综合实验区是面积最大的，主要包括“一核领三区”的总体布局，以郑州新郑国际机场为核心，规划了北部城市综合服务区、东部临港型商展交易区、南部高端制造区，其面积分别达到54.08平方千米、98.5平方千米、92.8平方千米以及170.5平方千米。

发展临空经济，建设“空中丝绸之路”对于培育新的经济增长极，带动区域发展，促进新旧动能转化和结构升级，深度参与国际竞争与合作具有重要意义。作为我国首个批复设立的国家级临空经济示范区，郑州航空港经济综合实验区自正式将临空经济上升为区域发展战略以来，作为我国国家级临空经济示范区发展的标杆，临空经济对区域经济增长极的作用更加显著。“十三五”期间，郑州航空港经济综合实验区的GDP实现了由2015年612亿元到2020年1 041亿元的跨越式增长，进出口总额4 447亿元更是分别占比高达全省、全市进出口总额的67%、90%。建设临空经济区，发展临空经济，加快产业集群发展、布局未来产业链是基础。各地应围绕“港、产、城”三要素，坚持产业类型多元化、产业标准高端化、产业链适度延伸的原则，重点围绕临空关联高新技术产业，引进人工智能、工业自动化、通用航空制造、电子信息与新材料应用等先进制造业，充分利用航空货运能力，形成以航空物流产业为基础、高新技术关联产业为主导、现代服务业为支撑的临空经济产业体系，实现临空经济持续健康高质量发展。

总结我国临空经济区的发展经验，临空经济区应具备的发展条件如下：

一是符合战略及规划要求。应符合区域发展总体战略、新型城镇化战略和优化经济发展空间格局的总体要求，符合全国主体功能区规划和相关土地利用总体规划、城乡规划，资源环境承载能力较强，行政区划清晰明确。

二是符合区域发展要求。原则上在直辖市、省会城市、计划单列市，或者其他区位优越、物流便利、开放型经济发展水平较高的大城市布局。

三是具备航空业发展基础。所在地机场年货邮吞吐量应在10万吨以上或年客流量1 000万人次以上，空域条件较好，现代交通运输体系较为完善，便于开展联程联运和陆空衔接，有一家以上的基地航空公司或若干家大型物流公司入驻，适当考虑通用航空基础好、航空制造业发展潜力大的地区。

四是配套设施良好。所在地机场周边现有产业园区基础良好、特色突出，产业结构合理、临空指向性强，基础设施和管理服务体系比较完善，周边货运集疏运网络系统与机场货运能力匹配，有利于承接与集聚发展相关产业。

学习任务六 临空经济区存在的问题和发展趋势

一、存在的问题

（一）产业布局不合理

部分临空经济区的产业结构单一，缺乏多元化的产业支撑。一些临空经济区内的企业与当地产业链关联性不强，难以形成有效的产业集群。临空经济区内的产业布局没有完全按照国际经典的圈式布局模式，不利于资源在空间上的最佳配置。

（二）基础设施不匹配

一些临空经济区的基础设施建设与产业发展速度不匹配，影响了产业的快速集聚和发展。交通衔接不畅，使得临空经济区难以依托周边区域的产业基础和市场优势。

（三）创新能力不足

临空经济区的创新水平不高，科技与人才支持不足，制约了产业的发展和升级。缺乏高端现代服务业和高新技术产业的发展，导致临空经济区的产业附加值不高。

（四）生活便利化程度低

临空经济区的生活配套设施不完善，影响了城市功能的发挥和人才的吸引。教育、医疗、人居环境等公共服务设施不足，降低了临空经济区的吸引力。

（五）同质化竞争现象严重

部分临空经济区在产业定位和发展方向上存在重叠，导致资源配置效率低下。缺乏特色化和差异化的发展策略，难以形成各自的竞争优势。

（六）环境与可持续发展挑战

临空经济区的发展可能对环境造成压力，需要注重生态保护和绿色发展。应推动临空经济区向低碳、环保、可持续的方向发展。

二、发展趋势

临空经济是依托国际枢纽型机场的客流、物流和信息流优势而发展起来的一种区域经济形态，是全球产业重新分工与要素资源重新组合的“战略节点”，已经成为继“港口经济”“铁路经济”“公路经济”之后21世纪国家与地区新的经济增长极。当今国际经济正在创造一个以航空、数字化、全球化和以时间价值为基础的全新竞争体系，临空经济已成为国家和地区经济增长的发动机。

（一）航空城是临空经济发展趋势和城市发展的未来

自古以来，城市的发展总是依托当时最先进的交通方式，交通方式及交通线路的布局极大地影响着城市的总体形态和发展前途。在世界交通运输业经过内河航运、海运、铁路和高速公路为主导的“四波”依次兴替发展之后，机场代替海港、铁路、高速公路成为城市化的驱动力以及创造工作和财富的源泉。航空运输成为推动经济发展，促进新国际经济中心崛起的“第五波”力量（美国卡萨达“第五波理论”），如图6－10所示。城市机场逐渐从原来远离城市布局、功能单一的交通港口转变为集聚航空运输、物流、工业开发、购物、休闲等多种功能的交通枢纽和临空产业区。尤其是规模大、辐射广的大型枢纽机场，更是担当了国家和地区经济增长发动机的角色，是现代化国际经济中心城市迅速崛起的重要依托。机场已逐步成为后工业化经济中的一种新型中央商务区。

航空城以机场为核心，具备强大的国际国内运输能力。这使得航空城能够成为全球物流、人流、资金流和信息流的重要交汇点，促进国际贸易和文化交流。例如，北京大

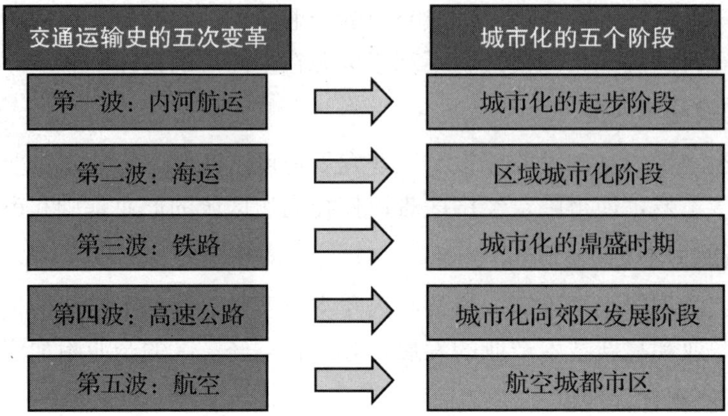

图 6－10　城市发展五波理论

兴国际机场临空经济区吸引了新加坡贸易公司在此建设中国北方总部，辐射京津冀及东北地区业务。航空城内部通常拥有快速铁路、机场快速路等便捷的交通连接方式，将居民区、产业区和商业区紧密联系在一起，提高了区域的交通效率和可达性。这种高效的交通网络为人们的出行和货物的运输提供了极大的便利，也进一步促进了区域经济的发展。航空城吸引了大量高端制造业、现代服务业、高新技术产业等临空指向型产业的集聚。这些产业具有附加值高、时效性强、国际化程度高等特点，能够为区域经济发展带来强大的动力。例如，荷兰史基浦机场周边形成了航空维修、航空制造、航空物流、总部经济等主导的航空城，微软欧洲总部也落户于此。

航空城作为区域经济的核心，对周边地区具有很强的辐射带动作用。它可以通过吸引投资、促进就业、推动产业升级等方式，带动周边地区的经济发展。例如，韩国仁川机场自由经济区的建设，对韩国电子信息科技的发展起到了重要的推动作用，使韩国成为全球智能手机等高端电子设备的主要出口国之一。

（二）空港、产业、航空城是临空经济演进三大要素

空港、产业、航空城是临空经济发展演进的三大关键要素，三者之间存在着密切的联动关系，且互相影响与促进，共同形成了一个“空港-产业-航空城”复合系统（airport-industry-city composite system，简称 AIC 系统）。空港是推动产业与航空城建设的引擎，拥有机场资源、航线资源、运力运行资源、信息资源和管理资源五大航空运输基础资源。产业支撑并推动空港和航空城的建设。航空城则包容并推动空港和产业发展。“以港促产、依港建城、以产兴城、产城强港”，使空港、产业、城市在良性互动中自我提升，共同促进航空经济发展，已经成为区域发展航空产业的重要路径。AIC 系统要素联动关系如图 6－11 所示。

AIC 系统中的“产”，一般指具有航空导向型的产业，这类产业具有较强的自组织优势，同时具备附加值高、时效性强、国际化程度高等特点，是引致周边产业趋同、形成产业集群与经济发展走廊的关键驱动力，这些产业内容也是区域航空产业发展规划的重要选择对象。依据产业与航空之间关系的紧密程度具体分为三类：

（1）航空紧密型产业，即直接利用机场提供的设施和服务等资源开展生产、制造活

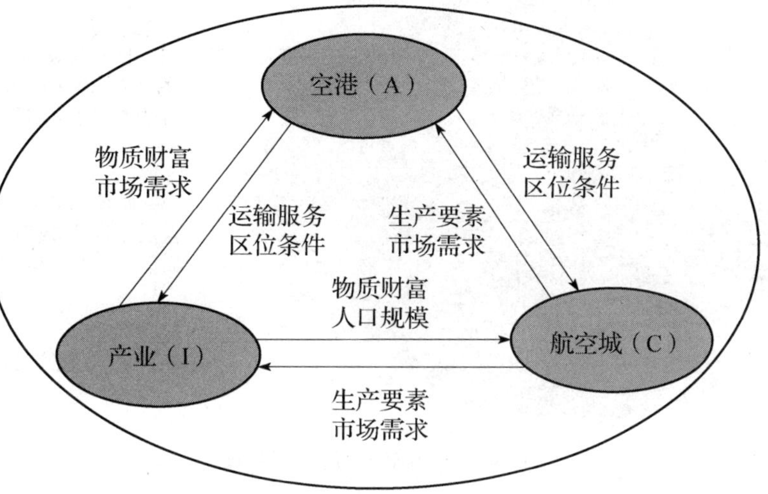

图 6－11　AIC 系统要素联动关系

动的产业，如航空运输业和航空制造业。

（2）航空合作型产业，即在这些产业的产品或服务的生产过程中，机场虽不直接参与，但可以为这些产业提供良好的运输环境，促进人员和产品的流通，有助于企业降低运营成本，提高经营效率，如临空高科技制造业、临空现代服务业、现代农业等。

（3）航空松散型产业，即与机场关联不大，由航空核心产业和航空关联产业引发和吸引各类辅助、配套和支持产业，这些产业大多属于现代服务业范畴，如商业贸易、教育科研、休闲娱乐、住宿餐饮、金融、中介等。

（三）发散和圈层式辐射是临空经济发展成熟的主要形式

临空经济属于集聚型经济，具有发散性和辐射性。同有机生命体一样，临空经济的发展会经历几个阶段：起步阶段、发展阶段和成熟阶段，如图 6－12 所示。在起步阶段，在机场除了航空交通需求，旅客和货物还有很多延伸需求；当这些需求不能在机场得到实现时，将会从机场外部寻求解决，这种情形即为机场经济福利的外溢，一个自然形成的临空经济区始于机场客货流的外溢经济效应。在发展阶段，临空产业得到了充分发展，拉动城市腹地的人流、物流、信息流加速向临空经济区集聚，形成规模效应，促进机场运量的增长和机场运作效率的提升，使机场与城市水乳交融，联系更加频密，形成机场城市结合体。在成熟阶段，临空经济区将发展成为航空城，以常驻的人、物、器为最终考虑点，实现从“城市的机场”向“机场的城市”过渡。此时的临空经济区已经和城市没有明显的区别，成为日常生活居住的场所。

发散性和圈层式辐射是临空经济发展成熟的主要形式。

1. 发散性

（1）多方面扩散：临空经济的发散性体现在其能够从多个方面向外扩散影响力，包括资本、技术、人才和信息等生产要素的聚集与再分配。这种扩散不仅限于经济领域，还包括社会和文化等多个层面。

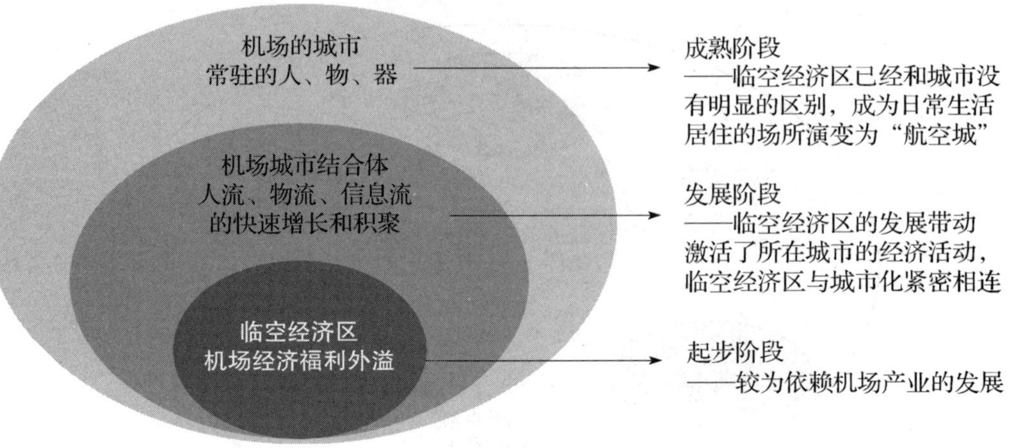

图 6－12　临空经济发展阶段

（2）区域经济带动：临空经济的发展能够显著带动周边区域的经济活力，形成以机场为核心的经济圈层结构，通过“点-轴”模式促进人流、物流、信息流的加速集聚。这种带动作用不仅提升了区域经济的整体竞争力，还促进了就业和社会稳定。

（3）产业链延伸：临空经济的发散性还体现在产业链的延伸上。随着航空运输业的发展，相关产业如航空制造业、航空服务业、物流业等也得到了快速发展，形成了完整的产业链条。这些产业的发展进一步推动了临空经济的繁荣。

2. 圈层式辐射

通过对已有临空经济区发展规律研究发现，临空经济依托机场向外辐射圈层式发展的过程中，将形成中央核心区、空港紧邻区、相邻扩散区、临空辐射区四大圈层，如图 6－13 所示。

中央核心区：在机场周边的 1km 内，包括机场的基础设施和与空港运营相关的行业，如飞机后勤、旅客服务、航空货运和航空公司等。

空港紧邻区：范围在 1km 至 5km 内，以商业服务区为主，如住宅、大型超市、金融机构、生活服务设施等，主要为航空运营、航空公司职员和旅客提供相关服务。

相邻扩散区：范围在 5km 至 10km 内，主要是发展高时效性、高附加值的相关产业，如高新技术产业、空港物流园区以及出口加工区等，还包括公司总部、会展中心等总部经济以及旅游博览等第三产业。

临空辐射区：范围在 10km 外的区域，为前三圈层提供二次服务的产业、原有的农业、旅游等及生活配套。

（四）临空经济发展影响主导产业的形成

临空经济的发展是将本地的各种要素进行优化配置与临空经济发展层次结合的过程，受到所在区域发展水平、产业结构、地理区位、资源禀赋及政府政策等因素的影响和制约。对全球范围内发展比较成熟的临空经济发展状况研究表明，大部分临空经济区均会以高科技产业、总部经济、物流产业、会展旅游、商贸作为主导产业。临空经济主导产业分布如表 6－3 所示，北京临空经济区重点产业如表 6－4 所示。

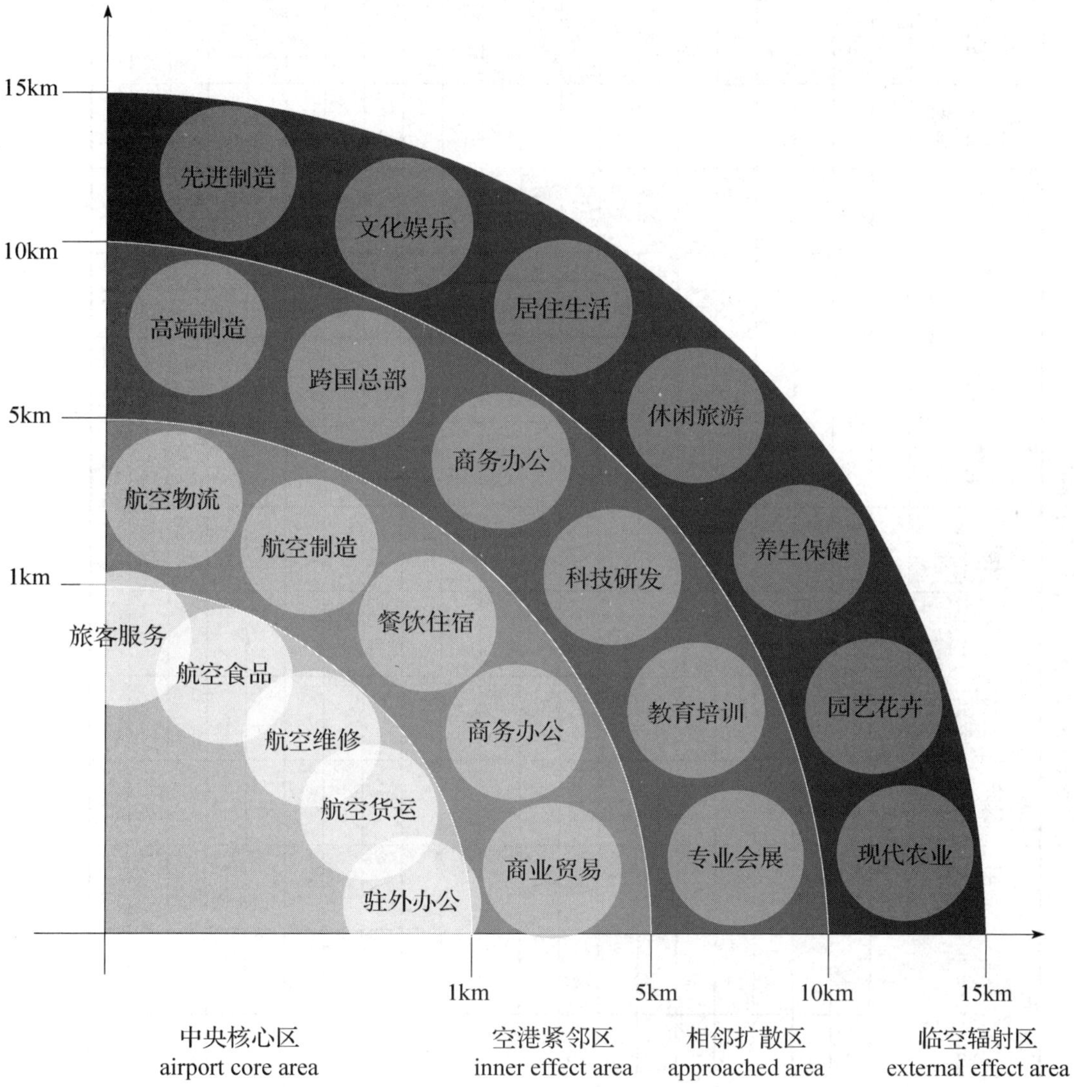

图 6－13　临空经济区产业发展圈层特征

表 6-3　临空经济主导产业分布

机场名称	高科技产业	航空航天	航空产业	总部经济	科研机构	生物医药	汽车工业	传统制造业	金融	中介	物流	会展旅游	住宿餐饮娱乐	商贸	信息服务	印刷传媒
苏黎世国际机场	√								√		√		√			
韩国仁川机场		√	√	√	√	√		√	√		√	√	√	√		
美国达拉斯沃斯堡机场	√					√			√		√			√		
爱尔兰香农机厂	√		√		√	√		√		√	√			√	√	√
巴黎戴高乐机场	√			√	√						√			√		
维也纳机场				√							√					
日本东京成田机场			√		√						√	√				
美国伯明翰机场							√					√			√	
德国不来梅机场		√			√	√	√	√			√			√		
丹麦哥本哈根机场	√			√	√						√			√	√	
德国慕尼黑机场											√	√	√			
荷兰史基浦机场	√			√					√		√		√			
法国尼斯机场	√	√														
德国法兰克福机场		√		√										√		
英国希思罗机场											√	√		√		
新加坡樟宜机场				√					√		√	√	√	√		
阿联酋迪拜国际机场				√					√		√	√	√	√		
美国亚特兰大机场	√			√							√	√	√			
台湾中正机场	√		√		√						√	√		√		
北京首都国际机场	√			√			√		√		√	√				
合计	10	4	4	10	7	4	3	3	7	1	17	10	7	11	3	1

表 6-4　北京临空经济区重点产业

集聚区	重点产业定位
临空型综合服务集聚区	以发展临空型现代服务业为主导，重点发展航空枢纽服务、保税服务、航空物流、国际商贸、文化创意、特色金融、高端商务 7 大产业。同时优化提升电子信息、生物医药、航空科技等高新技术产业
临空型现代制造业集聚区	电子信息、航空航天、汽车制造、装备制造等高新技术产业和现代制造业集聚区
临空产业发展新区	承接临空型综合服务集聚区、临空型现代制造业集聚区产业转移，发展都市型农业、现代制造业和都市型旅游休闲产业等

（五）临空经济区的发展趋势

1. 产业多元化

一是高新技术产业聚集。随着科技的发展和创新驱动发展战略的实施，高新技术产业成为临空经济区的重要支柱。这些产业通常具有高附加值、高技术含量的特点，能够为区域经济发展带来新的增长点。二是现代服务业发展。包括金融、保险、咨询等在内的现代服务业在临空经济区内得到快速发展。这些服务业的发展不仅提升了区域经济的服务水平，也为其他产业的发展提供了有力支持。三是制造业转型升级。传统制造业通过技术创新和产业升级，向高端制造转型。临空经济区提供的高效物流和便捷交通条件，使得制造业能够更好地融入全球产业链。

2. 国际化合作加强

一是国际合作平台建设。临空经济区通过建立国际合作平台，吸引外资企业入驻，促进国际交流与合作。这不仅有助于提升区域的国际影响力，也能引进先进的管理经验和技术。二是参与“一带一路”建设。临空经济区作为共建“一带一路”倡议的重要节点，通过加强与沿线国家的航空联系和经贸往来，推动区域经济一体化进程。三是国际航线网络扩展。随着国际航线的增加，临空经济区的国际连通性不断增强。这有助于企业开拓国际市场，也促进了人员和信息的流动。

3. 港产城融合发展

一是城市规划与产业发展相结合。临空经济区的规划注重产业布局与城市功能的有机结合，通过优化空间布局，实现产业集聚和城市发展的良性互动。二是基础设施建设完善。加强交通、通信、能源等基础设施建设，为产业发展提供坚实的物质基础。同时，完善的基础设施也吸引了更多的企业和人才入驻。三是生态环境优化。在发展经济的同时，注重生态环境保护和可持续发展。通过绿化、节能减排等措施，提升临空经济区的生活品质和环境质量。

4. 创新驱动发展

一是科技创新体系构建。建立以企业为主体、市场为导向、产学研深度融合的技术创新体系。鼓励企业加大研发投入，推动科技成果转化。二是人才引进与培养。实施更加开放的人才政策，吸引国内外高层次人才。同时，加强本地人才培养，提高劳动力素质，为临空经济区的发展提供人才保障。三是创新平台搭建。建设一批高水平的研发机构和创新平台，为企业提供技术支持和服务。通过搭建创新平台，促进知识交流和技术合作。

5. 政策支持力度加大

一是财政税收优惠政策。政府出台一系列财政税收优惠政策，减轻企业负担，激发市场活力。这些政策有助于吸引更多的企业投资临空经济区。二是土地使用政策优化。合理规划土地资源，优化土地使用政策，为产业发展提供充足的空间。同时，加强对土地使用的监管，防止资源浪费。三是行政审批制度改革。简化行政审批流程，提高行政效率，为企业提供更加便捷的服务。通过改革行政审批制度，降低企业的运营成本。

拓展阅读

河南郑州航空港区强化营商环境监督　扫清阻碍发展的“绊脚石”

2024 年 6 月 30 日，郑州航空港区（郑州新郑综合保税区），郑州国际陆港专用铁路正式通车，一列满载新能源汽车的列车从这里出发，经兰州开往乌兹别克斯坦；超聚变华中制造基地整机生产线上，工作人员正在机器人的配合下紧张有序地忙碌着；郑州比亚迪整车、汽车零部件、动力电池、新材料等 4 个园区，开足马力赶订单……一派现代化产业蓬勃发展的景象映入眼帘。

作为我国首个、目前唯一一个由国务院批复设立的国家级航空港经济发展先行区，郑州航空港区坚持以“空中丝绸之路”建设为引领，瞄准战略性新兴产业、未来产业精准发力，加快形成新质生产力，全面提速开发建设。

地区经济要发展，短期靠项目，中期靠政策，长期靠环境。为护航经济社会高质量发展，郑州航空港区纪检监察工委 2024 年聚焦重点领域、关键环节持续深化优化营商环境监督，着力破除制约经济社会高质量发展的体制机制性障碍，解决党员干部作风顽瘴痼疾，推动营造市场化、法治化、国际化一流营商环境。

突出监督重点，压紧责任链条

“近期，你单位发生的一起违纪违法典型案例，严重扰乱市场竞争秩序，对经济健康发展造成负面影响，暴露出‘一把手’和局党组履行全面从严治党主体责任不力等问题……”不久前，郑州航空港区纪检监察工委主要负责人与某单位“一把手”进行“一对一”谈话，督促其严负其责、严管所辖。

在优化营商环境监督工作中，郑州航空港区纪检监察工委围绕主体责任、监督责任、党组织书记第一责任人责任和班子成员“一岗双责”落实情况，进一步厘清责任边界，督促履行管党治党责任。紧盯“一把手”和领导班子成员贯彻民主集中制、落实“三重一大”事项集体决策制度等情况展开监督，着力查找“一把手”独断专行、一意孤行，插手干预重点项目、重大事项，破坏营商环境等问题。

“我以前认为自己不存在廉政风险，现在通过排查发现风险点还真不少。”日前，郑州航空港区政务服务中心一名干部在参与廉政风险点排查时感慨道。

郑州航空港区管辖区域内，资源丰富、建设项目多、资金体量大。该区纪检监察工委聚焦权力集中、资金密集、资源富集、资产聚集的重点领域，紧盯“关键少数”、重点岗位和掌握管理权、审批权、执行权的重点人员，围绕“找、防、控”三个环节，查找、防控廉政风险，强化日常监督。

按照“谁行使，谁梳理”原则，郑州航空港区纪检监察工委督促职能部门逐项梳理工作职能、具体业务，明确工作运行程序和权力运行轨迹，明晰各个环节职责权限，深入排查廉政风险点。2024 年以来，该区纪检监察工委已组织 46 家单位 1 410 名中层及以上干部开展廉政风险点排查工作，查找单位、个人廉政风险点 5 426 个。

根据排查出的廉政风险点和风险等级，郑州航空港区纪检监察工委督促各单位有针对性地制定防控措施，一方面健全制度，进一步优化业务流程、强化办事公开、提升办事效率；另一方面，加强对权力行使全过程的监督。

同时，该区纪检监察工委在全区开展重点岗位、重点人员专项监督，通过个别谈话、查阅资料、实地走访等多种方式，重点查找党员干部是否存在为民服务不优、岗位职责不清、工作能力不强等 10 个方面问题，管住权力“任性”之手。

强化贯通联动，形成监督合力

“建议统筹职能部门调研的内容、时间、方式等，开展联合调研，防止多头重复调研……”日前，在郑州航空港区纪检监察工委第一届监督员聘请暨座谈会上，郑州市人大代表、河南易通跨境供应链有限公司董事长提出建议。

郑州航空港区纪检监察工委从驻区人大代表中选聘 19 名监督员，邀请他们对全区全面从严治党、优化营商环境等工作进行监督，广泛收集意见建议，并及时反馈问题处置情况。

“生产经营上有什么困难？有没有遇到相关职能部门推诿扯皮、吃拿卡要等情况？”“这是我们的联系卡，如果有需要请随时联系。”2024 年开春以来，郑州航空港区纪检监察工委探索建立“纪企直通”监督工作机制，组织纪检监察干部深入恒丰科创、生物医药、电子信息等产业园区，围绕招商引资项目、在建企业（项目）、已投产企业（项目）走访调研，以有力有效监督助推营商环境不断优化。

走访活动中，该区纪检监察干部通过向企业发放联系卡、张贴公示公告等方式，畅通企业监督渠道，着力推动解决企业、群众急难愁盼问题，并引导企业家守法经营、诚信经营、廉洁经营。截至目前，郑州航空港区共推动解决企业诉求 127 个。

建立监督员制度，引入外部监督，建立“纪企直通”监督工作机制，都是郑州航空港区纪检监察工委持续深化优化营商环境监督的重要举措。

该区纪检监察工委坚持完善以党内监督为主导、各类监督贯通协调的机制，明确监督主体、范围、程序、权责等，形成监督合力。

其中，“纪巡审”联动机制在同向发力、同题共答，推动营商环境进一步优化上发挥了重要作用。

郑州航空港区纪检监察工委有关负责人介绍，他们将“纪巡审”联动工作机制纳入年度工作规划，根据往年专项整治、巡察、审计等工作中发现的突出问题，结合年度工作要点，制订年度“纪巡审”工作计划，明确联动项目，细化队伍组建、对接联络、信息共享、资料共用、线索移送、问题整改等联动事宜。

在优化营商环境监督工作中，该区纪检监察机关、巡察机构、审计机关发挥各自优势，及时发现一批问题线索，有力提升了监督质效。

严管厚爱结合，精准容错纠错

“2016年至2022年，王某某利用担任郑州航空港区商务和物流业发展局局长、投资促进局局长等职务上的便利，在项目推进、补贴款发放等方面为他人谋取利益并收受财物……”郑州航空港区纪检监察工委日前通报了一起近期查处的涉及损害营商环境的典型案例。

为推动营商环境持续优化、经济活动规范运行，郑州航空港区纪检监察工委在全区开展强化监督执纪、护航营商环境及经济活动专项监督工作，严肃查处破坏营商环境的违纪违法问题。

该区纪检监察工委成立5个监督检查组，通过个别谈话、听取汇报、实地走访、查阅资料等方式，围绕各单位“一把手”履职、优化营商环境制度落实等8个方面开展监督检查。

“同时，我们建立反映损害营商环境问题线索接收处置绿色通道，对企业、群众反映的损害营商环境问题线索，及时分办、优先处置。”郑州航空港区纪检监察工委副书记介绍，对存在不担当、不作为，落实政策打折扣、搞变通的，予以严肃追责问责。

截至目前，该区纪检监察机关共查处公职人员吃拿卡要、违规插手干预招投标等问题线索10件，处理31人。对查处的典型案例，该区纪检监察机关在区党工委会议上通报。

郑州航空港区纪检监察工委坚持严管厚爱结合、激励约束并重，在严肃监督执纪问责的同时，认真落实“三个区分开来”要求，建立健全优化营商环境容错纠错机制，释放为担当者担当、为负责者负责、为改革创新者撑腰鼓劲的信号，营造干事创业良好氛围。

该区纪检监察工委研究出台《鼓励先行先试改革创新强化容错纠错的实施办法》，制定优化营商环境容错适用情形清单，明确12种可容错情形。同时，明确7种不予容错并进行责任追究的情形并建立负面清单。

“对在支持企业发展、帮助企业纾难解困过程中，因缺乏经验、先行先试、难以预见或存在不可抗力而出现的无意过失或错误，认真甄别。”郑州航空港区纪检监察工委有关负责人介绍，建立容错分析研判机制，按照申请、核实、认定、反馈、备案程序，考察责任追究对象是否具备容错情形。对符合容错条件、申请免予责任追究或从轻减轻处理的，由相关问责机关和职能部门根据调查、会商结果作出决定，并向干部本人及其所在党组织反馈，为党员干部减压助力，为干事创业者送上“定心丸”。

郑州航空港区纪检监察工委书记表示，将多层面、多角度、全方位为市场主体扫清阻碍发展的“绊脚石”，为企业“松绑”、为群众“解绊”、为市场“腾位”，推动全区营商环境提档升级、进位提升，为高标准建设一流现代航空都市注入更强发展动能。

资料来源：河南郑州航空港官网，https://m.zzhkgq.gov.cn/2024/07-22/3025380.html.

学习任务七　临空经济的发展驱动模式

结合国际上成熟临空经济区的发展经验以及国内临空经济区内的产业结构和主导产业类型以及各产业的发展水平，中国临空经济目前出现多种发展模式，包括航空带动模式、物流带动模式、产业链推动模式、产业集群模式与园区发展模式等。

一、航空带动模式

航空产业包括航空运输服务业和航空工业，航空运输服务业主要指的是以航空公司为核心的航空运输服务产业链，通过国际综合性航空枢纽的强大运输网络的辐射力来驱动发展。这一类临空经济区都是在航空运输网络、临空产业价值链网络、空港新城国际化等方面具有较高的影响力、控制力和中心功能的机场周边地区。如，北京首都国际机场临空经济区。

航空工业主要指的是集研发、制造、销售及维修于一体的完整航空制造产业链。航空工业以飞机的总装制造为龙头，在机场周边形成以航空制造产业集群为主导的临空经济发展模式。飞机制造业的产业链较长，而飞机总装是飞机制造的核心生产环节之一，能够吸引飞机总装相关的供应商以及下游服务产业聚集在机场周边。如，天津的空客A320海外总装厂。先进航空产品附加值高，发达国家鼓励和促进航空业的发展，而通常的国际经验也说明，一个航空项目发展10年后会给当地带来的效益是：产出比为1∶80，技术转移比1∶6，就业带动比为1∶12。航空运输服务业对临空经济区的经济发展有着非常明显的作用。

二、物流带动模式

临空经济区内以航空物流业为核心，将公路、铁路、海洋、集装箱运输等运输方式结合，在机场周边形成以航空物流、临空高科技产业集群为主导的临空经济发展模式，形成集运输、仓储、包装、流通加工、航空货运大通关、信息处理等的现代化空港物流，利用机场口岸的功能和机场周边物流基地的保税功能，满足临空经济区内园区企业对物流的需求，实现港区联动推动临空经济的发展。如今，轻、薄、小、高附加值的产品几乎都采用航空运输方式，如紧急文件、鲜花、水果、蔬菜、高科技产品、贵重金属等。当企业对运输的安全、速度等要求达到一定程度，机场周边就成为其选址的首选。如郑州航空港经济综合实验区。

三、产业链推动模式

随着市场竞争的日益激烈，每个企业都专注于自己的核心业务，将非核心业务外包，必定要求企业间建立与发展一种新型的分工与合作，形成核心企业与相关配套企业的协调发展模式，因此要求临空经济在发展阶段必须围绕临空主导产业构筑完整的临空产业链条，并且通过临空产业链条的协调运作实现以临空主导产业带动其相关配套产业的发展模式。临空产业链作为全球产业链的重要组成部分，必然推动临空经济的发展。

四、产业集群模式

产业集群模式是一种以机场为核心，围绕航空运输业发展的产业集聚形式。这种模式通常包括以下几个方面：一是临空经济区通过园区发展模式，促进区域内的产业、企业、人才、资金等集聚，实现重点产业集群的培育。这样的集聚有助于企业之间形成协同效应，提高整体竞争力。二是在规划临空经济区时，应考虑与航空运输业关联性高、协调性好的产业，以机场功能定位和业务特点为基础，选择与机场业务关联性强、临空指向显著的产业生态群。三是为了加快临空产业集群的发展，需要多元化的融资渠道来支持产业的发展和升级。四是临空经济区应积极融入国际高端产业链，引领城市产业转型升级。这包括发展临空高科技产业、临空现代服务业和高临空指向的传统产业等。五是临空经济区的空间布局应与机场的功能分区相适应，确保客运与货运功能分区明确，以便于客货流的高效运转。

五、园区发展模式

临空经济通过园区发展模式可以有效地促进区域内的产业、企业、人才、资金等集聚，实现临空经济区内重点产业集群的培育；同时使园区企业大量聚集，迅速将市场需求信息或者新技术转化成产品或服务并推向市场，形成专精优势的国际竞争力；促进区域内的资源综合利用和循环利用，实现节能降耗减排，形成资源节约、环境友好的临空经济区建设。

学习任务八 如何落实临空经济区建设发展任务

《关于临空经济示范区建设发展的指导意见》提出了临空经济示范区的建设任务，即优化空间发展布局，促进区域协同发展；推进航空枢纽建设，构建立体交通系统；发展优势特色产业，构建高端产业体系；提升开放门户功能，辐射带动区域发展；加强生态环境保护，促进绿色低碳循环发展。临空经济示范区的建设与批复，有利于发挥比较优势，挖掘内需增长潜力，促进产业转型升级，增强辐射带动作用，对促进民航业发展、优化中国经济发展格局、全方位深化对外开放、加快转变经济发展方式具有十分重要的意义。如何落实这些建设任务成为重点研究的问题。

一、确立战略眼光，深刻认识临空经济示范区对于区域发展的重要性

进一步解放思想、改革创新、扩大开放、担当实干。临空经济示范区对于区域发展具有多方面的重要性，体现在以下几个方面：

（1）临空经济示范区通过大力发展临空产业，打造航空新城，有助于打破传统机场

片区的发展困局，促进城市经济升级。这些区域通常围绕核心机场构建，能够吸引和培育一系列与航空相关的高端产业，如物流、商务服务、高新技术等，从而成为推动地区经济增长的新动力。

（2）临空经济示范区通常位于交通便捷的区域，能够有效整合航空、铁路、公路等多种交通方式，建设立体综合交通网络，提升区域的交通服务水平和整体运输效率。

（3）临空经济示范区具有较强的辐射带动能力，能够促进周边地区的经济发展。通过发挥比较优势、挖掘内需增长潜力、促进产业转型升级，临空经济示范区能够对整个区域甚至国家的经济布局产生积极影响。

（4）临空经济示范区作为国际开放枢纽，有助于优化我国的经济发展格局，全方位深化对外开放。它们通常配备高能级的开放平台，整合口岸功能，为区域产业提供服务，加速国际交流与合作。

（5）临空经济示范区致力于探索性、创新性、引领性的发展之路，通过聚焦广链接枢纽、强辐射产业和超现代新城三大战略，推动区域内的科技创新和产业升级。

二、结合各地区实际情况，科学合理地划分空间布局

细化产业发展规划、交通枢纽规划以及国土空间规划，加大工作力度，确保临空经济示范区建设的高效推进。

我国已经规划了多个临空经济区，其中国家级临空经济示范区的建设和发展，体现了国家对这些区域发展潜力的认可和支持。

首先，需要制定一个全面的顶层设计，明确临空经济示范区的整体目标、功能定位和发展蓝图。这应包括对区域经济、交通、产业、生态环境等方面的综合考虑。在规划过程中，要充分考虑临空经济示范区的特点和优势，进行深入的研究和论证，确保规划科学合理、可行。

根据临空经济示范区的实际情况，合理划分不同的功能区，如商务区、住宅区、产业区等，并确保各功能区的协调发展。临空经济示范区需要高效便捷的交通网络，因此需要制定详细的交通枢纽规划，包括公路、铁路、机场等各种交通方式的衔接与布局。

根据临空经济示范区的产业定位和优势，制定具体的产业发展规划，鼓励和引导相关产业的集聚和发展。加大对基础设施的投入，特别是交通、通信、能源等关键领域，为临空经济示范区的发展提供坚实的基础支撑。参照已有的成功案例，如成都天府临空经济区建设方案、重庆临空经济示范区建设实施方案等，制定并实施具体的建设规划。

加强政策支持，制定一系列优惠政策，吸引企业入驻，同时为企业提供良好的营商环境，降低企业运营成本。建立健全监督机制，确保各项建设任务的顺利实施，及时发现问题并采取措施解决。鼓励创新思维和创新实践，不断探索适合临空经济示范区发展的新模式、新路径。

三、构建立体交通系统，推进航空枢纽建设

加强与周边交通网络的连接，打造便捷的物流和人流通道，提升区域交通的整体效率。

（1）制定详细的综合交通规划，包括道路、铁路、机场等多种交通方式的协调发

展。例如，南京临空经济区就发布了“发展战略规划”和“综合交通规划”。构建高效的地面路网，如“四纵十八横”的布局，以及改善慢行通道，确保交通流畅性。

（2）利用地铁等轨道交通工具，提供快速直达机场的服务，减少地面交通压力，如依托机场5千米范围内的地铁直达服务。加强机场自身的服务功能，提高航空运输效率，吸引更多的航空公司入驻，增加航线和班次。

（3）建立或升级现有的物流中心，利用临空经济区的优势，提供快速高效的货物处理和转运服务。运用现代信息技术，如智能交通系统，实现交通流量监控、预测和管理，提高交通系统的整体效率。

（4）推动区域协同，与周边城市和地区合作，共同规划和建设跨区域的交通网络，实现资源共享和优势互补。加强多种交通方式的衔接，确保不同交通方式之间的无缝对接，如出租车、公交车、共享单车等，方便旅客和货物的快速转换。政府部门可建立监测机制，定期评估交通系统的运行效果，及时调整和优化规划。在交通规划中融入人性化设计，如设置足够的停车场所、休息区、指示标识等，提升旅客体验。推动绿色交通发展，鼓励使用环保交通工具，如电动汽车、太阳能驱动的公共交通工具等，减少碳排放，实现可持续发展。

四、依托区位优势，发展优势特色产业辐射带动区域经济发展

（1）依托临空经济示范区的区位优势，发展与之相关的高端制造业、现代服务业等产业，构建具有竞争力的产业体系。利用临空经济示范区的开放优势，吸引国内外投资，推动贸易便利化，辐射带动区域经济发展。

（2）在产业发展中注重生态环境保护，推广绿色低碳循环发展模式，实现经济发展与环境保护的双赢。加强与周边地区的合作，形成产业链条互补，共同推动区域经济一体化进程。

（3）加大对基础设施的投入，特别是交通、通信、能源等关键领域，为临空经济示范区的产业发展提供坚实的基础支撑。制定一系列优惠政策，吸引企业入驻，同时为企业提供良好的营商环境，降低企业运营成本。加强对航空、物流、国际贸易等相关专业人才的培养和引进，为临空经济示范区的产业发展提供人力资源保障。

（4）积极参与国际交流与合作，引进先进的管理经验和技术，提升临空经济示范区的国际竞争力。

拓展阅读

北京大兴国际机场临空经济区的建设发展

2024年是京津冀协同发展战略实施十周年。十年来，北京大兴国际机场临空经济区作为《京津冀协同发展规划纲要》确定的四个战略合作功能区之一，主动服务国家“一带一路”建设，高水平释放“双自贸”开放制度新优势，加快建设“双枢纽”消费桥头堡。如今，在“一票多车”“区内直转”等创新政策支持下，北京大兴国际机场临空经济区高效实现了区域间物流链、贸易链、产业链、价值链的深度融合。作

为全国唯一跨省级行政区域设立的临空经济区、自贸试验区和综合保税区，大兴机场探索推进“区港一体化”通关模式。率先在全国探索建立“一个系统、一次理货、一次查验、一次提离”高效通关模式，形成综合保税区创新发展的核心优势。临空经济区是首都国际交往新门户和重大开放功能平台，也是京津冀构建更高层次改革开放新格局的前沿阵地，叠加全国唯一跨省域建设的自由贸易试验区和综合保税区，国际交往中心承载能力不断提升。

开放型制度创新探索方面，结合“双自贸”功能定位和产业特点，临空经济区聚焦贸易便利化、金融开放创新等重点领域，开展京津冀范围内的首创性、差别化探索，推进开放型制度创新实践。离岸贸易数字化，服务创新发展新模式；“区块链＋福费廷”拓宽企业融资渠道，服务中小微企业融资创新。政务服务改革方面，集中行使审批职能，提供“一站式”政务服务。京冀范围内率先开展“区域评估＋标准地＋告知承诺＋综合服务”改革，并推行政务服务“跨省通办”，推动“同事同标、互联互通”，推行审批服务新模式，助力企业减时限、降成本。截至2023年，临空经济区承担的河北自贸试验区国家改革试点任务已实施45项，实施率97.8％；河北省共性制度创新任务已实施179项，实施率93.2％；实施北京市“两区”建设创新任务254项，实施率100％。

跨省域协同建设运营方面，在跨省市综合保税区集中行使海关监管权限，有效提升监管效能，做到一个海关监管机构全权负责，同时建立统一高效管理体制，明确综合保税区跨省市项目载体统一运营主体，统一制定建设标准和建立跨界共商共建共享综合保税区新模式标杆，统筹推进一体化管理，有效调动各方积极性，贯彻落实协商分配。

作为全国唯一跨省共建的空港型开放区域，临空经济区牢牢把握“国际交往中心功能承载区、国家航空科技创新引领区、京津冀协同发展示范区”三大战略定位，开拓进取、致力创新，搭建京津冀先行先试平台和改革创新的重要载体，成为融入全球产业体系的重要节点。

从阡陌农田到世界级航空枢纽。定位为辐射全球的大型国际航空枢纽，大兴机场致力于成为国际航空枢纽建设运营的新标杆、世界一流便捷高效的新国门，以及京津冀协同发展的新引擎。从开工建设到首航投运，大兴机场仅用了不到五年时间，已成为4F级国际机场，不仅创造了惊人的“中国速度”，也向世界展示了中国的智慧、创新与生命力。如今，大兴机场宛如“凤凰展翅”，与首都机场形成“龙凤呈祥”的双枢纽新格局。

从一张白纸到省际交界区一体化发展典范。立足于新发展阶段，临空经济区坚持完整、准确、全面贯彻新发展理念，打破传统的“一亩三分地”思维模式，通过一张图规划、一盘棋建设，推动一体化发展，始终与国家发展同频共振、与时代发展同向同行。如今，临空经济区正从快速建设阶段迈向临空产业高效聚集、管理体制机制不断优化、基础设施互联互通的新发展阶段。一幅相互融合、协同发展的壮美画卷正在京畿大地徐徐展开。

本章练习

一、简答题

1. 什么是临空经济和临空经济区?

2. 临空产业包括哪些产业?

二、论述题

1. 临空经济的发展条件有哪些?

2. 什么是产业集群模式?

三、案例分析题

近年来，立足“一带一部”战略定位，湖南深入实施“创新引领、开放崛起”战略，开放发展势头强劲。作为中国百强县第五名的长沙县，目前已与200多个国家和地区建立了贸易往来关系，成为“中国（长沙）跨境电子商务综合试验区”和“国家外贸转型升级示范基地”的重要区域，是全国18个改革开放典型地区之一，位于湖南“一带一部”建设核心区。其中，2017年5月获批设立的长沙临空经济示范区正位于此。

长沙临空经济示范区是中国中部地区第一个国家级临空经济示范区，位于长沙主城区东侧，规划面积140平方千米，涵盖长沙县、雨花区、芙蓉区的10个镇（街道），旨在打造成为长江经济带重要的空铁联运枢纽和高端临空产业集聚区。

示范区成立于2017年5月，拥有得天独厚的区位优势，依托长沙黄花国际机场，连接武广高铁、沪昆高铁等重要交通线路，形成了空港与高铁的联动发展格局。作为国家一类航空口岸，黄花机场在2016年的旅客吞吐量已达2 129.7万人次，位列中部地区第一。

长沙临空经济示范区不仅具有区位交通优势，还拥有较强的航空发展基础和科技创新能力。示范区内包含国家级长沙经济技术开发区、长沙黄花国际机场航空产业功能区、黄花综合保税区和高铁新城等多个重要平台载体。这些平台为临空经济的多元化发展提供了强有力的支持。

为了进一步推动长沙临空经济示范区的发展，长沙市政府出台了一系列政策，包括财政补贴、税收优惠等措施，重点支持航空物流、航空服务、临空总部、航空科研及外贸加工等临空偏好型产业的发展。例如，鼓励新开国际全货机定期航线，对新开国际全货机不定期航线且全年包机航班达到一定数量的营运主体给予补贴。

未来，长沙临空经济示范区将按照“一轴两核三组团”的总体空间布局进行规划建设。其中，“一轴”是指空铁联动发展轴，“两核”即航空与高铁运输服务“双核心”，“三组团”则包括空港枢纽组团、临铁新城组团和星马创新组团。这一规划旨在通过有机融合城市的公共服务设施和空铁联运通道，实现临空临铁经济的协同发展。

总体来说，长沙临空经济示范区不仅在区域经济中发挥着越来越重要的作用，也是湖南省对外开放的重要窗口。随着政策的持续推进和各项基础设施的完善，长沙临空经济示范区必将为区域经济发展注入更多动力，成为全国乃至全球重要的临空经济高地。

分析：长沙临空经济区具备哪些发展优势？

课堂实训

[实训名称] 分析临空经济区的发展条件。

[实训目的] 进行头脑风暴式的训练，通过课堂上进行讨论，训练自己的逻辑思维，学会分析临空经济的发展条件。

[实训内容] 学生分组，讨论以下问题：

天津临空经济区具备哪些发展条件？

[参考素材]

天津作为中国北方的重要城市，其临空经济区在全球化和区域经济发展的背景下，正逐步展现出强大的发展潜力和优势。天津临空经济区位于天津滨海国际机场周围 3 千米范围内，紧邻天津中心城区，地处京津发展主轴上，是连接天津市区、滨海新区以及北京的重要空间交会点。区域内多条高速、省道、铁路、地铁贯穿，形成了四通八达的综合交通网络。这种立体交通系统不仅提升了货物和人员的流动效率，还促进了多种运输方式的高效衔接。

天津临空经济区位于亚太航路的重要节点位置，这为其在国际航空物流中提供了重要的地理优势，有利于拓展国际航线和提升货运效率。临空经济区重点发展航空总部、航空物流、跨境电商、智能制造和临空商贸五大产业集群，形成了较为完善的临空产业链。区内拥有临空 CBD、物流总部区、航空服务区、临空科技创新区等多个功能区，为企业提供良好的办公、研发及运营条件。天津临空经济区是天津自贸区机场片区的重要组成部分，同时还是天津市跨境电子商务创新试验区和天津自主创新示范区，享有多重政策叠加的优势。天津市政府出台了一系列政策措施，支持临空经济区的建设和发展，如提供财政补贴、税收优惠等，以促进高端制造业和现代服务业的集聚发展。

天津临空经济区有中国民航大学等教育机构，为区内企业提供了丰富的人才和技术支撑。这些教育资源为临空经济的发展注入了创新活力，推动了高端技术和管理人才的培养。临空经济区在规划建设过程中强调生态智能和宜居宜业的理念，致力于打造国际化、现代化的都市临空经济都市区。这种绿色智慧的发展模式不仅提高了城市吸引力，还为居民和企业提供了优质的生活和工作环境。

企业实际案例

紧跟政策抓机遇，卡尔斯医疗集团实现快速发展

2023年4月12日，北京市大兴区科学技术委员会、北京市大兴区财政局印发了《大兴区促进医药健康产业发展的若干措施》（2022年修订）。卡尔斯医疗集团抓住这一政策机遇，实现了公司的进一步发展。

一、公司简介

卡尔斯医疗集团是大兴机场综保区国际生物医药园首位入驻者，租赁园区1号楼（建筑面积约8 800平方米），领航口腔种植领域，集科研、教育、产销于一体。总部专注无菌植入牙种植体研发与生产，打造国产世界级高品质产品，同时秉持直营策略，销售网络覆盖北京、上海、广州等全国八大核心城市，实现业务深度拓展，填补了国产高端种植体的空白。

卡尔斯医疗集团深耕研发领域，集团董事长宿玉成教授曾主持科技部“十五”攻关课题“牙列缺损与牙列缺失的种植修复临床研究”，结题后该项目获北京市科技进步三等奖，后任国家“十三五”低模量高强度亲水种植体研发首席科学家，引领突破。

二、公司生产经营情况

公司斥资1.5亿元，引进了全球顶尖制造商——德国特劳博公司（TRAUB）与日本西铁城公司（Citizen Machinery）定制的48台尖端数控走心机床。表面处理中心引入了瑞士KKS的完整生产线，并携手共建了Robert Center，将创新科技与精湛工艺完美融合。质量检测方面，配备德国Zwick高频试验机与日本HITACHI扫描电镜，构建严格质保体系。这些设备代表了种植体研产领域的至高水准，企业专注于产品的高精度与卓越性能，确保每颗产品都是患者信赖的终身伴侣。公司成功获得ATL、ABL系列两张三类医疗器械注册证及安全生产许可证，产品品质获国家认可。2023年，在国内种植体市场，瑞士、德国等五大进口品牌占90%，国产不足10%且低端。卡尔斯将填补国产中高端空白，价格约为进口品牌一半，投产后预计市场占有率第一，并计划与临空经济区合作，打造“北京牙谷”产业集群。

三、行业影响力

集团董事长宿玉成教授带领临床团队完成全球首例“光学导航机器人辅助全口无牙颌种植及数字化即刻修复手术”，引领中国口腔数字化医疗新纪元，大获央视赞誉。宿教授团队精心组织并亲自引领了一场规模空前的种植培训实操课程，组织906位口腔医生进行种植培训实操课程，破印度吉尼斯纪录，树立全球新标杆，彰显行业权威与影响力。

宿玉成教授也曾主导多项行业标准制定，展现深厚造诣与广泛影响，体现对行业规范化、标准化发展的高度责任感与使命感，涉及中国医疗器械行业协会团体标准制定两项及多项中华口腔医学会专家共识。

公司积极与全国范围内知名的口腔院校展开深度合作，旨在通过这些合作构建强大的学术影响力，提升品牌在行业内的专业地位和认可度。与此同时，公司也致力于与行业内头部的大型连锁口腔机构达成深度的战略合作，通过资源共享、优势互补，共同推动双方在业务和技术上的快速发展，实现互利共赢的局面。

四、政府支持

2024 年 5 月，根据相关政策，卡尔斯集团成功申报大兴区行业政策补贴，获得资金支持 547.6 万元。2024 年 9 月，北京市发展改革委发布通知，将北京卡尔斯医疗器械有限公司纳入支持范围，口腔种植体生产项目获批贷款贴息支持。

2024 年 7 月，国家药监局调研组到卡尔斯集团调研种植体生产项目，并对企业在医疗器械领域的规模和市场竞争力给予了充分肯定。2024 年 8 月，北京市政府调研组到企业实地考察，肯定了卡尔斯的自主研发，称之为国产医疗器械的精密制造，可以与国际比肩。

五、践行社会责任

卡尔斯集团开展多个公益项目：佳木斯大学北京医学校友会优秀校友宿玉成捐赠医疗设备，佳木斯大学设“宿玉成口腔医学奖学金”，中华口腔医学会开展“边疆行”等活动。2024 年卡尔斯与中国牙病防治基金会成立“口腔种植科学专项基金”，已支持重点研发项目、面上项目、青年科学基金项目共计 16 个，出资 210 万元，助力国内口腔种植科学研究。

学习情境七

宏观经济环境对临空经济的影响

学习目标

知识目标：

- 理解腹地区域及腹地经济两个概念。
- 了解增长极理论、区位理论、产业集聚理论。
- 理解临空经济区对腹地区域产生的影响效应。
- 了解我国对外贸易新格局。
- 理解对外贸易新业态新模式。

能力目标：

- 能正确理解腹地区域经济对于地区经济发展的重要作用。
- 能熟练运用增长极理论、区位理论、产业集聚理论来分析临空经济对腹地经济的影响。
- 能客观分析临空经济区对腹地区域产生的影响效应。
- 能客观分析我国对外贸易新格局。

素养目标：

- 增强在新时期对新知识、新技能的应变能力和创新能力，全面辩证地看待我国当前的对外贸易形势。
- 增强对宏观经济环境对临空经济的影响的分析、判断能力。

情境引入

临空经济的发展融合地方产业经济布局，从而推动地方产业结构的优化，机场特殊的地理位置既有对外运输的便捷，也存在着连接腹地经济不畅的困境，因此临空经济的发展一定不是孤立的，要根据地方城市发展战略和区域产业链供应链特征，突出地方重点主导型产业，带动辅助型产业，成为地方完善产业布局的重要部分。当前区域经济效应凸显，产业链格局向区域化、多元化转型，稳定供应链更是需要全链条服务，机场应该利用其环境资源，发展临空制造业、临空现代化服务业、临空商业贸易，小型临空CBD，聚焦物流、制造、商务会议、休闲等多种功能，打造“通道＋门户枢纽＋网络”的现代化航空物流生态圈。以深圳地区为例，目前深圳高新技术产业实现的产值占城市GDP的比重已超过60％，与航空物流高度契合的高新技术产业占城市GDP的比重已超过34％。另据不完全统计，全国近70％的跨境电商企业集聚华南地区，而这些科技含量高、体积小、价值大的货品其运输方式主要依赖于航空物流，如此发达的腹地经济资源优势，如此旺盛的航空运输市场需求，临空经济的规划一定要与其契合：一是完善基础设施交通网络布局，二是建设小型临空高新技术园区，三是完善临空商务配套设施，四是争取地方税收优惠、补贴政策的倾斜，五是提升机场的数字化、智慧化建设水平。

思考：深圳为什么能依托临空经济实现发展？

提示：感知临空经济对腹地经济的推动作用。

学习任务一　临空经济区对腹地经济影响的理论

随着全球经济一体化的不断深入，全球范围内人员、信息、物资等要素交流上升到前所未有的高度。提高交流效率、减少时间成本，成为全球化参与者获取核心竞争力的重要手段，大力发展航空经济成为各国共识。伴随全球航空运输业的爆发式发展，机场及其周边形成了多种产业集聚区，又称临空经济区。临空经济区不仅有助于推动航空业与其他产业的互动融合发展，而且能通过自身的辐射和溢出效应，拉动腹地区域经济的发展，是区域重要的增长极。因此，世界各国政府都非常重视临空经济区的建设和发展，临空经济区在全球呈现快速发展态势。目前，我国临空经济正处于快速发展的关键阶段，发展环境不断改善，已有 80 余个临空经济区处于运营或规划建设阶段，并初步建立起等级体系。临空经济区建设对我国各腹地区域参与全球价值链分工、打造本地核心竞争力以及经济社会全面发展，均具有重要意义。同时，共建“一带一路”倡议使我国对外开放呈现新格局，为各地尤其是中西部地区临空经济的发展提供了大好机遇。

截至 2020 年 12 月 31 日，全国通用机场为 340 个。数据显示：A 类通用机场仅有 127 个，占比 37.4%，同比增长 30 个，增长率 30.9%；B 类通用机场 212 个，占比 62.4%，同比增长 67 个，增长率 46.2%。

截至 2023 年底，全国在册管理的通用机场数量已达到 449 个，其中 A 类通用机场 163 个。这一数据的增长，不仅彰显了我国通用航空基础设施建设的加速推进，也体现了通用航空在经济社会发展中的重要地位日益凸显。截至 2023 年底，我国获得通用航空经营许可证的传统通用航空企业数量已达到 690 家，比上年底净增 29 家①。截至 2024 年 12 月底，全国在册管理的通用机场数量达到 475 个（见图 7－1），较 2023 年的 449 个增加了 26 个，增长率达 6%，其中，A 类通用机场 172 个②。

① 《2023 年民航行业发展统计公报》。

② 中国民用航空局发布《2024 年民航行业发展统计公报》，http://www.caac.gov.cn/XXGK/XXGK/TJSJ/202505/t20250515_227513.html.

表 7-1　2024 年底全国通用机场数量分布表

地区	通用机场数量（个）
新疆地区	18
中南地区	113
西南地区	33
西北地区	23
华东地区	112
华北地区	67
东北地区	109

从数据来看，各地区通用机场数量分布极不均衡，存在明显的“头部集中”现象。其中，中南地区（113 个）和华东地区（112 个）为绝对核心，两大区域通用机场总数达 225 个，占全国 475 个通用机场总量的 47.4%，接近一半，中南地区在 2024 年通用机场数量新增 18 个，增速明显，至此成为全国通用机场数量最多的地区；紧随其后的是东北地区（109 个），数量与前两大区域差距较小，三大区域合计占比超 70%。而其余地区数量明显偏低，呈梯度递减趋势：华北地区（67 个）为第三梯队；西南地区（33 个）、西北地区（23 个）、新疆地区（18 个）为第四梯队，尤其是新疆地区数量最少，反映出通用机场建设的“非均衡性”特征①。值得一提的是，2024 年西藏拉萨朋康直升机场建成，填补了西藏自治区通用机场的空白，至此我国所有省级行政区均有了通用机场。

一、腹地与腹地经济理论

腹地通常指的是一个国家、地区或者城市的内陆区域。它是与海岸线或边境相距较远的地区，通常被认为是远离边境、相对安全、较为稳定的区域。腹地通常具有以下特点：一是内陆位置，腹地位于国家或地区的内陆，远离边境和海岸线。二是交通便利，腹地通常通过陆路、水路、铁路或者航空等交通方式与外界相连，使得货物、人员和信息能够顺利流通。三是农业和资源丰富，由于腹地远离边境，通常拥有较大的土地资源和农业发展潜力，同时也可能拥有丰富的矿产资源。四是具有良好的经济发展机会，腹地地区因为相对较为安全和稳定，通常有利于吸引投资和经济活动的开展，为国家或地区经济增长提供重要支持。

腹地经济理论是区域经济学中的一个重要概念，它强调了中心城市或经济区与其周边地区之间的紧密联系和相互依存关系。临空经济区作为一种特殊的经济区域，其与腹地之间的关系可以从以下几个方面进行解释：

（一）支撑与服务

临空经济区为腹地提供先进的技术、优质的服务以及高附加值的产品。例如，临空

① 中国通用机场研究中心 .2024 年全国通用机场数据简报。

经济区内的高端制造业、现代服务业等产业，能够生产出具有高科技含量和高附加值的产品，这些产品不仅满足临空经济区自身的需求，还通过各种渠道输送到腹地，促进腹地经济的发展。同时，临空经济区的物流、金融、信息等服务业也向腹地延伸，为腹地企业提供便捷的服务，提升腹地企业的竞争力。

腹地则为临空经济区提供了必要的支持性基本要素禀赋，如能源、劳动力、原材料和初级产品等。没有腹地的资源和市场支持，临空经济区的发展将受到严重制约。例如，临空经济区内的企业需要大量的原材料和劳动力，这些往往来自腹地；同时，腹地也为临空经济区的产品提供了广阔的销售市场。

（二）空间布局与协同发展

从空间布局上看，临空经济区通常位于交通枢纽附近，如机场周边，而腹地则围绕临空经济区展开。这种布局有利于充分发挥临空经济区的辐射带动作用，促进区域经济的协调发展。例如，临空经济区可以通过建设快速交通网络，加强与腹地的联系，实现人流、物流、资金流和信息流的快速流动。

临空经济区与腹地在产业发展上可以实现协同。临空经济区可以重点发展航空运输业、高端制造业和现代服务业等临空指向性强的产业，而腹地则可以根据自身的资源禀赋和产业基础，发展与临空经济区相配套的产业。例如，腹地可以发展农产品加工、机械制造、电子信息等产业，为临空经济区提供原材料和零部件；同时，临空经济区生产的产品也可以通过腹地的销售渠道进入更广阔的市场。

（三）动态互动与持续发展

临空经济区与腹地之间的关系是动态变化的。随着临空经济区的发展，其对腹地的影响力会不断增强，从而推动腹地经济的发展。同时，腹地经济的发展也会反过来促进临空经济区的发展，形成良性循环。例如，腹地经济的发展可以提高当地居民的收入水平，增加对临空经济区产品和服务的需求；而临空经济区的发展可以为腹地提供更多的就业机会和创业平台，促进腹地的产业升级和转型。

为了实现临空经济区与腹地的持续发展，需要加强政策引导和规划协调。政府应制定相应的政策措施，鼓励临空经济区与腹地之间的合作与交流，促进资源的共享和优化配置。同时，还应加强对临空经济区和腹地的规划管理，避免无序开发和恶性竞争，确保区域经济的可持续发展。

二、增长极理论

增长极理论是由法国经济学家弗朗索瓦·佩鲁于1950年首次提出的。该理论是西方区域经济学中经济区域观念的基石，也是不平衡发展论的依据之一。20世纪40年代末至50年代，西方经济学家关于一国经济平衡增长抑或不平衡增长的大论战催生了增长极理论。增长极理论认为，一个国家或区域的经济增长通常是从某些特定的“增长中心”开始，然后逐渐向其他部门或地区扩散。这些增长中心可以是某个城市、工业园区或者某个产业集群，它们因为具有特定的优势（如资源丰富、交通便利、技术先进等），能够吸引企业和资本的集聚，从而形成经济增长的“极”。增长极通过其辐射效应带动周边地区的经济发展，实现整个国家或区域的经济提升。增长极理论的核心要点包括：

（1）区位经济。当相关联的经济活动集中在一定的地理空间时，可以通过共享资源、技术和市场来提高效率和降低成本，从而获得综合经济效益。

（2）规模经济。随着生产规模的扩大，单位产品的成本会下降，企业能够实现更高的利润和竞争力。

（3）外部经济。企业的集聚可以带来正面的外部效应，如知识溢出、技术交流和专业化服务的提升等。增长极理论认为，区域性开发中更多地依靠增长极理论，可以通过“最有效地规划配置增长极并通过其推进工业的机制”的开发目标进行战略决策，依靠政府或主导部门在某些地区培育形成具有生产、贸易及辐射能力的经济中心，再由这些增长极带动片区全面发展。

根据增长极理论，区域经济的发展主要依靠条件较好的少数地区和少数产业带动，应把少数区位条件好的地区和少数条件好的产业培育成经济增长极。通过增长极的极化和扩散效应，影响和带动周边地区经济发展。临空经济区是以机场为地理中心，沿交通线向外发散式扩张而形成的经济区。它依托大型机场，通过航空制造活动、航空运输行为以及利用机场的产业聚集效应，促使相关生产、技术、资本、信息、贸易及人口等生产要素向机场周边地区集中，形成高端产业集聚的区域。增长极理论为临空经济区的发展提供了理论支撑，即通过打造以机场为核心的增长极，吸引优质资源和产业向该区域集聚，进而带动区域经济的发展。增长极理论强调产业的聚集效应，这与临空经济区的发展特点高度契合。临空经济区以机场为中心，吸引了航空物流、航空维修、电子信息、生物医药、会展商务等高端产业集聚。这些产业的发展不仅能够促进临空经济区自身的经济增长，还能够通过产业链的延伸和辐射，带动周边地区相关产业的发展。增长极理论认为，增长极的形成和发展能够推动产业结构的升级和转型。临空经济区作为新的增长极，通常会引入先进的技术和管理经验，促进区域内企业的技术创新和管理创新，从而提高整个区域的产业竞争力。例如，一些临空经济区积极发展高新技术产业、现代服务业等新兴产业，推动了区域经济的转型升级。增长极理论强调区域空间结构的优化，通过培育增长极来带动周边地区的发展。临空经济区的建设通常是区域空间布局的重要组成部分，其发展能够优化区域的空间结构，提高区域的整体发展水平。例如，一些地区将临空经济区作为城市发展的重要战略支点，通过加强基础设施建设、优化营商环境等措施，吸引优质企业和项目入驻，推动区域经济的发展。临空经济区的发展不仅能够带动自身经济增长，还能够通过与周边地区的协同合作，实现区域经济的共同发展。增长极理论中的扩散效应指出，增长极在发展到一定阶段后，会将其影响力向周围地区扩散，促进周边地区的经济增长。临空经济区可以通过与周边地区的产业协作、资源共享等方式，实现区域协同发展，提高区域的整体竞争力。

三、区位理论

区位理论是解释临空经济区形成和发展的重要理论之一，它强调地理位置和空间布局对经济活动的影响。德国学者韦伯建立了古典区位理论，在古典区位理论中特别强调区位级差地租和运输成本对工业区位选择的影响，在识别最主要影响因素的同时，将影响工业区位的最主要因素分为区域性因素和聚集因素，分析了这两种因素如何对具体企业产生集聚与分散作用，最终形成产业空间布局。该理论指出，工厂选址行为会受到原料、市场、技术指向、资金供给等因素影响。其后的社会学派重点强调政府干预区域经济的发展，突出了社会经济因素的作用，格外强调政府引导政策的实施对区位趋势影响的作用。

临空经济区通常位于机场周边地区，这是因为机场作为航空运输的枢纽，具有强大的人流、物流、资金流和信息流的聚集能力。这种地理位置的优势使得临空经济区能够便捷地连接国内外市场，吸引高端产业和人才集聚。临空经济区是陆空转运点，是航空枢纽巨大影响力的产物，因其临近航空枢纽的优越地理区位，是具有临空指向性的高技术高附加值企业、产业的最优选择。区位理论强调交通可达性对经济活动的影响。临空经济区紧邻机场，拥有便捷的航空运输条件，能够实现快速的货物和人员流动。这对于发展临空指向性强的产业，如航空物流、高新技术产业等至关重要。例如，上海虹桥临空经济园区依托虹桥国际机场，集高新技术产业、都市型工业等于一体。机场对周围地区的辐射能力强，带动了周边房地产业的发展。临空经济区内的产业往往具有高度的关联性和互补性，通过产业集聚可以产生规模经济和范围经济效应。区位理论认为，企业倾向于选择在产业集聚的地区进行投资和生产，以降低交易成本、提高生产效率。例如，郑州航空港经济综合实验区以新郑国际机场附近的新郑综合保税区为核心，形成了航空物流、高端制造、现代服务等产业集群，成为区域经济发展的重要增长极。区位理论还关注空间布局的合理性。临空经济区在空间布局上通常呈现出圈层结构，即以机场为中心，向外依次布局不同的产业和功能区。这种布局有利于充分发挥机场的辐射带动作用，实现资源的优化配置。

四、产业集聚理论

产业集聚理论是指在特定区域内，相互关联的企业和机构在地理上集中的现象。这种集中可以带来规模经济、范围经济和协同效应，从而提高企业的竞争力和创新能力。临空经济区是以机场为核心，依托航空运输的优势，吸引相关产业在周边地区集聚而形成的经济区域。产业集聚理论由马歇尔提出，韦伯、胡佛等学者对其进行了不断的完善和扩展。马歇尔通过研究工业组织生产要素发现，企业为追求劳动力市场及中间品规模经济、技术扩散及信息成本最低而产生集聚。随后，韦伯从资源配置的角度提出“区位因子”的概念，并给出了衡量这些影响工厂选址的区位因子的计算公式和标准。胡佛在韦伯的研究基础上，进一步细化运输成本，提出了重点区位论和转运点区位论，认为企业集聚的主要原因是企业内部规模报酬及本地化经济，并且在企业集聚过程中存在一个最佳规模，集聚规模过低达不到最佳外部效应，集聚企业过多的话又会因为拥挤而使整体效应降低。

临空经济区内的产业往往具有高度的关联性和互补性。例如，航空物流业的发展需要电子信息技术的支持，同时也为电子信息产品的运输提供了便利。现代服务业如金融、会展等也为临空经济区内的其他产业提供了配套服务，促进了产业的协同发展。临空经济区自我强化的集聚能力吸引了大量航空相关企业。随着大量企业在临空经济区的集中，企业之间的合作和交流更加频繁，形成了规模经济和范围经济。例如，北京首都机场临空经济区聚集了大量的世界知名企业，这些企业通过共享资源、技术和市场信息，降低了生产成本，提高了生产效率。产业集聚促进了企业之间的竞争和创新。在临空经济区内，企业为了获得竞争优势，不断进行技术创新和管理创新。同时，企业之间的紧密联系也有利于知识和技术的扩散，推动了整个区域的产业升级和创新能力的提升。

政府的政策支持在临空经济区的发展过程中起到了重要作用。政府可以通过提供优惠政策、改善基础设施、优化营商环境等方式，吸引企业和投资向临空经济区集聚。例如，国家发展和改革委员会、中国民用航空局联合印发了《关于临空经济示范区建设发展的指导意见》，从国家层面规范和支持了临空经济区的规划和建设。临空经济区的发展不仅促进了自身产业的集聚和发展，还对周边地区的经济发展产生了辐射和带动作用。临空经济区内的企业通过产业链的延伸和供应链的优化，与周边地区的企业形成了紧密的经济联系，推动了区域经济的整体发展。

综上所述，产业集聚理论为理解临空经济区的形成和发展提供了重要的理论框架。临空经济区凭借其独特的地理位置、产业关联性、规模经济与范围经济、创新与竞争以及政府政策支持等优势，成为区域经济发展的重要引擎。

学习任务二　临空经济区对腹地区域产生的影响效应

临空经济区对区域经济影响有两个主要方向：一是探讨分析机场运输与区域经济发展之间的关联性；二是研究机场对区域经济发展的带动作用。

产业效应指临空经济区内的主导产业（高新技术产业、精密仪器制造产业、物流产业等）通过自身发展，逐步积累优势，从而辐射扩散影响腹地区域上下游产业的发展。这一效应可以显著地增强腹地区域的竞争力，带动腹地区域经济增长及产业结构优化。

区域经济与临空经济是相互依托的关系，临空经济的发展可以促进区域经济的发展，与此同时，区域经济发达的地区也有高品质的民航运输需求，相互依托、相互带动，一线城市的临空经济起步较早，辐射经济发展面积较大，甚至可以带动整个城市及邻近区域城市的经济共融，如上海虹桥临空经济示范区，其带动的不仅是上海，且辐射长三角，还有深圳机场，在新的发展形势下被赋予了新的使命，相继被定位为空港型国家物流枢纽、航空物流枢纽等，是粤港澳大湾区航空物流产业链供应链的重要服务平台。

新冠疫情对全球航空业造成巨大冲击，全球航空业经历了史无前例的困难和挑战。

居危思变，为适应新的发展阶段，构建新发展格局，在新的形势下可以看到，一是国内航空市场韧性更足，区域经济发展迅速，与之配套的航空运输需求旺盛；二是国际国内航空货运市场需求持续增长，国内逐渐形成了以京津冀、长三角、粤港澳大湾区、成渝等机场群为核心的航空货运网络，国际货邮运输量逐年上升；三是国家政策支持力度增强，“十三五”“十四五”期间，相继出台了多项促进航空物流、通用航空等的政策，持续优化企业的营商环境。在良好的政策支持，优化的资源配置、合理的枢纽布局、完善的基础设施等关键因素下，临空经济发展机遇和挑战并存，特色与创新共进。以成都典型特色临空经济建设为例，2022 年 3 月 15 日，中国民航局正式发布《关于加快成渝世界级机场群建设的指导意见》，加快构建成都“两场一体”运营体系，拟到 2035 年成渝世界级机场群全面建成，以民航科技创新示范区、中国民航飞行学院为依托，成都临空经济突出了民航科技创新的特色，并延伸上、下游的产业链，形成以民航关键技术领域科研、验证、测试、评估一体化航空电子产业体系。

临空经济区对腹地区域产生的经济效应主要体现在以下几个方面：

一、产业集聚效应

临空经济区以机场为核心，通常会吸引航空物流、高端制造、高新技术等产业集聚发展。这些产业的兴起会带动相关配套产业的发展，形成产业链条，促进区域内产业结构的优化和经济的增长。例如，航空物流业的发展需要运输、仓储、配送等多个环节的协同配合，从而带动了物流设备制造、物流信息服务等相关产业的发展。在临空经济区内，相关产业往往会聚集在一起，形成产业集群。这种集中发展的模式有助于企业之间的合作与竞争，激发创新活力，提高整体竞争力。同时，产业集群的形成也有助于吸引更多的投资和人才流入，进一步扩大产业规模。

随着临空经济区内主导产业的发展，与这些产业相关的腹地区域的上下游产业也逐步同临空产业形成紧密的产业合作关系。参照临空经济区结构将产业链分为航空直接相关产业链、人文服务产业链和物流加工产业链三类，但这种合作关系并不足以改变这些关联产业原有的产业布局。虽然临空经济区对腹地区域的上下游关联产业也具有很强的吸引力，但限于临空经济区较高的准入门槛，腹地区域的关联产业通常并不会在经济区内布局，加之腹地区域的关联产业对时间因素相对不十分敏感，因此从产业链视角上，临空经济区产业对腹地区域产业形成了产出效应。有研究人员以长沙市航空运输与临空产业的关系为研究对象，构建了航空运输与临空工业主导产业的系统动力学模型，测得 2001—2009 年长沙航空运输和临空工业主导产业对 GDP 的贡献超过 12 万亿元，衡量了临空产业溢出效应的影响程度，同时阐述了航空运输与临空产业通过乘数效应对国民经济增长产生影响的作用机制。

二、基础设施改善效应

为了支持临空经济区的发展，通常需要完善交通网络和基础设施建设。这包括道路、轨道交通、通信设施等的建设和升级，有助于提高整个区域的基础设施水平，为经济发展奠定基础。一是交通网络建设。临空经济区的发展需要高效便捷的交通网络支撑，因此会促进机场、高速公路、城市快速路等交通设施的建设和改善。这些交通网络的完善不仅提高了物流效率，还为整个区域的经济发展提供了便利条件。二是市政基础设施建设。随着临空经济区的发展，相关的市政基础设施如供水、供电、通信等也会得到相应的提升。这有助于提高整个区域的基础设施水平，为居民和企业提供更好的生产和生活环境。三是生态环保设施建设。临空经济区在发展过程中，通常会注重环境保护和可持续发展。通过实施绿色发展理念，推动清洁能源和低碳技术的应用，可以提高整个区域的生态环境质量。四是公共服务设施完善。随着临空经济区的兴起，对教育、医疗、文化等公共服务设施的需求也会增加。这促进了公共服务设施的完善和提升，进一步推动了区域内生活质量的提高。

三、人才聚集和就业创造效应

一方面，临空经济区的发展需要大量专业人才，包括管理人才、技术人才等。临空经济区通常以机场为核心，发展航空物流、高端制造、高新技术等产业。这些产业对人才的需求较为特殊，需要大量具备专业技能和创新能力的高端人才。这些人才的聚集将提升区域的人力资本水平，促进创新创业活动，进一步推动经济发展。另一方面，临空经济区的发展将带来大量的就业机会，吸引了大量求职者。这些就业机会不仅涉及直接从事生产的岗位，还包括管理、研发、服务等多个领域，有助于提高当地居民的收入水平和生活质量。同时，临空经济区的企业也会与高校、科研机构等合作，共同培养和吸引人才，形成产学研一体化的人才培育体系。临空经济区作为经济发展的新引擎，通常会注重创新创业环境的营造。通过提供创业孵化基地、创新创业政策支持等措施，吸引有创业意愿的人才前来发展，进一步推动创新型经济的发展。临空经济区作为重要的交通枢纽和对外开放窗口，可以吸引国际人才前来工作和交流。这些国际人才的引入不仅带来了新的技术和管理经验，还促进了跨文化交流和国际合作。

四、区域品牌效应

临空经济区的建设往往伴随着形象的塑造和品牌的推广。临空经济区以机场为核心，吸引了航空物流、高端制造、高新技术等产业聚集。这些产业的发展和壮大进一步提升了整个区域的品牌形象和实力，形成了良好的品牌效应。通过打造具有特色和竞争力的区域品牌，可以提升整个区域的知名度和美誉度，吸引更多的投资和人才流入，提升区域的经济地位和知名度。临空经济区可以与周边城市或地区进行品牌合作，形成互动互补的区域品牌联合。这种联合有助于提升整个区域的品牌影响力，增强区域整体的市场竞争力。通过打造具有特色和竞争力的区域品牌，进一步吸引投资和人才流入。临空经济区作为重要的交通枢纽和对外开放窗口，促进了文化的交流和融合。通过文化活动、旅游推广等方式，可以将区域品牌形象传播到更广泛的范围，提升区域的文化软实力。临空经济区的发展需要注重产品和服务的品质保障。通过提供高质量的产品服务和完善的售后保障，可以使消费者建立信任感，提高忠诚度，进一步增强区域品牌的市场竞争力。

学以致用

通过阅读教材，查询资料，分析首都临空经济区对北京经济发展产生的效应。

学习任务三　我国对外贸易新格局

新中国成立以来，我国对外贸易作为连接国内经济和世界经济的纽带，发生了翻天覆地的变化，取得了举世瞩目的成就。对外贸易实现历史性跨越，“引进来”和“走出去”齐头并进，区域经贸合作持续推进，成功实现从封闭半封闭到全方位开放的伟大转折，形成了全方位、多层次、宽领域的全面开放新格局。党的十八大以来，我国稳步推进贸易强国建设，着力优化营商环境，加快实施自由贸易区战略，积极促进“一带一路”国际合作，我国正以更加开放的心态、更加自信的步伐融入世界经济。

一、多元化外贸新格局

外贸多元化包括外贸种类、方式、主体和市场的多元化，对于打造多元稳定的国际经贸关系、抵御外贸风险、促进外贸高质量发展起到重要作用。我国高度重视外贸多元化发展格局建设，致力于外贸体制改革，通过外贸转型升级和“一带一路”建设，大大促进了外贸多元化。从贸易种类看，服务贸易和货物贸易都获得长足发展，“中国服务”逐渐崭露头角；从贸易方式看，一般贸易比重上升，加工贸易转型升级趋势增强，跨境电商、市场采购贸易、保税仓等新兴贸易方式不断涌现；从贸易主体看，民营企业、外资企业和国有企业共同发展的格局不断形成；从贸易市场看，随着共建“一带一路”倡议的深化，新兴市场在我国对外贸易体系中的地位不断上升，且增长迅猛，降低了我国对发达国家市场的依赖程度，提升了抗国际风险能力。近年来东盟已经成为我国最大贸易伙伴，对其他发展中国家的贸易增速也显著高于发达国家。

我国在促进货物贸易的同时，积极推动服务贸易共同发展，出台跨境服务贸易负面清单，推动服务业对外开放，高水平打造服务外包示范城市和特色服务出口基地，扶持一批优质高效的服务贸易出口企业，提升在数字技术领域、高等教育、知识产权使用、金融科技、生态环保、休闲养老、智慧医疗、高端旅游等领域的服务贸易水平，打造一批国际服务品牌，让中国制造和中国服务交相辉映。积极发挥服贸会等平台作用，精准对接供给侧和需求侧，扩大服务贸易出口规模，提升服务贸易质量，减少服务贸易逆差，提升我国服务贸易竞争力。

促进民营外贸企业发展，着力解决民营外贸企业多元化发展中的痼疾，加大财税金融扶持力度。灵活运用“免征、抵扣、退税”相结合的出口退税措施，简化退税流程，为民营企业提供及时退税服务。强化对民营外贸企业在技术改造升级、国际市场开拓等方面的专项资金扶持。开发支持民营外贸企业的多元融资产品，探索以应收账款、出口退税单据、境外资产、股权等担保的企业融资方式，加大出口信贷保险对民营外贸企业的支持力度，解决其融资难问题。发挥行业组织作用，帮助民营企业应对国际贸易摩擦，积极应诉，依法保障自身经济利益。

促进多种形态贸易方式发展。推动加工贸易转型升级，推动加工贸易向中西部梯次转移，建好国家级加工贸易产业园，创新区域合作和产业对接机制，促进加工贸易从组装加工向上下游产业链延伸。推动一般贸易发展，强化新贸易方式对一般贸易的推动作用，强化跨境电子商务、市场采购贸易、海外仓、外贸综合服务企业带动贸易发展的功能，促进新型易货贸易和离岸贸易发展，通过多元化贸易方式增强贸易活力。

加大对新兴经济体市场贸易开拓。在巩固稳定发达国家市场的同时，积极开拓发展中国家市场。深化金砖国家合作机制、上合组织合作机制，扩大对中亚、中东、拉美、非洲等区域的贸易拓展，稳定与升级东盟国家供应链产业链贸易网络，以投资合作和对外承包工程建设带动出口增长和结构升级。

二、国内国际双循环相互促进

习近平总书记于2020年7月在吉林考察时指出："当今世界正经历百年未有之大变局，我国发展的内部条件和外部环境正在发生深刻复杂变化。"我国所处贸易环境更是如此，暗流涌动，全球贸易保护主义、单边主义抬头，新冠疫情更使全球经济遭受重创，从生产资料供应、资本供给和终端消费需求等方面对全球产业链产生巨大冲击和社会影响，同时也加大了我国经济企稳的难度和不确定性。为了应对疫情及国际贸易和投资萎靡的情况，2020年7月30日召开的中共中央政治局会议在分析研究当前经济形势并部署下半年经济工作时特别强调，应"加快形成以国内大循环为主体、国内国际双循环相互促进的新发展格局"。

国内国际双循环是我国应对国内外环境变化、推动经济高质量发展的重大战略谋划。这一战略不仅强调国内市场的主体作用，还注重国际市场的开放与合作，旨在形成内外市场相互促进的新发展格局。

（一）优化国内大循环

一是通过提升居民收入水平、完善社会保障体系等措施，增强消费能力，释放消费潜力，扩大内需。二是产业升级，推动制造业向高端化、智能化、绿色化转型，提升产业链供应链现代化水平。三是实施区域重大战略，促进东中西部和城乡区域协调发展，形成优势互补的区域经济布局，促进区域协调发展。

（二）提升国际循环质量

一是推动商品和要素流动型开放向制度型开放转变，吸收借鉴国际成熟市场经济制度经验，提高对外开放水平。二是培育跨境电商、数字贸易等新业态新模式，适应全球服务贸易发展趋势，推动贸易创新发展。三是深化国际合作，加强与"一带一路"共建国家的合作，推动共建"一带一路"高质量发展。

（三）强化内外联通互动

一是对标国际高标准经贸规则，完善国内法规和治理体系，优化营商环境。二是推进资本、技术、人才等要素跨境流通的自由化和便利化，吸引国际先进生产要素。三是推动企业国际化经营，鼓励企业“走出去”，参与国际竞争与合作，提升国际竞争力。

（四）构建新发展动能

一是加强创新驱动，促进科技创新和人才培养，推动关键核心技术突破，增强自主创新能力。二是加快数字化发展，建设数字中国，打造数字经济新优势。例如，在临空经济发展过程中，将数字技术广泛应用于管理服务，推动流程再造和模式优化。加强公共数据开放共享，提高数字化服务效能。三是推动绿色低碳发展，促进人与自然和谐共生，实现可持续发展。

三、建设高质量的进出口贸易体系

开放已成为经济社会发展的共识，唯有对外开放、相互合作，方能在当今无法回避的全球一体化趋势中取得共赢。但当前世界经济不稳定、不确定的风险因素时刻存在，且风险系数大有增强之势，因而建设高质量的贸易体系、增强进出口贸易体系的抗风险能力成为我国双循环新发展格局下的不二选择。

（一）充分发挥我国互联网经济优势，积极推进跨境电子商务发展

近年来，我国互联网经济获得了长足发展，国内电商市场竞争激烈，跨境电商发展也进入了快车道，但仍有很大空间，缺乏具有竞争力的全球性电商企业。值得欣喜的是，互联网基础设施的更新升级和全球性物流网络的建立完善，为我国跨境电商的全球化发展提供了基础和保障。与此同时，党中央和国务院对跨境电商发展予以积极的政策支持，将促进跨境电商视为带动产业升级、打造新增长点的重要抓手，以释放市场活力、牵引产业升级为核心思路，出台跨境电商发展的鼓励和支持措施。毋庸置疑，跨境电商发展越快，在我国进出口贸易中扮演的角色也会越来越重要。

（二）加快进出口贸易平台建设，增强国际市场影响力

良好的进出口贸易平台是降低贸易成本、提高贸易效率、促进国内外交易的基础和保障，拥有良好的平台即意味着事半功倍的开始。党的十八大以来，我国致力于构建开放型经济新体制，先后举办中国国际进口博览会、组建亚洲基础设施投资银行以及成立丝路基金等平台，为我国进出口贸易搭建舞台、提供新方案，应该说取得了斐然的成绩，给世人带来惊喜、给国人带来实惠。在新的历史时期，积极打造新的贸易平台、提升我国对外贸易的国际竞争力是应对当前我国所处国际贸易环境的组合工具之一。对内，应积极深化自由贸易试验区改革，总结经验、拓展试验范畴，逐渐建成我国各具特色的对外开放高地；对外，应加快外贸转型基地建设，完善国家级会展平台，提升参与国际市场竞争的能力。

（三）重点构建对外开放新格局，提升我国经贸合作能力

开放带来进步，以开放促改革、以开放促发展，因而实施更大范围、更宽领域、更深层次的全面开放成为当下构建对外开放新格局、建设更高水平开放型经济新体制的重要举措。为此，应在积极推进“一带一路”建设的基础上，总结过往，提出新方案，拓展对外贸易，培育新型贸易模式和业态，促进对外贸易创新，促进国内外产能合作，形成面向全球的贸易、投融资、生产和服务网络，从而增强我国对外贸易能力。

四、优化与我国进出口贸易体系相适应的规则体系

坚持互利共赢的开放战略，是进一步推进我国进出口贸易不断发展的基本原则，因而立足国情，全面对接国际高标准市场规则体系成为我国进出口贸易高质量发展的必然。

（一）不断完善和实施公平竞争保护制度

公平竞争是市场得以有效运行的基础，唯有公平竞争方能保障市场在资源配置中的决定性作用，实现自由贸易。这对于无论是外贸还是内贸来说皆然。然而，当前国际贸易环境并非公平合理，以强凌弱、弱肉强食，更有将经济贸易政治化者大行其道，因而应在坚持对等、互利原则的基础上完善和实施公平竞争保护制度。但国际贸易中的公平竞争保护制度并非仅局限于反垄断法和反不正当竞争法，更包含负面清单、不可靠实体清单以及信用监管等在内能够维护市场公平竞争的制度措施，唯有双管齐下、综合治理方能更加有效地维护进出口贸易的公平竞争秩序。

（二）不断完善和实施知识产权保护制度

随着现代科技的发展和运用，知识经济的底色和属性越来越明显；与此同时，知识经济的发展改变了知识产权在经济社会中的地位。知识产权日渐成为现代国际贸易的核心要素，企业也越来越主动地寻求知识产权的保护，与之相应的是，国际贸易纠纷或摩擦也越来越多地伴随着知识产权争端。知识产权意味着创新，是企业智慧成果的集中体现，对其予以保护理所当然。但知识产权保护和任何其他财产权利保护一样应当有度，尤其是知识产权保护成为贸易谈判的重要组成部分时更应审慎，即既不对侵犯知识产权的行为漠不关心，也不应过度保护、形成垄断，其结果都是不利于创新和社会发展，因而应在市场化、法治化原则的基础上完善和实施知识产权保护。

（三）不断完善和实施国家安全保护制度

我国致力于建设更高水平开放型经济新体制，已经形成全方位对外开放格局，但与之相伴的是各种国家安全问题日益凸显、日趋复杂，由传统的国防安全不断拓展到政治安全、经济安全、文化安全、信息安全等领域。就当前贸易环境和发展趋势来看，互联网、数据等领域的安全保护，理应受到特别重视。随着计算机和互联网技术的迅猛发展和广泛应用，互联网在带来便捷、效率的同时也潜藏危机和风险，对国家安全造成潜在威胁或直接损害。数据也是如此，数据被视为信息时代的石油，不管何种贸易都离不开相关数据。而数据不仅关系到国家安全，也连接着个人安危，因而对其依法予以保护是必然也非常必要。我国颁布的《网络安全法》使得互联网不再是法外之地，《数据安全法》保障了在充分利用数据的同时如何保障数据安全。此外，《出口管制法》也是维护国家安全和利益的重要依据，在出口贸易中应当予以重视。

五、健全高水平的进出口贸易体系保障机制

（一）完善法律法规体系

（1）加快制定和完善与国际贸易相关的法律法规，确保贸易活动的合法性和规范性。

（2）加强知识产权保护，为创新和贸易发展提供坚实的法律保障。

（二）优化贸易结构

（1）推动货物贸易优化升级，创新服务贸易发展机制，以数字贸易和跨境电商为重点，培育贸易新动能。

（2）大力发展高质量、高技术、高附加值产品贸易，提高出口产品的质量和竞争力。

（三）提升贸易便利化水平

（1）深化通关一体化改革，推进口岸提效降费，提升贸易投资便利化水平。

（2）加快智能海关和电子政务建设，简化单证，优化流程，提高通关效率。

（四）加强区域合作与开放

（1）实施自贸试验区提升战略，鼓励首创性、集成式探索，推动全产业链创新发展。

（2）加快建设海南自由贸易港，初步建立具有中国特色的自由贸易港政策和制度体系。

（3）加大各类开放创新平台制度性改革创新，全面提升对外合作能力。

（五）促进贸易与双向投资有效互动

（1）持续放宽外资市场准入，鼓励外资投向新兴产业、高新技术、节能环保、现代服务业等领域。

（2）深化国际产能和装备制造合作，培育一批产业定位清晰、发展前景好的境外经贸合作区。

（六）推进贸易与环境协调发展

（1）发展绿色贸易，严格控制高污染、高耗能产品进出口。

（2）鼓励企业进行绿色设计和制造，构建绿色技术支撑体系和供应链。

（七）培育新业态和新动能

（1）推进跨境电子商务综合试验区建设，复制推广成熟经验做法。

（2）提升贸易数字化水平，形成以数据驱动为核心、以平台为支撑、以商产融合为主线的数字化、网络化、智能化发展模式。

（八）加强国际合作与交流

（1）积极参与全球经济治理体系改革，维护以世贸组织为核心的多边贸易体制权威性。

（2）扩大面向全球的高标准自由贸易区网络，推动共建“一带一路”高质量发展。

（九）强化风险防控与安全保障

（1）健全贸易风险防控机制，加强对外贸易摩擦应对。

（2）统筹开放和安全，健全反制裁、反干涉、反“长臂管辖”机制，完善涉外国家安全机制。

（十）提升政府服务效能

（1）建立健全促进外贸发展的组织领导体制和工作机制，加强部门协同和上下联动。

（2）提升政府服务效能，为企业提供更加便捷、高效的政务服务。

综上所述，健全高水平的进出口贸易体系保障机制需要多方面的努力和措施。通过以上措施的实施，可以不断提升我国进出口贸易体系的保障能力和水平，推动我国经济高质量发展。

六、区域经贸合作持续推进

新中国成立以来，特别是改革开放以来，我国和世界各国积极发展经贸关系，合作的形式和内容不断深化，有力地促进了多双边关系稳定健康发展，实现了互利共赢。

“一带一路”建设取得丰硕成果。自2013年提出共建“一带一路”倡议以来，我国坚持“共商、共建、共享”的基本原则和“和平合作、开放包容、互学互鉴、互利共赢”的丝路精神，与“一带一路”相关国家和地区合作行动计划稳步推进，经贸合作领域不断拓宽，贸易投资方式不断创新，贸易畅通取得积极进展，为各参与方的经济发展注入了新活力。“一带一路”正在成为我国参与全球开放合作、改善全球经济治理体系、促进全球共同发展繁荣、推动构建人类命运共同体的中国方案。

2013年到2022年，我国与“一带一路”沿线国家货物贸易额从1.04万亿美元扩大到2.07万亿美元，年均增长8%。在投资方面，2013年到2022年，我国与沿线国家双向投资累计超过2 700亿美元，截至2022年底，我国企业在沿线国家建设的境外经贸合作区累计投资达571.3亿美元，为当地创造了42.1万个就业岗位[①]。

自贸区网络加快建设。经济全球化、贸易自由化是世界经济发展的大趋势，商签自贸协定是各国推进贸易投资自由化、便利化，促进经济增长的重要工具。据世贸组织统计，截至2022年，已经有大约420个区域贸易协定签署并生效。其中大多数是国际自由贸易协定，或称自由贸易协定，它们对全球贸易体系的演变作出了重大贡献。2022年是《区域全面经济伙伴关系协定》（RCEP）全面生效的一年。2022年1月1日，RCEP对已核准的10个国家正式生效。作为全球最大的自由贸易协定，RCEP是一个

① 我国与“一带一路”沿线国家货物贸易额十年年均增长8%. https://www.gov.cn/xinwen/2023-03/02/content_5744191.htm.

全面、现代、高质量和互惠的自贸协定。中国自贸“朋友圈”不断扩大，截至2025年8月，中国已与30个国家和地区签署了23个自贸协定。

2023年，中国和RCEP其他14个成员国进出口额达到12.6万亿元人民币，比2021年协定生效之前增长了5.3%。其中，中国对RCEP其他成员国出口增长了16.6%，比同期中国对全球出口增速高4.6个百分点①。

推动与有关国家的自贸区建设，是我国扩大对外开放、建设开放型世界经济的重要内容。我国把自由贸易区建设上升为国家战略，提出了建设立足周边、辐射“一带一路”、面向全球的高标准自由贸易区网络，自由贸易区建设不断加速发展，布局逐步完善。我国未来也将继续积极推进实施自由贸易区战略，不断提升对外开放水平。

（一）与新兴市场的紧密合作

海关总署2023年9月公布的统计数据显示，2023年前8个月，我国持续扩大与新兴市场的贸易规模，区域合作紧密、贸易多元共进的国际市场布局继续优化。

2023年6月29日至7月2日，以“共谋发展、共享未来”为主题的第三届中非经贸博览会在湖南长沙成功举办。本届博览会共签约项目120个、金额103亿美元。发布99个对接合作项目、金额87亿美元，其中11个非洲国家发布74个对接项目，数量为历届之最。34项合作成果集中发布，涵盖研究报告、标准规范、声明倡议等八大类，首次发布中非贸易指数，再次发布中非经贸关系报告。博览会上，供需对接踊跃，合作洽谈火热，从农产品贸易、基础设施建设到电子商务、航空航天、绿色发展等，中非合作不断向全方位、多层次、高质量发展。通过博览会，我们看到，中国坚持高水平对外开放，深度参与全球产业分工和合作，维护多元稳定的国际经济格局和经贸关系。2013年到2023年这十年来，中非双方秉持互利共赢、开放包容心态，顺应时代潮流和各自发展需要共商合作大计，推动中非务实合作走深走实，为全球开放合作、共同发展贡献新动能。

（二）与“一带一路”共建国家的合作

2023年海关统计显示，前8个月，我国对152个“一带一路”共建国家进出口12.62万亿元，同比增长3.6%，占我国外贸规模的比重为46.6%。其中，对东盟进出口4.11万亿元，增长1.6%；对中亚五国进出口3 904.7亿元，增长34.1%。共建“一带一路”倡议提出以来，我国“一带一路”合作伙伴不断增多，经贸领域务实合作持续深化。2023年前8个月，我国对“一带一路”共建国家进出口增速高出整体3.7个百分点，对我国外贸形成1.6个百分点的拉动。

高质量共建“一带一路”是中国推进高水平对外开放的战略举措和顶层设计，已经成为新时代中国打造全方位对外开放格局的一面旗帜。共建“一带一路”倡议在推动中国形成更大范围、更宽领域、更深层次对外开放格局的同时，也引导经济全球化朝着更加开放、包容、普惠、平衡、共赢的方向发展。共建“一带一路”倡议源于中国，但机

---

①　中国已与29个国家和地区签署22个自贸协定. http://fta.mofcom.gov.cn/article/rcep/rcepgfgd/202401/55126_1.html.

会和成果属于世界。自 2013 年共建“一带一路”倡议提出以来，无论是基础设施的“硬联通”，还是规则标准的“软联通”，抑或是共建国家人民的“心联通”，都将“一带一路”成功地打造成为中国高水平对外开放的实践平台、深受共建国家欢迎的国际公共产品和合作平台。

十年来，政策沟通广泛深入，已成为共建“一带一路”走深走实的制度基础。中国主动推进制度型开放，与国际组织、共建国家形成了政策沟通的良好机制，推动了发展战略的有效对接，提升了国内各领域的开放水平，拓展了对外开放的合作空间。截至 2023 年 9 月，中国已经与 150 多个国家和 30 多个国际组织在贸易投资、金融合作、民生交流等多个领域签署 230 余份共建“一带一路”合作文件，形成了 3 000 多个合作项目，“一带一路”合作从亚欧大陆延伸到非洲和拉美，提升了与共建国家经贸联系的强度、合作范围的广度以及合作内容的深度。

十年来，设施联通初具规模，已成为共建“一带一路”互联互通的硬件支撑。共建“一带一路”倡议提出以来，中国采取多种举措不断优化“一带一路”互联互通的格局，完善陆、海、天、网“四位一体”互联互通的布局、“六廊六路多国多港”互联互通的架构，夯实陆上丝绸之路，拓展海上丝绸之路，建设空中丝绸之路，开辟冰上丝绸之路，构建了全方位、多层次、复合型的互联互通网络。人畅其行、物畅其流从愿景变为现实，为共建国家注入了发展动能，激发了合作活力，铺就了通往繁荣的幸福之路。

十年来，贸易畅通便捷高效，为深化“一带一路”务实合作开辟广阔空间。伴随共建国家基础设施建设的不断完善、营商环境的不断优化，共建“一带一路”国家间的贸易自由化便利化水平得以不断提升，进博会、服贸会、广交会、消博会和投洽会等重大贸易展会已成为我国与全球共享巨大国内市场的重要平台。中国主动推进加入 CPTPP（全面与进步跨太平洋，伙伴关系协定）、DEPA（数字经济伙伴关系协定）等高标准国际经贸规则与协定，不断推进双边及多边自由贸易协定，基本形成了覆盖共建“一带一路”国家、面向全球的高标准自由贸易区网络格局。

十年来，资金融通日益多元，已成为“一带一路”建设可持续发展的重要保证。在政策沟通的基础上，中国已建设集政策性、开放性、商业性和合作性于一体的共建“一带一路”投融资平台，包括中国进出口银行和国家开发银行、亚洲基础设施投资银行等政策性金融机构、丝路基金等数十只基金，为“一带一路”重大项目提供了金融支撑。十年来中国与共建国家双向投资累计超过 3 800 亿美元，共建“一带一路”已开展 3 000 多个合作项目，拉动近万亿美元投资规模。中国与共建国家金融监管合作不断加强，金融合作机制日益健全，共同应对金融风险的能力不断提高。

十年来，民心相通基础稳固，已在“一带一路”共建国家间架起了命运与共的桥梁纽带。通过共建，中国在教育、科学、文化、体育、旅游等领域打造了一批“小而美”的民生工程，为共建国家创造了超过 42 万个就业岗位，带动 4 000 万人摆脱贫困，推动全球和“一带一路”国家贸易增长 6.2%和 9.7%，收入水平整体提升 2.9%。中国在共建国家开办 23 个鲁班工坊，为这些国家培养了一大批青年职业技术人才，成就了当地青年的成才梦想。共建“一带一路”是中国高水平开放经验的有益输出，为共建国家铺就了通民心、达民意、惠民生的繁荣之路、幸福之路，是目前解决世界发展难题行之有效的中国方案，赢得了国际社会的高度认可。

未来，在加快构建新发展格局过程中，我们需要进一步协同推进高水平对外开放与高质量共建“一带一路”。

一是要凝聚共识，深化国际合作。始终坚持以共同发展为宗旨，深入挖掘不同国家发展战略的交叉点、不同领域利益的契合点，与共建国家协同创新，共同推动新兴领域国际规则的制定与完善；通过高层交流、市场化合作和多维度对话等形式制定出一套既符合共建各国发展需要，又能满足广大民众诉求及切实可行的发展规划，制定更为清晰的“一带一路”国家多双边政策体系。在民心相通的基础上充分发挥民间交流的桥梁作用，鼓励民营企业积极参与共建“一带一路”，拓展海外业务，推动各类资本的跨国流动，进一步在单边主义、保护主义抬头的国际背景下打通国际大循环。

二是要战略衔接，优化区域布局。加强共建“一带一路”同我国的区域协调发展重大战略的有效衔接，在有利于国内区域开放结构与布局优化的基础上进一步提高国内大循环的辐射范围。将京津冀、长三角与粤港澳大湾区等重点区域打造成高质量共建“一带一路”的门户枢纽，基于这些区域的发展优势，更深层次地激励具有较强空间外溢效应的地区发挥引领和带动作用，与区域内其他省份或周边省份构成一种产业优势互补的整体发展模式。

三是要夯实平台，释放市场活力。一方面要继续巩固基础建设、产能合作等“硬联通”平台，兼顾传统基建项目和新型基建项目，加深加固基础设施互联互通的根基。另一方面要加强构建规则标准、管理资质等“软联通”平台，将我国与共建“一带一路”国家的沟通交流制度化、规范化和常态化，在保障各国主权与安全的前提下继续深化贸易、融资等领域标准务实合作，推进货物自由流动和要素资源优化配置，打通国内国际双循环。

四是要创新包容，培育新的合作增长点。构建创新包容的合作机制，既是扎实推进“一带一路”共建的关键所在，也是加强国内大循环的主体地位，通过加快国际循环提高国内大循环质量与水平的有效路径。以“一带一路”产能国际合作为目标，以产业链的延伸为主线，提高“一带一路”科技型合作区的比重，引导境外合作区的企业在技术研发、产品开发、产品制造、产品质量等不断提升发展水平，促进中国与共建“一带一路”国家的产业链从中低端向中高端转变。

扩大开放是当代中国的鲜明标识，共建“一带一路”倡议是中国深化开放的重要举措。2013 年来，共建“一带一路”从谋篇布局的“大写意”发展为精谨细腻的“工笔画”，取得了举世瞩目的成就，积累了一批可供不同国家借鉴的开放发展经验。通过共建“一带一路”，中国对外开放的大门越开越大，未来，通过协同推进更高水平对外开放与高质量共建“一带一路”，开放型世界经济将更好惠及各国人民。

推动区域经贸持续合作是促进地区经济发展、增强区域竞争力的关键。以下是一些具体的措施和建议：

1. 深化自由贸易协定

（1）优化关税政策：通过进一步降低关税壁垒，促进区域内商品的自由流通。例如，RCEP已经取消了90%以上货物贸易的关税，这有助于降低企业成本，提高产品竞争力。

（2）简化海关程序：实施更加高效的通关流程，减少贸易成本和时间延误。例如，通过建立电子清关系统，实现文件的快速处理和信息的实时共享。

（3）统一原产地规则：确保原产地规则的统一和透明，以便企业能够更容易地享受到关税优惠，从而促进区域内贸易的增长。

2. 加强基础设施建设

（1）交通物流网络：投资于铁路、公路、港口等基础设施的建设，提高区域内的互联互通水平。例如，中老铁路的建设不仅促进了中国与老挝之间的贸易，也为区域内其他国家提供了更多的物流选择。

（2）数字基础设施：发展高速互联网和数据中心，支持数字经济的发展，为区域内企业提供更好的在线服务和交易平台。

3. 促进产业合作

（1）产业链供应链整合：鼓励区域内企业之间的合作，形成更紧密的产业链和供应链关系。例如，通过共建产业园区，吸引不同国家的企业共同参与，实现资源共享和优势互补。

（2）技术和创新合作：建立联合研发中心和技术转移平台，促进区域内的技术创新和知识共享。例如，中国科学院曼谷创新合作中心就是推动中国与东盟国家在科技创新方面合作的一个例子。

4. 扩大市场准入

（1）服务业开放：推动服务业市场的开放，允许更多的外资进入金融、教育、医疗等领域。这不仅有助于提升服务质量，也能吸引更多的投资。

（2）政府采购透明度：提高政府采购的透明度和公平性，为区域内企业提供更多的商机。例如，通过公开招标和采购信息，确保所有企业都能公平竞争。

5. 加强金融合作

（1）跨境支付便利化：推动区域内跨境支付系统的建设和改进，降低交易成本，提高支付效率。例如，通过数字货币的应用，可以进一步提高跨境支付的速度和安全性。

（2）金融监管合作：加强区域内金融监管机构之间的合作，共同应对金融市场的风险和挑战。例如，通过信息共享和联合监管，可以更好地防范金融风险。

6. 推动可持续发展

（1）绿色经济合作：鼓励区域内企业在环保技术、可再生能源等领域的合作。例如，通过共同开发绿色项目，如太阳能发电站和风力发电场，促进可持续发展。

（2）社会责任投资：推动企业履行社会责任，关注环境保护和社会福祉。例如，通过社会责任投资基金，支持那些在环境保护和社会公益方面表现突出的企业。

7. 强化人文交流

（1）文化教育合作：加强区域内的文化和教育交流，增进人民之间的相互了解和友谊。例如，通过学生交换项目和文化交流活动，加深彼此的认识和理解。

（2）旅游合作：开发跨国旅游线路和产品，吸引更多的国际游客。例如，通过联合营销和推广活动，提升区域内旅游目的地的知名度和吸引力。

总的来说，上述措施的实施，可以有效推动区域经贸合作的持续发展，促进区域内经济的繁荣和社会的进步。同时，这些措施的实施也需要各国政府、企业和社会各界的共同努力和支持。

七、政策支持

外贸是国民经济的重要组成部分，推动外贸稳规模优结构，对稳增长稳就业、构建新发展格局、推动高质量发展具有重要支撑作用。为全面贯彻落实党的二十大精神，更大力度推动外贸稳规模优结构，确保实现进出口促稳提质目标任务，2023 年 4 月，国务院颁布了《国务院办公厅关于推动外贸稳规模优结构的意见》。

意见的主要内容包括：

（1）贸易运行机制：强化贸易促进和市场开拓，确保外贸稳定增长。

（2）产品结构优化：提升出口产品质量，增强国际竞争力。

（3）贸易伙伴多元化：加强与新兴市场的合作，拓展国际市场。

（4）贸易方式创新：鼓励跨境电商等新型贸易模式，提高贸易效率。

（5）贸易数字化：推动数字技术在贸易中的应用，促进贸易便利化。

（6）服务贸易发展：扩大服务贸易规模，提升服务贸易质量。

（7）贸易风险防范：建立风险预警和应对机制，保障贸易安全。

（8）贸易政策协调：加强国内外贸易政策的沟通和协调，营造良好的贸易环境。

这些措施旨在促进外贸的稳定增长和结构优化，提高我国在国际贸易中的竞争力和影响力。

学以致用

“双循环”新发展格局并不是要忽视国际市场，更不是要关起门来搞发展，之所以强调“以国内大循环为主体”，实际是要通过发挥内需潜力来更好地联通国内国际两个市场，从而更好地实现高质量发展。如何理解上述观点？

学习任务四　临空经济推动对外贸易高质量发展

临空经济区是构建新发展格局的重要战略支撑，具有链接区域资源、辐射国际市场的优势，能够产生枢纽经济、门户经济、流量经济三大经济效应。此外，临空经济区、自贸试验区和综合保税区在空间和政策上的“三区叠加”，能够使资源在全球范围内进行配置，这对于内陆城市来说尤为重要。

一、优化产业结构

临空经济区通常以机场为核心，优先发展航空物流、高端制造、高新技术等产业。

这些产业通常具有高附加值、高技术含量的特点，有助于提升整体产业结构的水平。临空经济区的发展可以吸引相关产业聚集，形成产业集群。这种集聚效应不仅有利于降低企业的生产成本，还能促进企业之间的合作与竞争，推动产业的技术进步和创新。临空经济区的建设和发展需要大量的技术和人才支持，这促使当地企业加大研发投入，提高自主创新能力。同时，临空经济区的发展也为当地企业提供了更多的市场机会和合作平台，推动企业向更高端的产业链环节发展。临空经济区的发展为新兴产业的培育提供了良好的土壤。例如，随着跨境电商的快速发展，临空经济区可以依托自身的优势，大力发展与跨境电商相关的物流、金融、信息等配套产业，进一步丰富和完善当地的产业结构。临空经济区的发展可以带动周边地区的产业发展，形成区域性的产业协同效应。通过优化区域产业布局，可以实现资源的合理配置和优势互补，进一步提升整个区域的经济实力和竞争力。

二、提升交通网络效率

临空经济区的建设和发展需要高效便捷的交通网络支撑，因此会优先投资建设现代化的交通基础设施，如机场、高速公路、城市快速路等。这些设施的建设和改善有助于提高物流效率，降低贸易成本，促进区域经济的互联互通。临空经济区通常会采用先进的交通组织方式，如智能交通系统、绿色出行模式等，以提高交通运输效率。通过优化交通组织方式，可以减少拥堵现象，缩短货物和人员的运输时间，提高整体的交通效率。临空经济区在发展过程中会引入智能技术，如物联网、大数据、人工智能等，以提升交通管理和服务的水平。这些技术可以实现实时监测、精准调度和优化决策，进一步提高交通网络的效率和可靠性。临空经济区作为重要的交通枢纽和对外开放窗口，可以加强与国际市场的合作与交流。通过扩大开放合作，可以借鉴国际先进的交通管理经验和技术，提升自身交通网络的效率和服务水平。临空经济区的发展可以带动多种运输方式的联动发展，形成多式联运体系。这种体系可以充分发挥各种运输方式的优势，实现资源的合理配置和优势互补，进一步提升整体的交通效率。

三、培育国际化企业

临空经济区可以吸引跨国公司和国际企业入驻，培育具有国际竞争力的企业。这些企业通过参与国际分工和合作，有助于提升我国在国际贸易中的地位和影响力。临空经济区作为重要的交通枢纽和对外开放窗口，为企业提供了国际化的平台。企业可以依托临空经济区的优势，加强与国际市场的合作与交流，提升自身的国际竞争力。临空经济区通常会出台一系列优惠政策和措施，吸引跨国公司和国际企业入驻。同时，临空经济区也会提供优质的营商环境和服务，为企业的成长和发展提供有力支持。临空经济区聚集了大量的高新技术企业和研发机构，这些机构在技术创新方面具有较强的实力。企业可以通过与这些机构合作，加强技术创新和研发能力，提高自身在国际市场上的竞争地位。临空经济区可以帮助企业提升品牌形象和知名度，扩大市场份额。通过参与国内外展会、商务活动等，企业可以展示自身的产品和服务，拓展市场渠道，进一步走向国际市场。临空经济区的发展需要大量的高端人才和技术人才支持，这促使企业加大人才引进和培养力度。通过与高校、科研机构等合作，企业可以引进和培养具有国际视野和专业能力的人才，进一步提升自身的国际化水平。

四、加强国际合作与交流

临空经济区作为重要的交通枢纽和对外开放窗口，可以加强与国际市场的合作与交流。通过扩大开放合作，促进技术引进和创新，提高对外贸易的竞争力。临空经济区作为空间节点，能够连接世界各地的航空网络，形成覆盖广泛的交通连接方式。这种空间的节点概念使得空中丝路不仅连接大陆、沟通海洋，还能在天空中架起合作的桥梁。举办国际会议和峰会也是加强国际合作与交流的重要渠道。例如，空中丝绸之路国际合作峰会等，这些峰会聚集了国家部委、国际组织、驻华使节、企业代表等，为各方提供了交流合作的平台。通过这些会议，可以探讨航空业复苏、国际合作、绿色和数字等专题，促进行业热点问题的交流和解决。建议国内航空产业链上下游企业在整合资源的基础上集约式、链条式抱团出海，形成综合竞争优势，增强全球供应链的控制力，加快提升中国行业话语的国际影响力。这种高层次的合作有助于提升整个产业的国际竞争力。签署战略合作协议是加强国际合作与交流的重要手段。例如：北京大兴国际机场临空经济区管理委员会与中国航空器材集团有限公司等单位签署战略合作协议，共同助力民航业高质量发展。这样的合作有助于推动技术创新和产业集群的形成，进一步提升服务质量和效率。此外，临空经济还能推进技术和创新的应用。例如，与中国科学院空天信息创新研究院合作，共同推进“北斗导航应用联合创新实验室”的建设，围绕北斗导航技术在航空领域的创新应用展开深度合作。这种科技合作有助于推动航空技术的革新和应用。临空经济区聚集了大量的高新技术企业和研发机构，这些机构在技术创新方面具有较强的实力。通过加强技术创新和研发能力，可以提高出口产品的质量和技术水平，推动对外贸易的高质量发展。

五、促进区域协同发展

临空经济区的发展可以带动周边地区的经济发展，形成产业集群和产业链条。通过区域协同发展，可以实现资源共享、优势互补，进一步提升对外贸易的整体竞争力。

区域经济发展为临空经济区发展提供支持和保障的同时，临空经济区也对区域经济的发展起着促进或制约作用。一方面，临空经济区加快了区域经济增长，推动了区域产业结构升级，加速了区际生产要素流动和贸易往来，优化了城市空间资源配置，改善了投资环境，塑造了城市品牌，提升了城市在全球经济体系中地位。另一方面，当区域的产业结构发展到以临空产业为主时，如果机场及相关功能设施和临空经济区的功能不能满足航空运输的需求，势必会影响区域对外贸易的发展和经济要素的快速流动，制约区域经济发展；而且，有无功能强大的现代化机场及邻近地区，是否配备有完善的辅助功能设施也是判断一个城市投资环境优劣和城市形象好坏的重要标准。

临空经济区对城市和区域经济发展的影响不仅仅体现在规模和数量上，更重要的是在结构与质量上。临空经济区作为城市的新产业区，吸引了大量的人流、物流、资金流、信息流等生产要素的不断聚集，其发展不仅为区域经济发展带来了有形资本的增长，也带来如城市形象、城市地位等无形资本的增长。

临空经济区发展对区域经济增长的贡献，主要是通过区内航空运输业及相关临空产业与关联产业间的前向、后向和侧向联系，发挥区域乘数效应带来区域就业或生产的增长实现的。这种直接经济效应和间接经济效应主要体现在刺激与航空运输业相关服务的增长，带动临空产业的发展，为相关产业创造就业机会，增加区域工业产值等方面。

直接经济效应包括临空经济区内创造的就业机会和工业产值。临空经济区内包括机场、物流园、商务区、出口加工基地等多个功能区，能带来临空经济区内就业人口、工资和服务业的增加，当地税收的增加和基础设施的增加，新企业的衍生、集聚和扩散等。

间接经济效应包括临空经济区通过前、后、侧向产业联系发挥经济辐射和扩散作用，带动区外其他产业发展和区域整体经济的增长。临空经济区需要金融、邮电、通讯、餐饮等行业提供服务，从而带动了第三产业的发展；临空经济区的物流园、工业园和旅游、会展等产业的发展，必然会促进一系列与航空运输业间接相关部门的生产，从而带动整个城市和区域经济的发展；相关产业的发展创造了大量就业机会和经济效益，就业人口用其收入去购买消费品和投资，又会在更大范围内推动区域经济的发展。

临空经济区的乘数效应是指通过临空经济区的生产值增加而反映出来的区域经济收入的变化和经济影响。主要表现在两个方面：一是表现在临空经济区本身的乘数效应，二是与临空经济区相关产业的乘数效应。临空经济区的乘数效应可以用来衡量临空经济区的经济增长在区域经济系统中，通过初次分配和再分配的循环周转给城市和区域的社会经济发展带来的增值效益和连带促进作用的程度。

学习任务五 宏观经济政策推动临空经济的发展

“十三五”期间，临空经济不断被纳入国家、行业的重大规划当中，临空经济扮演着越来越重要的角色。

2016 年 12 月，经国务院批复，国家发展和改革委员会正式发布《促进中部地区崛起“十三五”规划》，临空经济首次被列入国家区域功能性平台，说明临空经济在建设国家级新区、促进区域经济发展和推动区域经济转型中将发挥至关重要的作用。

2020 年 1 月 3 日，民航局印发了《中国民航四型机场建设行动纲要（2020—2035 年）》，明确指出要“积极鼓励和引导临空经济发展”“打造‘机场＋’生态圈”，以机场为核心的临空经济区已成为全球经济要素资源重新组合的“战略节点”。

《重庆临空经济示范区建设实施方案（2022—2025 年）》提出，到 2025 年，临空经济示范区地区生产总值达到 1 000 亿元，临空产业占地区生产总值比重超过 50%，进出口总额达到 2 000 亿元。

吉林省人民政府办公厅于 2023 年 6 月印发《支持长春临空经济示范区建设的若干举措》。其中提出，支持示范区适时建设保税物流中心（B型），积极推动海关、机场等相关单位早日批复。支持分阶段推进综合保税区、自贸内陆港等开放平台建设。支持示范区建设服务东北亚地区的航空物流基地，重点发展冷链物流、航空快递等航空货运模式，加快培育冷鲜产品航空运输、专业化生物医疗冷链航空运输等高端临空服务业。

宏观经济政策可以通过多种方式推动临空经济的发展，主要包括以下几个方面：

一、加大基础设施建设投入

政府可以加大对机场及周边交通基础设施的建设投入，提升机场的运营效率和服务水平。这包括扩建跑道、增加航站楼、改善交通连接等措施，以适应日益增长的客货运输需求。政府鼓励加大临空经济区基础设施建设投入的政策主要包括以下几个方面：一是支持国际航空枢纽建设。政府提出要建设世界一流的国际航空枢纽，这涉及推进“客货并举”策略，以及实施“再造国门”计划，旨在提升机场的客货运输能力和服务质量。二是推动区港一体化发展。政府强调临空经济区与机场的一体化发展，这意味着要充分利用机场资源，推动临空经济区与机场的协同发展，提升整体运营效率和经济效益。三是发展重点功能区。政府计划推动包括国际生命健康社区、国际航空社区、综合保税区和非保物流区、国际会展、国际消费等在内的重点功能区的土地开发和建设，这些措施将有助于完善临空经济区的基础设施和服务功能。四是鼓励地方建设临空经济区。政府鼓励包括武汉、南昌、合肥、太原等地建设临空经济区，以发挥这些区域在对外开放中的重要作用，并通过政策支持加快相关建设进程。

二、提供税收优惠和财政支持

政府可以为临空经济区内的企业提供税收减免、投资补贴等优惠政策，吸引国内外企业入驻，促进产业集群的形成。为临空经济提供税收优惠和财政支持的宏观经济政策包括以下几个方面：一是产业支持政策。政府针对特定行业如生命健康、航空服务保障等，提供了一系列支持措施，包括鼓励企业入区发展、集聚发展特定产业、金融领域开放发展等。二是财政奖补。对于在特定领域如新一代电子信息技术、高端智能装备等领域的知名企业，政府依据标准给予产业发展奖补资金支持，以吸引企业总部落地，打造总部经济基地。三是一次性资金补贴。鼓励企业扩大规模和关键技术攻关，对新增产能、扩大投资等行为，按照实际投入资金额度、营业收入等标准给予一次性资金补贴。四是规划与预算协调。加强财政预算与规划实施的衔接协调，确保临空经济区的规划建设得到充分的财政支持。五是重大项目推进。谋划并推进一批重大项目，为临空经济区的实施提供有力的财政和政策支撑。

三、优化营商环境

通过简化行政审批流程、提高行政效率、加强知识产权保护等措施，营造一个国际化、法治化、便利化的营商环境，吸引更多的投资和人才。

政府可以制定相关政策，鼓励和支持航空物流、高端制造、现代服务业等产业与临空经济的融合发展，形成产业链条和协同效应。制定和实施针对航空物流、高端制造、现代服务业等产业的优惠政策，包括税收减免、财政补贴、土地使用优惠等，以降低企业的运营成本和提升投资吸引力。加大对交通、通信、物流等基础设施建设的投资，提高临空经济区的连通性和服务水平，为航空物流等产业的发展提供便利条件。鼓励和支持企业进行技术创新和研发，通过技术进步提升产业竞争力和效率，促进航空物流等产业与临空经济的深度融合。建立产业链协同机制，促进航空物流、高端制造、现代服务业等产业之间的信息共享、资源共享和市场共享，提升整体效益。

四、增强临空经济发展的内生动力

政府可以通过签订双边或多边协议、参与国际组织等方式，加强与其他国家和地区在航空领域的合作与交流，拓展临空经济的发展空间。一是可以出台完善相应的法律法规，从法治层面明确临空经济区的管理体制、法律地位、权力责任，以法治手段推动临空经济区的建设发展。二是深化“放管服”改革。支持临空区深化“放管服”改革，即简政放权、放管结合、优化服务，创新体制机制，优化营商环境，促进产业集聚。三是提升投资建设便利度。优化再造投资项目前期审批流程，如项目可行性研究、用地预审等，实行项目单位编报一套材料，政府部门统一受理、同步评估、同步审批、统一反馈，加快项目落地。同时，优化全国投资项目在线审批监管平台审批流程，实现批复文件等在线打印。四是增强发展内生动力。通过以上措施，政府旨在更大地激发市场活力，增强临空经济区的发展内生动力。

五、实施区域协调发展战略

政府可以制定和实施区域协调发展战略，推动临空经济区与周边地区的协同发展，形成更大范围的经济效应。

临空经济区制定和实施区域协调发展战略的关键在于确保区域政策、资源分配、产业发展和基础设施建设等方面的协调一致。具体的方法如下：

（一）建立高效的沟通协调机制

设立跨区域协调小组或委员会，负责区域内各行政区划间的沟通与合作。定期召开协调会议，讨论区域发展计划、重大项目建设、产业布局等议题。

（二）制定统一的区域规划

编制包含整个临空经济区及周边地区的总体规划，明确各地区的角色、功能定位和发展方向。规划中要注重空间布局、土地利用、环境保护和交通网络的合理配置。

（三）优化产业布局

根据各地的资源禀赋和优势产业，合理划分产业聚集区，避免重复建设和无序竞争。鼓励产业链上下游企业在同一区域内集聚，形成产业集群。

（四）完善区域内交通网络

加强临空经济区内外部的交通联系，提高区域内的物流效率。推动交通基础设施互联互通，如高速公路、城际轨道交通、机场联络线等。

（五）共享公共服务和资源

在教育、医疗、文化等公共服务领域实现资源共享，提高服务效率和水平。推动信息平台建设，实现数据共享和业务协同。

（六）推动政策一体化

在税收、金融、土地使用等方面制定相互衔接的政策，为企业提供稳定的营商环境。实施区域内统一的市场监管和公共服务标准。

（七）强化环境保护和生态建设

共同制定环境保护规划，实施跨界污染治理和生态修复项目。推动绿色发展理念，探索可持续发展模式。建立人才共享机制，推动高层次人才在区域内流动。支持技术合作和创新平台建设，共享科研成果。设立区域发展基金，支持重大产业项目和基础设施建设。推动金融机构加大对区域内项目的信贷支持。

拓展阅读

政策利好！长春新区临空经济发展再迎新机遇

2023年6月5日，吉林省人民政府办公厅印发《支持长春临空经济示范区建设的若干举措》，省级一揽子政策利好落地长春临空经济示范区。

长春临空经济示范区相关负责人表示，将以利好政策释放为契机，沿着新时代经济的“蓝天赛道”，进一步扩大自身开放优势、产业优势和区域的功能政策优势，乘势而上构筑国际一流营商环境，蓄势打造对外开放的新支点、汇聚区域发展新动能，开启示范区发展建设新征程。

2020年7月，长春临空经济示范区获国家发展改革委、民航局批复设立。两年来，一批重点项目和重大功能性项目稳步推进，核心区“七横三纵”路网体系基本形成，通车总里程85千米，饮马河两岸实现连通；龙泽湖生态景观工程全面开工；中军天信国际文旅主题乐园、吉林体院空港新校区等48个产业项目取得积极进展；以保税物流中心（B型）为代表的一批临空指向型项目加快推进，为示范区下一步发展奠定坚实基础。

省政府此次出台的《支持长春临空经济示范区建设的若干举措》，围绕加快重点平台建设、完善交通运输体系、支持重点产业发展、推进创新能力建设、深化体制机制改革、强化绿色低碳发展、加强要素保障等七方面内容，明确提出了“支持示范区围绕智能交通装备制造、生物疫苗、航空物流、现代服务业等重点产业，构建高质量临空经济产业集群。加快推进物流保税区、临空制造区、商业文化区、教育科研区、商务会展区和生态农业区等六大功能区建设，形成具有竞争力、影响力的区域产业发展廊带”，充分体现了省委、省政府对示范区发展建设的高度关注和大力支持，也为示范区未来发展锚定了主航道。

2023年，长春临空经济示范区按照“三区一枢纽”的国家赋能定位，深入落实省市“一主六双”“长春振兴突破三年行动”等重要战略部署，按照新区高质量发展三年行动计划，融入“一区引领、三片支撑、十园联动”整体布局，聚合饮马河及支流水系等“山、水、田、城”资源禀赋，紧扣临空经济园区和智慧文旅园区临空片区建设，构建“一脉双翼”的发展格局，勠力实现“三位一体”“三生共融”集聚发展。汇聚龙嘉国际机场辐射作用，构筑多式联运的立体综合交通网络。以新区“管委会+园区+公司”管理体制为支撑，在生态、产业、交通等方面深度融合，创建共建共管共享模式，打好区域分工协作和错位发展“组合拳”，在打造高质量发展示范区标杆中，实现争先进位，全力建成国际一流的现代化临空经济示范区。

完善基础设施，全面提高区域承载力。进一步推动龙泽大街、盛港大街等区域主干道及泾河街、凤凰路等配套道路建设。丹霞大桥等区域桥梁实现通车。新港大街高速口联络道、云水街下穿高速等重要节点顺利打通。紧盯轨道交通空港线一期工程，确保如期完工。全力推进龙泽湖项目，重点加强水系治理、堤岸、绿化园林景观建设，打造城市核心区形象。强化枢纽地位，加快推进国际空港建设。积极沟通争取第五航权及144或72小时过境免签政策。积极对接药品进口分仓需求，提前谋划申报口岸功能平台，全面提升对外开放水平。培育主导产业，全力提升经济支撑能力。持续做大做强航空运输业；做精做细先进制造业，打造新区“药谷”承接地；做优做活现代服务业，以优质主题乐园落位聚力形成区域虹吸效应。

本章练习

一、简答题

1. 什么是腹地区域？
2. 什么是增长极理论？
3. 什么是区位理论？
4. 什么是产业效应？
5. 什么是产业集聚理论？

二、论述题

1. 临空经济区对腹地区域产生的影响效应表现在哪些方面？
2. 宏观经济政策怎样推动临空经济的发展？

三、案例分析题

2023年以来，各地各单位深入实施“地瓜经济”提能升级“一号开放工程”，立足宁波特色优势、发挥示范引领作用，不断深化创新型实践，形成了一批好经验好做法。在全省首批“一号开放工程”最佳实践案例评选中，宁波临空经济示范区管委会的“临空经济＋自贸区创新联动——打造国际开放枢纽新平台”和宁波海关的“‘三度工作法’服务新能源汽车出口，海关力量支持宁波打造万亿级‘新能源汽车之城’”两个项目成功入选。

宁波临空经济示范区管委会贯彻落实“地瓜经济”提能升级“一号开放工程”，围绕宁波国际开放枢纽之都建设，聚焦开放平台提能升级，通过“临空经济＋自贸创新”联动，打造国际开放枢纽新平台。

2023年上半年，宁波空港实现航班起降4.82万架次，同比增长82.41%；完成旅客吞吐量619.76万人次，同比增长116.43%；完成货邮吞吐量5.88万吨，同比增长46.57%，各项指标均达到历史同期最高水平。陆续开通3条美洲第五航权货运航线、浙江首条欧洲第五航权全货机航线，稳定运营第五航权航线达4条。开通迪拜全货机航线，围绕《区域全面经济伙伴关系协定》(RCEP) 新增、加密泰国曼谷、越南河内、菲律宾马尼拉等东南亚方向全货机航线，聚焦航班始发机制运输能力，大力串联宁波、日本、迪拜、东南亚、美洲和欧洲货运航线，国际货运航线达到9条，已初步构建起横跨欧美亚三大经济区国际货运航线网络，并形成枢纽辐射作用，带动区域经济发展。

2023年上半年，综试区空港园区完成跨境电商进出口总额66亿元，同比增长6倍，完成进出口业务1 919.2万票，同比增长25.9倍。超过40家企业在宁波国际生鲜枢纽港平台开展生鲜贸易、加工、配送等业务。平台进口各类生鲜货品3 600吨，同比增长40.7倍；进出口生鲜货值2.69亿元，同比增长92倍，业务爆发式增长。宁波空港逐步从“运输港”向“贸易港”转型。

通过推动贸易便利化经验复制与模式创新，推出“即到即办”通关模式、跨境电商绿色通道、进口生鲜“快速送检绿色通道”等3个监管创新模式。实现马尼拉跨境电商出口专线由原先的每周3班加密至5班；欧洲全货机出口跨境电商货物占比将逐步提升至70%以上。宁波空港口岸生鲜货物通关时效与鲜活类产品存活率均处于全国空港口岸前列，进口生鲜货物从原有的龙虾、青蟹、樱桃等新增至现有的黄鳝、榴莲、金枪鱼等20余个品类，极大地扩充了华东地区高端生鲜市场供给，有效满足了宁波本地及周边地区居民的高品质消费需求。

分析：宁波是怎样利用“临空经济＋自贸创新”联动新模式，打造国际开放枢纽新平台的？

课堂实训

[实训名称] 利用腹地经济原理来解释临空经济现象。

[实训目的] 进行头脑风暴式的训练，通过课堂讨论，训练自己的逻辑思维，学会

利用腹地经济原理，分析临空经济现象。

［课前准备］查询资料。

［实训内容］学生分组，讨论以下问题：

我国为什么要大力发展临空经济区？它对周边的腹地能带来哪些发展优势？

企业实际案例

海关大力支持企业获得 AEO 认证，提升市场竞争优势 ——以北京鹏远新和国际物流有限公司为例

一、AEO 认证概述

AEO 是 Authorized Economic Operator 的简称，即“经认证的经营者”。AEO 制度是世界海关组织倡导的通过海关对信用状况、守法程度和安全水平较高的企业实施认证，对通过认证的企业给予优惠通关便利的一项制度。不同海关之间，可以通过 AEO 互认制度相互给予对方的 AEO 企业优惠便利措施，从而显著提升两国企业跨境通关效率，压缩通关时间，降低贸易成本。截至 2025 年 3 月，中国已经与新加坡、欧盟、南非等 31 个经济体签署 AEO 互认协议，覆盖 57 个国家（地区），互认国家（地区）数量稳居世界首位。据统计，2021 年全国进出口企业注册登记和备案数量有 160 万家左右，高级认证企业共有 4 281 家，全国 AEO 高级认证企业只占总进出口企业的 0.26%。

二、中国海关总署大力推广 AEO 认证

（一）政策制定与完善

1. 增加便利措施

2024 年 4 月 16 日，海关总署发布通知，在原有管理措施基础上，向高级认证企业（AEO 企业）推出 4 个方面 17 项措施，包括降低检验检疫监管频次、降低企业进出口成本、提升便利措施智能水平、提升精准服务企业水平等，进一步助力企业提升经营效率、降低贸易成本、激发经营主体活力。

2. 优化认证体系

海关将 AEO 国际规则与国内信用体系建设工作相结合，优化形成“通用标准＋单项标准”的认证体系，建立覆盖内部控制、守法状况、财务规范和贸易安全等 4 个维度的 94 项认证标准，全方位多角度衡量企业信用状况。

（二）加强国际互认合作

1. 扩大互认“朋友圈”

截至 2024 年 5 月，中国已经与新加坡、欧盟、韩国等 28 个经济体签署 AEO 互认协议，覆盖 54 个国家（地区），互认协议签署数量和互认国家（地区）数量居全球“双第一”。这大大降低了贸易合作壁垒，促进了国际贸易增长。

2. 承办国际会议

2024 年 5 月 8 日至 10 日，中国承办了第六届全球 AEO 大会，这是该会议首次在中国举办，为推动 AEO 国际互认、促进贸易增长凝聚共识，也为中国海关深化与世界各国海关在 AEO 领域的合作提供了契机。

（三）开展企业培育工作

1. 建立培育体系

各地海关积极建立 AEO 企业培育体系，针对不同类型的企业制定个性化的培育方案。例如，加强对专精特新“小巨人”企业、单项冠军企业等的培育力度，支持其成为 AEO 企业，扩大 AEO 企业范围。

2. 提供培训与指导

通过举办培训讲座、实地调研、“一对一”指导等方式，向企业宣传 AEO 认证的政策和优势，帮助企业了解认证标准和流程，提高企业的认证积极性和成功率。例如，宣城海关多渠道向企业推广最新的 AEO 认证政策和动态，并采用观摩学习及“企业自评＋海关预评”等创新模式，精准识别企业需求，助力企业高效通过 AEO 认证。

（四）跨部门联合激励

1. 签署合作备忘录

海关总署与市场监管、税务等 30 多个部门单位签署了 AEO 企业联合激励合作备忘录，高级认证企业可享受多部门提供的“绿色通道”、贷款利率折扣、简化手续等 40 多项激励措施，为诚信守法企业提供全生命周期便利服务。

2. 实现信用共认共享

一些地方海关与当地税务、银行等部门联动，实现信用共认共享共用，为 AEO 企业提供更多的政策红利和便利，例如青岛海关与当地税务、银行三方联动，帮助企业快速获得退税款等。

三、鹏远新和获得 AEO 高级认证，助力企业快速发展

北京鹏远新和国际物流有限公司（以下简称“鹏远新和”）是国内最早从事综合物流业务的公司之一。前身是民航鹏远航空服务公司，成立于 1993 年，隶属中国民航总局，是中国国内最早从事国际货代、综合物流及航空票务等业务的综合性服务供应商。公司总部设于北京，目前在国内设有 25 个分公司、36 个分拨中心及 198 个作业站点，汇聚形成覆盖中国约 3 500 个物流节点的运营网络；在海外搭建了以欧洲、北美、南美、澳大利亚、日本、东南亚及中东为重点航线的国际网络平台。公司主营业务包含国际货代、合同物流、项目物流、供应链与物流解决方案、物流信息技术解决方案、航旅会展、航务咨询、关务与贸易等服务。客户群体主要集中在工业制造、汽车、电力、安防、能源、航天航空、科技、电子、化工、医药、零售、服装、电商、展览展会、跨境贸易等行业领域，其中 80％以上的客户为世界 500 强企业。

在北京海关一对一培育政策指导下，凭借严格的内部管理机制以及企业诚信守法经营三十年资历，经中国海关总署 AEO 高级认证专家组历经数月的企业资质资料审核及

现场考核认证，鹏远新和在2022年荣获北京海关颁发的AEO高级认证企业证书。

获得海关AEO高级认证，标志着鹏远新和在诚信经营、健康快速发展的道路上又迈进一步。AEO高级认证是对企业的综合信用、内部管理水平以及企业在贸易安全的规范化、标准化、信息化、数字化等方面的充分认可。通过AEO高级认证的企业可以享受世界海关，不同国家和地区之间通过AEO互认制度的，给予“进出口货物查验更少、通关更快、手续更简化、减少通关流通费用”等通关便利和优惠政策。

获得AEO高级认证后，鹏远新和在出口贸易中大幅度降低了国际通关被检验检疫监管频次，提升了国际贸易效率，获得了世界500强企业客户的认可。企业营收稳步提升，获得了快速发展。同时，得益于海关总署新的跨部门联动激励政策，企业在出口退税、市场监管手续等方面享受了“绿色通道”。AEO高级认证就像企业的金字招牌背书，助力企业在国际化发展道路上迈出更轻快的步伐。

学习情境八

临空经济案例

学习任务一 临空经济政策案例

一、财政政策

北京大兴国际机场获得财政政策支持

财政政策对北京大兴国际机场临空经济区（北京大兴临空经济区）的发展具有多方面的重要影响，主要体现在以下几点：

（一）中央财政支持大兴机场建设

从 2014 年 12 月正式开工建设到 2019 年 9 月正式通航，北京大兴国际机场是“十三五”国家重大工程项目。该项目工程总投资 799.8 亿元，2013 年起，中央财政积极支持大兴机场投资建设，通过民航发展基金、国有资本经营预算等，有力保障了大兴国际机场的建设资金需求。为确保大兴国际机场建成后可持续运营发展，中央财政于 2018 年再次通过民航发展基金支持大兴国际机场建设运营。

（二）地方政府为涉航企业提供补贴

自大兴机场运营以来，大兴区为机场红线内企业提供了多项服务。例如，2020 年为涉航企业提供相关补贴 3 907 万元；2020 年在涉航企业中评选出 7 名领军人才、4 名青年人才，大兴区为上述人才提供包括子女入学、教育、医疗等各项服务；还为涉航企业筹集各类房源约 2 800 套，其中共有产权房约 1 800 套，租赁型住房 980 套，同时为航司员工提供了 1 000 多套趸租房，做到为涉航企业提供“管家式”定制服务。

（三）入选中央预算内投资计划的项目

北京大兴国际机场临空经济区顺丰华北智慧物流总部基地项目入选城乡冷链和国家物流枢纽建设项目 2022 年中央预算内投资计划，获得中央预算内投资支持。该项目位于空港型国家物流枢纽内，主要建设智能仓储设施、全自动分拨中心及配套研发、办公设施，总建筑面积 17.6 万平方米。项目将依托大兴国际机场提供航空快件分拨、城市快件配送、智能仓储等专业服务，打造以陆空多式联运为核心、以顺丰创新科技为支撑的“智慧物流产业发展平台”，助力大兴国际机场临空经济区发展。

（四）天津至北京大兴国际机场铁路项目获得财政支持

2022 年 9 月 23 日，财政部与德国复兴信贷银行签署了德国促进贷款天津至北京大兴国际机场铁路项目。项目主要建设内容为修建天津西站至北京大兴国际机场站的铁路工程，总投资 116.5 亿元，其中借用德国促进贷款 6 952 万欧元，贷款期限 15 年（含 5 年宽限期）。该项目是落实国家京津冀协同发展战略的重要内容，建成后将进一步优化京津冀城际网络布局，促进低碳运输产业发展，同时带动铁路沿线地区的经济社会发展。

二、金融政策

金融政策助力北京大兴临空经济区发展

金融政策对北京大兴临空经济区的发展具有多方面的重要影响，主要体现在以下几点：

（一）吸引金融机构集聚

对外资金融机构补助，例如对在临空经济区注册的外资法人金融机构及其分支机构，或经认定的其他外资金融机构，按外方入资实收资本规模给予补助，这有助于吸引外资金融机构入驻。补助标准根据资本规模分档，最高补助可达 6 000 万元。像这样的政策能吸引更多外资金融资源集聚，提升区域金融国际化水平，为临空经济区的企业和项目提供多元化的金融服务和国际金融支持。

各类金融及类金融机构支持，例如对新注册在临空经济区且满足一定条件的金融及类金融机构，如注册后三年内任意一个年度区级综合贡献达到 50 万元（含）以上的，最高按上年度区级综合贡献的 80%，给予享受政策年度起连续三年的资金支持。这一政策能吸引银行、证券、保险、信托、金融租赁等多种金融及类金融机构进驻，丰富区域金融业态，形成金融产业集聚效应，提高金融服务的效率和质量，满足临空经济区内各类企业的不同金融需求，如为航空运输企业提供融资、结算等服务，支持航空物流、临空高端制造等产业的发展。

（二）私募股权投资基金激励

鼓励私募股权投资基金支持临空经济区产业发展，根据其在临空区实际投资规模，对基金管理人给予激励。实际投资累计规模达到不同档次，给予 50 万元至 750 万元不等的资金支持。这有利于引导私募股权投资基金为临空经济区内的企业，尤其是具有创新潜力和高增长性的企业提供资金支持，促进企业的发展壮大。例如，支持航空科技创新企业进行技术研发、产品创新，推动临空高端制造业的升级发展，助力打造临空经济区的创新生态系统。

（三）产业项目引进奖励

成功实现退出并支持临空经济区企业挂牌上市的私募股权投资基金，根据其在临空经济区实际投资规模，给予基金管理人相应激励。同时，鼓励私募股权投资基金引导符合产业发展定位的产业项目落户临空经济区，对引进单个实收资本达到 3 000 万元

（含）以上且工商税务关系同时落户的产业项目，达到一定条件后，给予基金管理人激励，并根据引进项目数量给予奖励。这能推动私募股权投资基金积极参与临空经济区的产业项目引进和培育，加快产业集聚，形成产业协同发展效应，提升临空经济区的产业竞争力。比如，吸引航空关联产业、高端服务业等项目落地，完善临空经济区的产业布局。

（四）支持重点产业方向

发布的金融政策明确重点支持生物制药、干细胞技术、细胞治疗、高端医疗耗材和植入器械、基因检测和精准医疗、医工结合成果转化等方向。对新获得1类生物制品或第三类医疗器械证书及生产批件，并在临空经济区生产或结算的企业，单品种给予300万元一次性奖励，每个企业每年最高奖励1 000万元；对在临空经济区生产或结算的药品、医疗器械大品种产品，单品种产品年产值首次突破不同额度，分别给予相应的一次性支持资金。这有助于吸引相关领域的企业入驻，推动生命健康等重点产业的快速发展，培育具有世界影响力的现代生命健康产业体系。

（五）推动跨境金融业务发展

鼓励区内企业开展包括合格境外有限合伙人（QFLP）、合格境内有限合伙人（QDLP）在内的跨境股权投资；支持符合条件的机构探索本外币资金池、跨境发债、跨境金融资产交易等创新业务，有序推进创新资本项下国际合作业务。这能提升临空经济区的金融国际化水平和跨境金融服务能力，促进区内企业与国际市场的对接与合作。例如，方便区内航空企业进行跨境融资、开展国际业务结算，吸引跨国公司在临空经济区设立区域总部或财务中心，提升临空经济区的国际影响力和资源配置能力，助力打造国际航空枢纽和开放型经济新高地。

（六）优化营商环境

金融政策通过提供资金补助、激励措施等，吸引各类金融机构和企业入驻，增加金融服务供给，提升金融服务质量。同时，鼓励金融创新业务的开展，能为企业提供更多元化的金融解决方案。例如，建立服务基金、其他金融及类金融机构落地“绿色通道”，优化服务流程，缩短办理时间，这一系列举措有助于营造良好的营商环境，吸引更多的企业和项目落地临空经济区，形成资金、人才、技术等要素的集聚效应，促进区域经济的繁荣发展。

（七）增强区域经济活力

金融政策对北京大兴临空经济区的支持，能够加速区域内的资金流动，提高资金使用效率。金融机构的集聚和业务的发展，为企业提供了更多的融资渠道和资金支持，有助于企业扩大生产规模、提升技术水平、拓展市场份额，从而推动区域内产业的发展和升级，创造更多的就业机会和经济增长点，增强区域经济的活力和竞争力，实现区域经济的可持续发展。例如，支持临空经济区内的基础设施建设项目，为区域的快速发展奠定基础；促进航空物流、航空服务等相关产业的发展，带动上下游产业链的协同发展，形成产业集群效应。

三、产业政策

产业政策支持外贸新业态新模式发展

北京大兴临空经济区的产业政策涵盖多个方面，支持外贸新业态新模式发展的措施主要体现在以下方面：

（一）支持保税进出口业务发展

对大兴国际机场综合保税区内上一年度年保税业务出口额达到一定标准的企业给予资金奖励，如出口额在100万美元（含）以上、1 000万美元（含）以上、3 000万美元（含）以上、5 000万美元（含）以上，经评审分别可给予不超过3万元人民币、30万元人民币、90万元人民币、150万元人民币的奖励；对上一年度年保税业务进口额达到相应标准的企业，也有类似奖励，进口额在1 000万美元（含）以上、3 000万美元（含）以上、5 000万美元（含）以上、10 000万美元（含）以上的，经评审可分别给予不超过20万元人民币、60万元人民币、100万元人民币、200万元人民币的奖励。单个企业享受本条款资金奖励，每年最高不超过200万元人民币。

（二）支持外贸企业租赁保税基础设施

对在经临空区（大兴）管委会认定的综合保税区内产业载体租赁500平方米（含）以上库房，且上一年度进出口额超过1 000万美元的企业，经评审可给予不超过上年度实际支付房租总额50%的资金支持，单个企业每年最高不超过50万元人民币，补贴期限不超过3年。

（三）鼓励外贸业态模式创新发展

支持企业依托综合保税区公共库等产业载体，建设冷链仓库、加工车间，支持跨境电商销售医药产品等创新政策试点以及“网购保税＋线下自提”“保税展示＋跨境电商”等创新模式落地实践，对上一年度进出口额突破1 000万美元的企业，经评审可按不超过项目设备购置实际发生金额或场地适应性改造成本的20%，给予单个企业最高不超过100万元人民币的一次性支持。

（四）促进各类货物贸易业态集聚

根据企业上一年度跨境贸易、离岸贸易、转口贸易业务实际开展情况，经评审可给予单个企业每年最高不超过200万元人民币支持。但已按进出口贸易规模享受政策支持的综合保税区企业不再重复享受本支持。

（五）鼓励数字贸易发展

鼓励企业开展数字产品、数字服务等数字贸易业务，对企业上一年度数字贸易出口额增长100万美元、300万美元、500万美元以上的，分别给予一次性不超过10万元人民币、30万元人民币、50万元人民币的奖励。

（六）支持数字贸易合规发展

企业通过双自贸试验区内公共服务平台购买相关数据治理、咨询、评估、认证、登记、培训等服务，使用“数据合规券”，可抵扣10%的数据治理服务费用，单个企业每年使用额度最高不超过 50 万元人民币。

（七）加强贸易服务平台建设

鼓励企业建设用于支撑各类外贸新业态新模式发展的服务平台。对上一年度获国家、市级专项资金支持的企业，经评审可按照国家级、北京市级资金分别给予 1∶1、1∶0.5 配套资金支持，配比额度最高不超过 200 万元人民币。进入运营期，对公共服务属性强、创新效果显著的平台，经评审可按照年度服务收入的 30%，给予最高不超过 200 万元人民币资金支持，补贴期限不超过 2 年。

（八）鼓励专业服务机构集聚

支持提供数字贸易促进、数据合规、数据跨境服务等专业化服务的企业发展。对新设立或新迁入满一年且上一年度营业收入突破 200 万元人民币的企业，经评审可给予最高不超过 25 万元人民币的一次性落户支持。

（九）鼓励外商投资发展外向型重点产业

对在双自贸试验区域内新设的外资项目，实际使用外资用于发展外向型商贸服务业等重点产业（房地产业、工业或物流地项目、外方股东贷款等除外）不少于 100 万美元，或增资不少于 50 万美元的，经评审可按照年度实际利用外资金额每 50 万美元奖励不超过 2 万元人民币的标准予以奖励，单个企业每年最高不超过 100 万元人民币。

（十）鼓励重点行业企业入区发展

对生命健康、航空服务、数字经济与数字贸易等“1＋2＋2”重点产业领域的企业，在产业落地、技术研发、服务平台建设等方面给予支持。例如，重要产业重大项目可获得资金支持，以推动其在临空区内的发展。

学习任务二 临空产业发展案例

一、航空服务业

北京市大兴区人力资源服务产业园

（一）园区概况

北京市大兴区人力资源服务产业园位于北京大兴国际机场临空经济区，一期项目选址北京自贸区创新服务中心西区，园区总建筑面积 11 070.45 平方米，是北京市首个市级人力资源服务产业园，规划建设以大兴自贸区为原点、辐射京津冀的人力资源专业园区。

（二）服务特色

北京市大兴区人力资源服务产业园打造航空服务特色、复合型国际化人才特色、高层次人才创新创业特色三位一体的人力资源服务平台。落实“双招双引”政策要求，服务航空产业等临空特色产业的人才发展需要，帮助高端人才项目在临空区实现落地。设有“新国门”英才加速器大兴临空区工作站，为企业提供落户申请、外籍人才工作许可咨询、人才项目申报及小型路演、会议、专家咨询和政策推介等人才服务职能，尤其在服务保障航空产业方面，围绕航司航企人才培养与用人需求，重点开展人才项目申报、材料审核及日常联系走访和政策宣传，构建“服务＋政策＋咨询＋活动＋载体”五位一体的工作体系。

（三）企业入驻情况

北京市大兴区人力资源服务产业园目前已有40家人力主导企业入驻，其中20家为外资企业。园区为企业提供级别评定、人才引进培养、就业服务等一系列政策补贴，并在住房保障、子女入学、配偶就业及就医等方面提供支持。园区还与亚非创新合作中心、欧洲（大兴临空）创新中心、硅谷之窗创新中心合作，增加了非洲、欧洲、北美在临空区内的商务连通新渠道，为外资企业提供全英文“一站式”服务，包括代表处成立、外资注册、外籍人工作签证、外籍人家政等细分领域的商务服务，保障外资高效在临空区签约落地。

（四）合作交流

2023年8月25日，与中国天津人力资源服务产业园（滨城园区）、雄安人力资源服务产业园和中国石家庄人力资源服务产业园桥西园区3家国家级人力资源产业园签署合作协议，共同就筹建“京津冀人力资本中心”进行全面战略合作，通过举办京津冀人才招聘会、高端人才项目对接会和行业研讨会等形式，优化人才资源配置，推动人才良性流动，为服务京津冀人才一体化发展提供有效支持。

二、航空制造业

北京大兴临空经济区在航空制造业方面推出积极举措

大兴临空经济区在航空制造业方面有较大的发展潜力和一系列积极举措。

（一）产业规划与定位

大兴临空经济区总体定位为国际交往中心功能承载区、国家航空科技创新引领区、京津冀协同发展示范区。其致力于打造航空产业发展重要承载地，积极推动航空保障、航空科创和航空物流三大产业集群建设。例如，吸引了相关航空制造企业的研发中心或产业链在此落位，逐步探索民航运输业与航空制造业的融合，支持布局绿色航空产业赛道，以打造国家航空科技创新产业生态引领区。

（二）企业合作与项目签约

举办了如2023航空航天大兴论坛等活动，促成多项重磅项目签约合作。例如，北京大兴国际机场临空经济区（大兴）管理委员会与中国航空器材集团有限公司签署战略合作协议，双方将在新型民航保障服务、临空航空保障产业集群打造等方面开展深度合作。此外，还有大兴区政府与北京化工大学签署创建“卫星有效载荷新材料生产中试基地”合作协议，中国航空器材集团有限公司与中国科学院空天信息创新研究院签署战略合作协议和“北斗导航应用联合创新实验室”合作协议等，这些合作将为航空制造业的发展提供技术、资源等多方面的支持。

（三）平台建设与服务支撑

揭牌了“民航 e 航材”联盟和中法数据中心等。“民航 e 航材”联盟落地后，将建设民航航材信息共享及互援平台，致力于建设高质量航材信息共享及互援保障体系。中法数字创新中心将为企业、科研院校等提供专业的数字化服务，带动航空等产业数字化转型，这为航空制造业的发展提供了良好的平台和服务保障，有助于提升产业发展的效率和质量。

（四）科技创新与成果转化

通过举办各类活动和论坛，搭建航空航天交流平台，吸引国内外知名航空航天企业、专家学者等参与，就前沿科技、创新产品和行业政策等主题交流探讨，促进科技创新与成果转化。例如，第八届中国航空创新创业大赛暨首届中国空天科技企业家年会在大兴国际机场临空经济区（廊坊）举行，大赛聚焦空天动力、新材智造、智慧民航、无人系统、科教文创五大领域，搭建了“政产学研用金”六位一体的合作交流平台，像极光创新等企业在大赛中展示了最新技术和成果，这有利于推动航空制造业的技术创新和发展。

三、航空物流业

北京大兴临空经济区航空物流业蓬勃发展

北京大兴临空经济区在航空物流业方面呈现出蓬勃的发展态势。

（一）优越的区位与交通条件

北京大兴国际机场作为大型国际航空枢纽，为航空物流业的发展提供了坚实基础。其拥有发达的航线网络，连接国内外众多重要城市，便于货物的快速集散。例如，众多国际货运航线的开通，使得高附加值的货物如电子产品、高端医疗器械等能够高效运输。同时，临空经济区周边交通便捷，有机场高速、轨道交通等多种交通方式与市区及周边地区紧密相连，实现了陆空联运的高效衔接，提高了物流运输的效率和便捷性。

（二）完善的物流基础设施

1. 仓储设施

区内建设了大量现代化的仓储设施，如普通仓库、冷藏仓库、恒温仓库等，以满足不同类型货物的存储需求。例如，廊坊航空物流服务基地项目，配备了智能货架、智慧仓储设备，冷库最低温度可达零下 60 摄氏度，能用于肉类、水产品、果蔬等产品储藏及食品加工，为打造全温区、全业态的大宗进出口冷链物流一站式服务平台奠定了基础。

2. 货站与转运中心

大兴机场拥有规模较大的货站，具备先进的货物处理设备和系统，能够高效地进行货物的装卸、分拣、安检等操作。像极兔华北区运营中心项目，设置了众多卸车卡位和自动化分拣矩阵、分拣线，投入运营后每天可处理大量快递量，服务范围广泛。

3. 产业集群效应凸显

吸引了众多航空物流企业及相关配套企业入驻，形成了产业集群。这些企业涵盖了快递、货运代理、供应链管理等多个领域，通过相互合作、资源共享，实现了规模效应和协同发展。例如，京东国际、圆通国际等知名企业纷纷在廊坊临空经济区设立运营中心或分拨中心，带动了区域航空物流业务量的快速增长。

4. 政策支持力度大

政府出台了一系列优惠政策和扶持措施，鼓励航空物流业发展，包括税收优惠、土地政策支持、资金补贴等，降低了企业运营成本，激发了企业的发展活力。比如对新入驻的航空物流企业给予一定期限的税收减免，对投资建设物流基础设施的企业给予相应的资金补贴，吸引了更多企业参与到临空经济区航空物流产业的发展中来。

5. 创新驱动发展

积极推动航空物流的信息化、智能化建设。例如，利用物联网、大数据、人工智能等技术，实现货物的实时跟踪、智能调度、精准配送，提高物流运作效率和服务质量。同时，鼓励企业开展业务模式创新，探索跨境电商物流、冷链物流、供应链金融等新兴业务领域，为航空物流业的发展注入新动力。

6. 京津冀协同发展机遇

北京大兴临空经济区地跨京冀两地，在京津冀协同发展战略下，加强了与周边地区的合作与交流。通过建立统一的市场准入标准、简化流通手续等措施，促进了区域内物流资源的优化配置和自由流动，进一步提升了航空物流业的发展水平。比如，加快航空物流区内部路网建设，打通京冀交界断头路，优化进京检查站设置等，加快了人流、物流流动。

学习任务三 临空经济示范区案例

一、上海虹桥临空经济区

通过以下举措，上海虹桥临空经济区获得了长足进步：

（一）产业发展与企业聚集

上海虹桥临空经济区依托虹桥综合交通枢纽，吸引了众多国内外知名企业入驻，形成了航空服务业、现代物流业、高端商务服务业等产业集群。例如，联合利华、博世等世界500强企业在此设立区域总部或研发中心。这些企业的聚集带来了资金、技术和人才的汇聚，推动了区域经济的快速发展，也提升了临空经济区的产业层次和国际化水平。

（二）交通优化与通勤改善

虹桥临空经济园区东、北两侧毗邻苏州河，西侧紧邻S20外环高速，南侧北翟路作为唯一的出入口，形成“孤岛效应”，且内部道路普遍较窄。随着企业入驻，员工数量增加，早晚高峰交通拥堵严重。为解决这一问题，长宁交警支队与东虹办采取了一系列措施，如在福泉北路增设可移动式中央护栏，禁止高峰期间进出园区的车辆“左进左出”，减少车流冲突点；对北翟路外环路、广顺路、协和路等主要路口的路政设施进行优化，调整绿化带增辟车道，优化信号灯配时；在园区内部设置多个临时落客区，规范上下客秩序；与导航企业合作推出“交警推荐”线路，引导车辆合理分流；采取“视频＋巡逻”“机动＋驻点”的勤务模式，对园区交通流量进行实时监测等。通过这些举措，有效缓解了交通压力，提升了通勤效率，改善了园区的交通环境，也为企业发展提供了更好的交通保障。

（三）生态环境建设与河道治理

长宁区对临空园区内的通协河、联通河、朱家浜、联泾港、纵泾港等五条河道进行了水体生态修复、景观美化和生态提升。通过种植多种水生植物，布置生态浮岛及造型生态浮岛，安装曝气设备，提升水体自净能力和景观美观效果；在通协河、联通河两岸试点铺设火山岩石笼，吸附有害细菌和重金属离子，改善水质；利用沿河空间建设滨岸植被缓冲净化带，对沿河道路地表径流进行初步拦截净化，防止水土流失；在河道中央设置微孔曝气系统，提升局部水体溶解氧水平，促进好氧微生物对有机物的降解。经过治理，临空园区的水生生物数量和种类增加，河岸绿化率显著提升，水体自净能力提高，水质明显改善，形成了良性循环，营造了集生态保护、健康休闲、资源利用于一体的城市滨水休闲空间，提升了区域功能和品质。

（四）人才公寓建设与配套服务

位于长宁临空园区的临客公寓・荟临居正式投入试运营，为东虹桥片区企业提供了配套保障。该公寓租赁住宅面积共有 14 342.60 平方米，含 375 套租赁房屋。公寓楼设计简洁大方，房间朝向以保证良好日照和私密性为主，均为一室户，单套建筑面积 37 平方米左右，套内面积（含阳台）25 平方米左右，屋内配备齐全的家具和家电，可实现拎包入住。部分房间为简装，满足不同租户需求。地下 2 层为停车库，有 165 个停车位，其中有部分充电车位。配套设施方面，以年轻态复合型活力社区为定位，设置大片绿地、便利店、洗衣房等共享空间，采用软硬件一体化管理平台，实现全流程智能化管理和精细化运营。社区周边文体配套齐全，包括临空滑板公园、临空音乐公园、虹桥体育公园、上海虹桥临空国际影城等多处文体设施。这一人才公寓的建设，为园区企业员工提供了便利舒适的居住环境，有助于吸引人才、留住人才，满足了企业发展的人才需求，也进一步完善了园区的配套服务功能。

（五）商业综合体项目推进

上海荟聚综合体项目位于虹桥临空经济示范区，地处虹桥国际开放枢纽核心地带，总投资额约 80 亿元人民币，总建设体量超过 43 万平方米，是一座包含上海荟聚（购物中心）、宜家家居以及 5 栋荟聚办公楼在内的一站式聚会体验新地标。项目在空间打造和建筑设计上，围绕“与自然共生、城市共生、多业态共生”三个维度进行呈现，预留了近万平方米的公共活动空间以及下沉式广场和开放式绿化景观。项目获得了 WELL、

LEED和中国GBL三项权威绿色建筑预认证。此外，项目共有2 700多个停车位，配备300多个电动汽车专用车位，并规划了福泉路地下通道等绿色通勤和多元配套设施。5栋荟聚办公楼依照国际甲级写字楼标准打造，内部形成分布式空间共享体系，可拆卸楼板立体空间给予入驻企业更多自主性。该商业综合体的建设和发展，将进一步丰富虹桥临空经济区的商业业态，提升区域的商业氛围和吸引力，为周边居民和企业员工提供更加便捷、多元化的消费和办公体验，也有助于推动区域的经济发展和城市功能提升。

二、广州白云临空经济区

广州白云临空经济区是广东省境内的经济示范区，具有重要的战略地位和发展潜力。

（一）规划范围

广州白云临空经济区总面积共135.5平方千米，其中机场区域面积41.64平方千米。

（二）交通枢纽优势

区内的广州白云国际机场是我国三大国际枢纽机场之一，已入驻南方航空、九元航空等70多家航空公司，开通国际航线136条，通达全球216个航点。2023年，广州白云机场累计接送旅客突破6 300万人次，位居全国机场年旅客吞吐量榜首位置，实现“四连冠”。2023年12月31日，广州白云机场东四、西四指廊投入运营，合拢后的航站楼成为目前全球最大的单体航站楼。

（三）产业发展

（1）航空相关产业：形成了以飞机维修制造、航空物流、航空总部商务等为支撑的产业格局。例如，广州飞机维修工程有限公司等飞机维修企业发展良好，2022年飞机维修基地实现营业收入34.5亿元，同比增长10.5%；航空货运发展迅速，加快组建航空物流高质量发展工作专班，全力推动货站提质扩容，如顺丰华南航空枢纽于2022年10月6日正式运营。

（2）临空指向性产业：积极发展跨境电商、数字经济等。2022年，白云机场口岸跨境电商进出口交易额继2021年之后再次突破千亿元，连续9年稳居全国空港第一；“粤易通”平台入选广州市国家区块链创新应用综合试点，累计注册企业超300家，完成上线交易达10 000余单，实现交易金额超过73亿元。

（四）重点项目

（1）广州空港中央商务区。总投资额约180亿元，将建成集会议、展览、商务、酒店、文旅、总部等于一体的粤港澳大湾区临空标志性综合体。

（2）综保区南区。位于广州白云区钟落潭镇，离白云机场约11千米，重点发展跨境电商分拨中心、医药物流分拨中心以及与货物贸易、服务贸易、保税展示、金融服务等相关的综合配套产业。目前已引进广州香雪空港国际医药物联网中心、跨境电商孵化基地项目、唯品会广州空港跨境电商运营总部、宝能集团广州空港跨境电子商务产业园、广州空港大湾区跨境电商产业园等优质项目。

（3）广州商务航空服务基地（FBO）。由省机场集团投资4.25亿元建设，是国内最大规模的商务航空服务基地。于2017年12月建成投产，主要包括8.8万平方米的商务机专用停机坪及6 000平方米的商务航空服务楼，规划建设42个商务机专用停机位。已引入瑞翔航空、宏信通用等一批境内外商务航空公司在FBO设立总部或运营基地。

（4）广州国际港。位于白云区江高镇，是全国18个铁路一级集装箱中心站之一，是目前广东省唯一、华南最大的国家级铁路货运站场，集中了目前铁路货运所有业务功能，预计总投资200亿元。作为广州共建“一带一路”倡议重要枢纽，是广州立足湾区、辐射华南、面向全国、联通世界的重要依托。中欧班列线路覆盖“一带一路”沿线三十多个国家和地区。自2022年4月15日正式投产起，截至2023年12月31日，累计发送国内班列913列，开行国际联运班列668列（中铁特货2023年共发10列）。

（五）发展目标与前景

致力于打造国际先进、功能完善、绿色生态、产业高端的临空经济示范区。未来，随着白云机场的不断发展和完善，以及相关产业的持续集聚和壮大，广州白云临空经济区有望在推动区域经济发展、提升国际竞争力等方面发挥更加重要的作用，助力粤港澳大湾区世界级机场群加速成型，并对广州市乃至广东省的经济转型升级和创新发展产生积极而深远的影响。

三、陕西西安临空经济区

陕西西安临空经济区即西安临空经济示范区，其具体情况如下：

（一）基本情况

西安临空经济示范区于2018年获批，是西北地区首个国家级临空经济示范区，位于西咸新区空港新城，面积144.1平方千米，西安市人民政府是规划建设管理主体。

（二）发展定位与目标

（1）发展定位。丝路航空枢纽、临空经济高地、宜居宜业新城、人文开放平台。

（2）目标。到2025年，临空型高端产业集群形成规模，教育、医疗、文化等国际高标准生活配套设施相对完备，初步建成特色突出的临空经济示范区；到2035年，富有活力的临空产业生态系统全面形成，对全球要素资源的吸引力和配置力大幅提升，全面建成标杆效应显著的临空经济示范区。

（三）规划布局

按照临空产业圈层布局规律，构建了“一核、双心、两环、五区”空间格局。“一核”为西安咸阳国际机场，机场三期工程远期将满足1.2亿人次旅客和200万吨货运量的需求；“双心”为机场东西两个门户，东门户以商贸、酒店、总部办公、高端服务业为核心，打造70万平方米的T5站前综合商务区，西门户主要发展总部经济、临空金融、临空商务等高端总部经济业态，打造西北最大的“航企CBD”；“两环”为机场服务环和城市发展环，服务机场客货集散，串联产业链条，完善城市功能，实现产城融合；“五区”包括临空科技及军民融合片区、航空物流发展片区、生态文旅片区、商贸及创新发展片区、文化会展和都市生活片区。

（四）交通条件

（1）航空。区内的西安咸阳国际机场是全国八大枢纽机场之一，2 小时航程可覆盖全国 75%的领土、85%的经济总量。目前已开通国内外客货运航线 383 条，连通全球 37 个国家、77 个城市。

（2）公交。区内共开通公交线路 14 条，包括常规路线 9 条、定制路线 2 条、通村公交 3 条，联通西安市、咸阳市及西咸新区核心板块。

（3）地铁。地铁十四号线联通西安与西安咸阳国际机场，在空港新城设有艺术中心站、空港新城站、机场（T5）站、机场西（T1、T2、T3）。

（五）产业发展

依托“临空、自贸、保税、口岸、跨境、航权”等开放平台优势，重点发展临空先进制造业、航空枢纽保障业、临空高端服务业三大主导产业，初步形成了包括飞机维修、航材制造、电子信息、生物医药、物流运输在内的临空经济全产业链。例如，吸引了东航-赛峰、梅里众诚、中南高科等 500 强企业，形成临空先进制造业聚集区；东航、川航、南航等 14 家航空公司区域总部聚集，形成航企 CBD；还拥有国家临空经济会展中心、富力环球商贸港、西安国际美术城、苏宁商贸综合体等项目的高端服务产业聚集区；以集成电路测试、特种计算机等为代表的高端电子信息产业链，以及以生命科技为发展特色的自贸蓝湾也在发展。

（六）重点项目

（1）陕西西咸空港综合保税区。2020 年 1 月，国务院正式批复设立，是陕西省唯一的临空型综合保税区，于 2021 年 1 月举行一期封关运行仪式，正式投入使用。

（2）陕西跨境电商国际快件产业园。2020 年 9 月开园，标志着陕西首个跨境电商全产业链生态圈落成。

（七）发展意义与前景

西安临空经济示范区承担着建设面向共建“一带一路”国家的国际航空枢纽、为内陆地区开放发展提供典型示范等重要使命任务。未来，将继续加快构建国际航空枢纽，培育壮大临空特色产业体系，深化与周边地区的合作互动和协同发展，推动区域经济高质量发展，提升西安在全国乃至全球的影响力，助力西安打造内陆改革开放高地，深度融入共建“一带一路”大格局。同时，随着产业的不断集聚和发展，将进一步带动相关产业发展和城市建设，为地区经济增长、就业增加和产业升级等方面做出重要贡献。

参考文献

[1] 约翰·卡萨达，格雷格·林赛. 航空大都市：我们未来的生活方式. 曹允春，沈丹阳，译. 郑州：河南科学技术出版社，2013.

[2] 刘武君. 国外机场地区综合开发研究. 国外城市规划，1998 (1).

[3] 曹允春，杨震，白杨敏. 提高临空经济区核心竞争力研究. 经济纵横，2006 (5).

[4] 刘雪妮，宁宣熙，张冬青. 临空经济与供应链的相互作用研究. 科技进步与对策，2007 (1).

[5] 曹允春. 临空经济演进的动力机制分析. 经济问题探索，2009 (5).

[6] 吴静. 航空运输与临空产业的关系研究：以长沙为例. 长沙：中南大学，2011.

[7] 李守序，胡赵征. 临空经济区空间发展模式及趋势展望. 规划师，2014 (11).

[8] 曹允春，何仕奇，赵冰. 临空经济区"港-产-城"一体化发展研究. 区域经济评论，2016 (4).

[9] 荀春兵，杜锐，叶炜，等. 成都天府国际空港新城发展战略选择. 区域经济评论，2018 (6).

[10] 郭琪，张琳琳，郭璟珅. 效能航空城：面向全球竞争的中国临空经济发展新模式. 北京：航空工业出版社，2021.

[11] 施蔷生. 国际临空经济（产业）园区发展模式比较. 上海房地，2010 (7).

[12] 尤西·谢菲. 大物流时代：物流集群如何推动经济增长. 岑雪品，王微，译. 北京：机械工业出版社，2019.

[13] 张欣. 航空企业的竞争战略分析. 广东交通职业技术学院学报，2012，11 (4)：38－42.

[14] 吴殿达. 航空公司典型商业模式的分析与启示. 空运商务，2012 (2)：43－44.

[15] 连玉明，朱颖慧，秦坚松. 中国临空经济发展报告 (2022). 北京：社会科学文献出版社，2022.

[16] 汤凯. 临空经济促进区域协调发展的机制研究. 北京：北京师范大学出版社，2015.

[17] 冯瑞. 经济学基础. 3版. 北京：高等教育出版社，2022.

[18] 曹允春，赵冰. 临空经济区：空中丝绸之路的战略支点. 北京：中国民航出版社，2020.

[19] 汤凯. 临空经济：中国区域发展新格局的动力源. 北京：中国社会科学出版社，2023.

[20] 寇跃，曾雨馨. 临空经济区：新发展格局中的区域战略性增长极. 成都：四川大学出版社，2021.

[21] 陈学忠. 经济学基础. 2 版. 北京：电子工业出版社，2020.
[22] 龚江南. 经济学基础. 4 版. 北京：北京大学出版社，2024.
[23] 汪瑜，等. 民航运输收益管理. 成都：西南交通大学出版社，2018.
[24] 吴薇薇. 航空运输经济学. 北京：科学出版社，2014.
[25] 周志刚. 临空经济区产业组织发展与新旧动能转换研究. 北京：经济管理出版社，2019.
[26] 李艳华. 航空运输经济理论与实践. 北京：中国民航出版社，2021.